HENRI ROCHEFORT

Les Aventures de ma vie

TOME CINQUIÈME

PARIS
PAUL DUPONT, ÉDITEUR
4, Rue du Bouloi

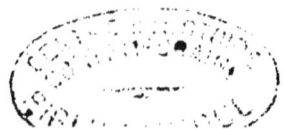

LES AVENTURES DE MA VIE

NOTA

Les Aventures de ma vie, par Henri Rochefort, sont en vente à la Librairie Paul Dupont, dans le format in-8° cavalier, au prix de 7 fr. 50 le volume.

Il sera tiré de l'édition in-8°, 60 exemplaires numérotés, sur papier de Hollande, au prix de **12 francs** *le volume.*

HENRI ROCHEFORT

Les Aventures de ma vie

TOME CINQUIÈME

PARIS
PAUL DUPONT, ÉDITEUR
4, Rue du Bouloi

DEUXIEME PARTIE

(Suite.)

CHAPITRE XXX

Le général Boulanger au ministère. — Mesures républicaines. — Genèse d'une popularité. — Les lettres au duc d'Aumale. — La revue du 14 juillet. — Luttes pour la République.

Le général Boulanger, que Clémenceau m'avait désigné comme le seul ministre de la guerre sur le républicanisme duquel il fût permis de compter, se manifesta nettement par le déplacement de deux régiments de cavalerie dont les tendances réactionnaires lui paraissaient dangereuses. Un membre de la droite monarchique, M. Gaudin de Villaine, demanda des explications sur cette permutation et le général Boulanger, loin d'éluder la question et de mâcher la réponse, aborda avec une crânerie peu ordinaire le fond même du débat :

J'arrive au point brûlant, c'est-à-dire au côté politique, dit-il. Je n'ai pas l'intention d'esquiver le débat et je pose à l'honorable M. Gaudin de Villaine la simple question que voici : « Sommes-nous, oui ou non, en République ? »

Je crois qu'on en pourrait douter en voyant le chef de l'armée attaqué parce qu'il a pris une mesure tendant à assurer le respect de la République.

On a parlé de ces régiments qui se promèneraient à travers la France et qui ne seraient pas prêts au jour de la mobilisation.

C'est tout le contraire : c'est précisément parce que certains régiments restent trop longtemps dans les mêmes garnisons qu'ils ne seraient pas aisément mobilisables au jour voulu.

Faut-il retracer ces promenades à travers la France, qui avaient lieu sous la Restauration, des régiments suspects de libéralisme?

Et les régiments envoyés en Algérie, sous le gouvernement de Juillet, pour atteindre des chefs qu'on n'osait pas frapper directement?

Faut-il rappeler les proscriptions militaires du second Empire?

Je crois qu'il ne sied pas à la République d'emprunter aux monarchies tombées ces pratiques détestables qui, du reste, ne les ont pas sauvées.

Mais je ne ferai à personne ici l'injure de croire que l'on comparera ces tristes expédients à la mesure que je viens de prendre en changeant de garnison deux régiments qui, depuis quatorze ans, résidaient dans une des garnisons les plus belles et les plus enviées de France.

Puisqu'on m'a amené sur ce terrain, je dois dire que je mettrai tous mes soins à empêcher que certaines coteries ne se forment dans l'armée. Je parle de ces coteries qui font parade de leur hostilité, qui s'en parent comme d'un certain cachet de distinction et qui traduisent le mépris de nos institutions par une attitude hostile envers les fonctionnaires du gouvernement.

Et cela parce qu'on se couvre, les uns des services que leurs ancêtres ont rendus et, les autres, par le ridicule travestissement du nom de leurs pères.

D'ailleurs, pour que vous puissiez apprécier en toute connaissance de cause la conduite très ferme et très loyale que je prétends suivre en même temps que je la veux imposer à tous dans l'armée, je vais vous donner lecture d'une circulaire que j'adresse aujourd'hui même à tous les commandants de corps d'armée. La voici :

« MM. les gouverneurs militaires de Paris et de Lyon,

« MM. les généraux commandant les corps d'armée,

« J'ai l'honneur, comme membre du cabinet et ministre de la guerre, d'appeler toute votre attention sur la ligne de conduite qu'impose à chacun dans l'armée la Déclaration du gouvernement.

« L'armée a le devoir étroit de rester étrangère à la politique.

« Il me semble toutefois nécessaire de déterminer nettement ce qu'il convient d'entendre par *politique dans l'armée* et de rendre à cette expression son sens exact, sa portée véritable.

« On a réservé, jusqu'à ce jour, le reproche de *faire de la politique* à ceux qui ne craignent pas d'affirmer leurs sympathies pour l'ordre de choses établi ; mais ce reproche n'a jamais été adressé sérieusement à ceux qui faisaient parade de sentiments hostiles.

« Je désire mettre fin à une équivoque indigne des uns et des autres.

« Il ne sera point fait de politique dans l'armée ; il n'en sera fait par personne.

« Vous exigerez des officiers et des fonctionnaires militaires, non seulement dans leurs relations avec les représentants de l'autorité, mais dans toutes les circonstances, cette attitude digne, loyale et respectueuse, fermement précisée dans la Déclaration, et vous m'aiderez résolument à rappeler à ceux qui l'oublieraient ce qu'ils doivent au gouvernement du pays. »

Le général Boulanger ajoutait :

« Je serai très heureux si j'ai traduit dans ce document le sentiment de la Chambre. Car j'ai la conviction de remplir un devoir et d'accomplir une mission en faisant comprendre à quelques-uns qu'il faut qu'ils renoncent à des prétentions surannées; à d'autres, qu'à défaut des leçons incomprises de l'histoire, le bon sens fait suffisamment justice de certaines espérances vaines et qu'il faut qu'ils marchent avec nous résolument, en tête de leur génération qui n'a ni le loisir ni la volonté de les attendre. »

N'était-ce pas là le langage des Hoche et des Kléber succédant à celui des Mac-Mahon et des Ladmirault? Comment le peuple aurait-il refusé sa confiance à un ministre de la guerre si peu modelé sur ceux de ses prédécesseurs qui s'étaient et nous avaient fait si honteusement battre en 1870 ?

La réaction cléricale et monarchique, maîtresse à peu près absolue de l'armée comme elle l'est encore aujourd'hui, s'en sentit troublée jusque dans ses plus profondes assises. Le journal *le Français*, de tous le plus catholico-royaliste, laissait, dans l'entrefilet suivant, percer toutes ses inquiétudes :

Le général Boulanger fait plus de bruit peut-être qu'il ne s'y attendait et certainement que les républicains clairvoyants ne le désireraient. Le scandale de son langage, accru encore par la révocation brutale du général Schmitz, a un long retentissement dans le pays et dans l'armée. Peu de mesures auront fait autant de tort à la République.

C'est-à-dire qu'il lui faisait du tort en s'opposant à ce qu'on la vilipendât.

Il fallait pourtant s'entendre : Si le nouveau ministre de la guerre était républicain, il était difficile d'admettre qu'il eût pris des mesures susceptibles de faire autant de tort à la République. Et si ces mesures étaient susceptibles de la couler, comment, au lieu d'y applaudir, les royalistes s'en plaignaient-ils ?

D'autre part, puisque porter la main sur les foyers de conspiration ne peut que nuire aux gouvernements qui s'y décident, nous aurions pu demander au *Français* pourquoi les souverains de son choix s'étaient montrés si impitoyables à l'égard des hommes convaincus ou simplement soupçonnés de complot contre la monarchie.

Le général Boulanger s'était contenté de déplacer deux régiments de cavalerie dont les tendances politiques lui paraissaient dangereuses. Louis XVIII, lui, n'avait pas déplacé les quatre sergents de la Rochelle ; il les avait fait, après le plus sommaire des procès, guillotiner en place de Grève ! Si cependant on relit les pièces qui ont servi à échafauder cette accusation capitale à la suite de laquelle quatre têtes étaient tombées, on reste abasourdi de l'insuffisance des documents, des preuves et des témoignages.

Deux ou trois rendez-vous, quelques conversations échangées entre ces malheureux et enthousiastes jeunes gens. Et il n'en a pas fallu davantage pour les faire passer sous le couperet !

Les réactionnaires auraient donc été bien obligés de reconnaître que le bilan des sévérités de la République envers eux n'eût guère supporté la comparaison avec celui des rigueurs de la monarchie à l'égard des républicains. Mais, dans le camp des rétrogrades, on s'était si bien habitué à la faiblesse ou plutôt à la complicité gouvernementale, que la première manifestation d'une énergie cependant bien modérée y faisait pousser les hauts cris.

Boulanger devint ainsi presque du jour au lendemain le plus populaire ou plus franchement le seul populaire de nos généraux. La nation, si effroyablement éprouvée pendant la guerre franco-allemande par les trahisons de toute nature, se dit que celui-là ne permettrait pas qu'on lui distribuât des souliers sans semelle et de la cendre au lieu de poudre pour marcher à la frontière.

A cette époque, je fus personnellement victime, de la part du gouvernement belge, d'une mesure réellement comique à force d'être arbitraire. Une espèce d'insurrection ouvrière, provoquée par l'impossibilité où étaient de vivre les mineurs auxquels les compagnies allouaient des salaires de famine, avait éclaté menaçante dans le Borinage. J'avais manifesté l'intention d'aller sur place, en même temps que le député Laguerre, étudier cet effrayant côté de la question sociale et nous nous disposions à partir quand je lus dans l'*Indépendance belge*, feuille à peine belge et pas du tout indépendante, cette information à mourir de rire :

Dans un conseil des ministres tenu dimanche a été signé l'arrêté d'expulsion de M. Henri Rochefort, *arrêté préventif*, motivé par la nouvelle donnée par plusieurs journaux de la prochaine arrivée en Belgique du rédacteur en chef de l'*Intransigeant*.

Ainsi, sans que j'y eusse fait mon apparition, un coin du globe m'était interdit à l'avance, en vertu du bon plaisir du ministre clérical Bernaert, qui gouvernait alors la Belgique comme tout récemment encore.

L'expulsion étant une peine, je m'imaginais que pour l'encourir il fallait avoir au moins commis un acte quelconque. Or, le cabinet belge reconnaissait qu'étant encore en France je ne pouvais être coupable d'aucun délit en Belgique ; mais, en prévision de ceux que j'aurais pu perpétrer si je m'y rendais, il avait pris un arrêté préventif.

Expulser quelqu'un d'un endroit où il n'est pas

constituait le triomphe de la contradiction et du jésuitisme.

Jusqu'à ce jour, les lois, pour punir des faits répréhensibles, avaient attendu qu'ils eussent été commis. On devine où cette nouvelle jurisprudence pouvait mener. Rien n'empêchait désormais un passant de se précipiter sur un autre, de lui brûler la cervelle à bout portant et de répondre au magistrat chargé de l'interroger :

— Je prévoyais que cet homme devait s'introduire un de ces jours chez moi pour m'y assassiner. C'est pourquoi, conformément à la législation belge, je me suis trouvé préventivement en cas de légitime défense.

Les gouvernements étaient ainsi réduits à l'obligation d'entretenir des somnambules qui leur eussent annoncé d'avance les projets des étrangers qui passaient leurs frontières. Celui de Belgique croyait savoir que j'allais à Charleroi, à Liège et dans le Borinage dans le but d'y prêcher la guerre sociale. Mais au moins lui fallait-il attendre pour sévir que mes prédications eussent commencé.

Il est certain que si Campi, dont je parle plus haut, avait été décapité avant qu'il eût assommé à coups de marteau ses deux victimes, celles-ci seraient peut-être encore de ce monde. Il n'en eût pas moins paru un peu excessif qu'on lui coupât le cou en prévision d'un crime qu'il n'avait pas encore accompli, mais qu'on l'aurait supposé capable de commettre.

M. Bernaert et ses collègues s'indignaient que des ouvriers sans pain parcourussent les campagnes en rançonnant les propriétaires ; mais ce que se permettait à mon égard le ministre n'était pas un acte de brutalité moins caractérisé. Il invoquait contre moi la raison d'Etat. Les grévistes belges étaient en droit d'invoquer une raison bien autrement concluante et péremptoire : celle de l'estomac et du ventre.

Par surcroît de précaution, le procureur du roi fut envoyé en permanence à la gare de Mons, muni de la photographie de Laguerre et de la mienne ; il y fouilla pendant trois jours, inutilement du reste, tous les trains arrivant de Paris.

Par contre, j'aurais mauvaise grâce à ne pas reconnaître que, pendant mon récent exil à Londres, j'ai bien souvent séjourné en Belgique, et qu'aucun ministre n'a jamais songé à m'appliquer cet arrêté burlesque.

Au reste, les grèves, à ce moment, sévissaient partout, et, des soldats envoyés autour des puits désertés de Decazeville, Boulanger pouvait dire en pleine Chambre qu'ils partageaient leurs gamelles avec les mineurs. Cette parole, qui contrastait si singulièrement avec les fureurs répressives ordinairement déchaînées contre les grévistes, fit tomber sur le ministre tous les regards du peuple en même temps que toutes les défiances de la réaction.

La revue du 14 juillet 1886, où son apparition fut saluée par les cris si nombreux de : « Vive Boulanger ! » que les : « Vive Grévy ! » disparaissaient totalement dans la clameur, acheva d'ameuter contre lui les jalousies des cabotins du parlementarisme.

Cette haine des acteurs du second plan pour le premier rôle applaudi commença à se manifester presque ouvertement lorsque le général eût à rayer des cadres de l'armée les princes d'Orléans qui y occupaient des grades et notamment le duc d'Aumale, expulsé à la suite d'une lettre insultante pour la République.

Le sénateur de Lareinty cria au ministre de la guerre, alors à la tribune :

— Vous insultez un absent ! C'est une lâcheté !

Cette provocation était évidemment préméditée, attendu que le duc d'Aumale ne pouvait être présent à une séance du Sénat dont il ne faisait pas partie.

Sans daigner répondre à cette apostrophe enfantine, Boulanger envoya ses témoins à M. de Lareinty et, quoique ayant le choix des armes en sa qualité d'offensé, il accepta le pistolet proposé par les amis de son adversaire qui passait pour y être d'une force exceptionnelle.

L'émotion provoquée dans Paris par cette rencontre donna le *la* de la sympathie croissante qui allait au jeune général, et pendant que l'affaire se décidait, je reçus des flots de visiteurs venant chez moi aux informations et blâmant énergiquement Boulanger d'avoir insoucieusement laissé le choix des armes à son adversaire. En quoi le public avait absolument raison.

Faire de la générosité avec les réactionnaires est une simple duperie, car ce n'est certainement pas eux qui en feront jamais avec les républicains. Il était facile de s'en convaincre en passant la revue des époques où les monarchistes ont eu le dessus. Ils ont commencé par emprisonner leurs adversaires ; après quoi, lorsqu'ils les ont vus bien garrottés, bien isolés et bien hors d'état de se défendre, ils les ont appelés voleurs, assassins, souteneurs et repris de justice. Nous avions passé dans les mains des royalistes cléricaux, et nous savions ce qu'on peut attendre de leur bonne foi et de leur grandeur d'âme.

Mais ce qui faisait au général Boulanger un devoir plus strict encore de maintenir tous ses droits, c'était la façon étrange dont il avait été défendu au Sénat par le président opportuniste Le Royer qui, si chatouilleux quand quelque sénateur indiscipliné répondait aux arguments de Ferry, avait laissé par trois fois insulter le ministre de la guerre, en se contentant d'adresser aux insulteurs des observations tellement paternelles qu'elles ressemblaient à un encouragement.

Le général Boulanger ne pouvait s'illusionner sur l'hostilité latente qui s'organisait contre lui dans le camp ferryste et brissonien. Le jour de la revue, M. Brisson lui-même, exaspéré des ovations par lesquelles la foule accueillait le jeune chef de l'armée, avait gardé au début de la revue un silence de mort. Tout à coup, en voyant déboucher le gouverneur de Paris, l'ancien président du conseil s'était levé comme un seul homme — qu'il était — et s'était mis à applaudir frénétiquement, en criant à tue-tête :

— Vive le général Saussier !

Cette manifestation aussi bizarre que solitaire n'avait été remarquée que de moi, la voix de M. Brisson n'ayant pas coutume de dominer celle des foules ; mais elle témoignait de la haine profonde que nourrissaient contre le général Boulanger tous les routiniers des ministères déchus. C'était contre lui que l'austère Brisson protestait, en criant : « Vive Saussier ! » général réactionnaire que personne ne connaissait et dont la présence avait passé complètement inaperçue.

Ce n'était donc pas seulement contre les monarchistes déclarés que le ministre de la guerre devait se préparer à lutter. Le Sénat renfermait dans son sein un certain nombre de couleuvres opportunistes qui frétillaient dans l'ombre et aux sifflements desquelles le président Le Royer s'était insidieusement associé.

Une bonne balle, fût-elle cléricale, dans le ventre du général Boulanger, eût procuré aux anciens complices de Ferry une satisfaction qu'ils auraient eu peine à dissimuler.

Nous comprenons parfaitement que le ministre de la guerre ne tolérât pas les grossièretés sous lesquelles on essayait de lui faire perdre son sang-froid ; mais, tout en les relevant, il n'aurait pas dû laisser empiéter sur le terrain qu'il s'était choisi. On est aux ordres de l'homme qu'on a offensé, mais celui qui vous offense est aux vôtres.

Il devait suffire que M. de Lareinty désirât un duel au pistolet pour que Boulanger n'acceptât qu'un duel à l'épée.

La volonté manifeste de faire du soldat autre chose qu'une bête de somme et de souffrance ; le droit pour lui de porter la barbe et de se coucher après huit heures du soir ne tardèrent pas à faire de Boulanger l'idole de l'armée et, consécutivement, de toutes les familles ayant un de leurs membres sous les drapeaux. C'était plus que la réaction n'en pouvait supporter.

A toutes les époques, elle avait pris pour point de mire un homme qui la gênait et qu'elle essayait de démonétiser. Les monarchistes, il faut le reconnaître, ont toujours eu un instinct merveilleux pour découvrir les personnalités capables de se mettre en travers de leurs plans, combinaisons et complots. Au premier coup d'œil, ils se disent avec une sûreté remarquable :

— Celui-là, il faut à tout prix nous en débarrasser!

Et alors, c'est une dégelée d'inventions biscornues, formidables, risibles ou tragiques. Tout est bon pour la réaction qui va chercher dans ses arsenaux les insinuations les plus invraisemblables afin de les lancer à la tête de sa victime du moment. A cette heure, c'était le général Boulanger qui avait l'honneur d'être la cible sur laquelle le parti royaliste et clérical exerçait son adresse et pratiquait des expériences de tir. Charles Monselet disait :

« On n'est rien quand on n'a pas été bœuf gras. »

En politique, on n'est quelque chose qu'à la condition d'avoir été traité par les réactionnaires de lâche, de voleur et de souteneur de filles. C'est la consécration indispensable de la popularité.

Dans tous les couvents, séminaires et autres usines conservatrices, on épluchait la correspondance du ministre de la guerre. Ne devrait-il pas, par hasard, sa dernière note de blanchisseuse? Si l'on en avait la preuve, quel triomphe pour les sacristains ! En attendant cette importante constatation, des écosseurs assermentés farfouillaient dans les lettres de service qu'il avait pu adresser à ses chefs hiérarchiques et en extrayaient le butin que les journaux de l'ordre se partageaient ensuite. Pour que le général Boulanger restât digne de l'estime publique, il eût fallu qu'à un ordre du chef du corps sous lequel il servait il répondit à peu près en ces termes:

Général,

Vous m'embêtez. Ce n'est pas à moi d'obéir à un sale réactionnaire comme vous. Veuillez vous le tenir pour dit!

Il est vrai que, s'il avait écrit des lettres dans ce style, on l'aurait assailli comme le désorganisateur de toute discipline. Et si le ministre de la guerre s'était avisé de riposter et de tenter d'arrêter cette campagne de diffamation stupide, il en aurait eu, du travail ! Un jour on racontait qu'il avait traité le duc d'Aumale de « monseigneur » ; le lendemain on eût affirmé qu'il avait été condamné à cinq ans de travaux forcés sous un faux nom ; le surlendemain, qu'il était de la police sous l'Empire, et, le mois suivant, qu'on avait trouvé chez lui tout un attirail de faux-monnayeur.

J'avais été personnellement en proie aux dévergondages d'imagination des réactionnaires et je savais jusqu'où ils ont l'impudence d'aller. Il m'eût été facile d'envoyer au général Boulanger des paquets de journaux publiés pendant les quatre années de ma détention après la Commune, et dans lesquels il eût vu imprimé que, « tandis que je me vautrais dans l'orgie, je laissais mes trois enfants mourir de faim », « joueur effréné, j'avais été chassé de plusieurs cercles pour avoir essayé de corriger la fortune » ; que « mes appartements étaient remplis de tableaux volés dans les salles du Louvre » ; que, bien « que me prétendant Français, j'étais en réalité Américain du Sud ».

Tous ces crimes accumulés ne m'empêchaient pas de me porter très bien, et, chose inexplicable, ma réputation elle-même ne s'en portait pas plus mal.

Le général Boulanger eût été bien simple de se préoccuper de tous les récits dont on émaillait sa carrière. Tous ceux que la réaction composait à son sujet prouvaient tout bonnement qu'elle le redoutait. C'était le meilleur brevet de civisme qu'elle pût lui accorder.

Comme dans toutes les crises de cette nature, la lutte s'engageait entre le peuple, qui avait adopté Boulanger, et les parlementaires, qui le jalousaient. Car il n'y a pas de monde, sauf peut-être celui des courtisans, où la laide et basse envie se tienne plus constamment aux aguets. Le duc d'Aumale, ancien chef hiérarchique du général, se mêlant contre toute convenance à la levée de boucliers royalistes où Boulanger était surtout visé, remit à un M. Limbourg, ancien préfet du 16 Mai, quatre lettres que lui avait adressées son ancien subordonné, devenu ministre de la guerre. Celui-ci fit à cet acte plus qu'incorrect la réponse suivante :

A Monsieur Limbourg.

Paris, 3 août 1886.

Monsieur,

Il a été publié dans les journaux quatre lettres signées de mon nom et adressées à M. le duc d'Aumale.

Comme la première était manifestement fausse, je ne pouvais pas reconnaître l'authenticité du texte des autres, jusqu'à la production des originaux. J'ai gardé le silence.

Aujourd'hui je déclare authentique les trois dernières lettres, celles que M. le duc d'Aumale vous a chargé de publier.

Je veux bien vous faire la grâce de ne pas apprécier l'acte de votre maître ni la besogne que vous avez acceptée.

Je ne daigne pas davantage vous donner sur le contenu de ces lettres des explications. Vous ne pourriez pas les comprendre. Vous avez été préfet de la République pour la trahir. Je suis ministre de la République pour la servir.

Je la sers contre vous et les vôtres.

J'ai mérité votre haine. Je ne désire rien tant que de continuer à m'en rendre digne.

Quand M. le duc d'Aumale, sans tenir compte des règlements militaires, cherchait à réunir autour de lui, sous prétexte de chasses — et dans un but qui apparaît clairement aujourd'hui — des officiers dont beaucoup lui étaient inconnus, j'ai été chargé d'aller lui porter les représentations du ministre de la guerre d'alors : J'ai obéi.

Quand la conspiration princière m'a mis en demeure de choisir entre mon ancien chef et la République, je suis demeuré fidèle à la République.

La loi votée, je l'ai fait exécuter. Et s'il prend jamais fantaisie aux factieux, vos amis, de passer des paroles aux actes, l'auteur des lettres au duc d'Aumale fera simplement mais très énergiquement son devoir contre les amis de M. le duc d'Aumale.

Général BOULANGER.

Quoi ! c'était là l'homme qu'on m'a plus tard reproché si amèrement de ne pas avoir abandonné, pour passer, comme tant d'autres, dans le camp de M. Limbourg, préfet du 16 Mai !

Le duc d'Aumale avait été longtemps chef de corps et en cette qualité avait proposé pour l'avancement un nombre considérable d'officiers.

Si, parce que, comme supérieur, on contribue à faire monter en grade un inférieur, celui-ci, après vous avoir écrit en remerciement une lettre dont la formule, comme celle de la plupart des lettres, est à peu près obligatoire, demeure, pour tout le restant de sa vie, absolument désarmé et paralysé vis-à-vis du général que le hasard lui avait donné quand il était lieutenant, capitaine ou colonel, ce serait tout uniment le rétablissement du servage.

Il est clair que le duc d'Aumale avait et a encore dans les mains non pas des centaines, mais des milliers de lettres dans le style de celles que le général Boulanger lui a adressées parce qu'il était tenu de le faire, et que les réactionnaires et opportunistes réunis l'auraient appelé goujat s'il s'était dispensé de les écrire.

Possédant cette formidable correspondance dans leurs tiroirs, les d'Orléans pouvaient donc s'amuser à conspirer ouvertement contre la République, à aller la vilipender chez leurs parents les Cobourg, les Wurtemberg et autres princes allemands, sans que les soldats qui avaient eu le malheur d'avancer sous leurs ordres eussent le droit de leur mettre la main au collet, même quand la loi le leur ordonnait?

Est-ce que, lorsqu'il proposait le colonel Boulanger, M. d'Aumale n'était pas général au service de la République? Si le gouvernement, en le maintenant à la tête d'une partie de l'armée, savait que cet officier, qui avait pris ses brevets dans les salons des Tuileries, avait horreur des institutions républicaines sous lesquelles il feignait de se ranger, c'étaient ceux qui l'avaient installé imprudemment ou traîtreusement au cœur de la place qui étaient les grands coupables.

Est-ce que le général Boulanger pouvait empêcher que son chef ne fût un d'Orléans, c'est-à-dire ennemi de cette République qu'il embrassait pour mieux l'étouffer plus tard? Du moment où un ministre de la guerre n'avait pas le droit de défendre la République contre les généraux conspirateurs dont il avait pu être le subordonné, il n'y avait plus de sécurité possible. Bazaine, qui fut pendant de longues années une des personnalités les plus en vue de l'armée, avait évidemment recommandé pour l'avancement beaucoup d'officiers qui, alors, n'auraient plus eu le droit de qualifier sa trahison et à qui il n'eût pas été permis d'en arrêter les effets?

Croit-on qu'après le 16 Mai celui qui avait servi sous le général de Rochebouët et le maréchal de Mac-Mahon eût été tenu de coopérer au coup d'État qu'ils méditaient, et qui a échoué par des circonstances indépendantes de leur volonté? Qui sait? Labordère avait peut-être fait partie d'une brigade ou d'une division dont ils avaient eu le commandement. Labordère, aussi, était donc un ingrat qui avait eu l'infamie de briser son épée devant eux et de leur en jeter au nez les tronçons, après leur avoir écrit, autrefois, des lettres dont les formules de politesse n'avaient pas été soigneusement bannies !

Si, parce que le duc d'Aumale était général, ses anciens officiers étaient tenus de le respecter comme prince, pourquoi d'un prince la République avait-elle fait un général ? Pour avoir été incorporé dans un régiment commandé par un d'Orléans, on était désormais forcé d'être orléaniste ! Le culte de la discipline ne pouvait pourtant aller jusque-là.

Mais la mauvaise foi réactionnaire unie à la badauderie parisienne transforma pendant une semaine ou deux l'obscur Limbourg en une véritable célébrité contemporaine.

Ce vulgaire facteur se distinguait des autres uniquement parce qu'il avait remis toutes décachetées à ses clients les lettres qu'on l'avait chargé de porter. Sa biographie et jusqu'à la description de son glorieux individu n'en remplissaient pas moins les colonnes des feuilles rétrogrades et opportunistes, qui s'occupaient plus de lui que s'il eût découvert les sources du Nil.

Quoi ! nous ne connaissions pas Limbourg ! Il avait quarante-huit ans. Ses cheveux grisonnaient. Bien qu'incontestablement animé de sentiments moins chevaleresques que Henri IV, il portait comme lui la barbe en éventail. Un journal du monarchisme le plus aigu ajoutait même que les yeux de ce Limbourg étaient d'un « bleu particulier ». Un bleu de roi probablement, à moins que ce ne fût un bleu de Prusse dont ses attaques contre Boulanger servaient si bien les intérêts.

La bouche de cet homme à tiroirs était aussi d'une « finesse étonnante ». Le métier qu'il exerçait exigeait, à ce qu'il paraissait, une telle capacité, que les signes de l'intelligence hors ligne qu'il avait été obligé d'y déployer se reflétaient jusque sur son visage.

Or ce dilemme se posait : ou ce préfet mac-mahonien avait subtilisé les lettres, ou il les tenait du duc d'Aumale lui-même avec mission de les faire publier par le *Temps*, le *Gaulois*, les *Débats* et autres organes de l'orléanisme. Si le premier cas était fâcheux pour M. Limbourg dont la photographie resplendissait alors à toutes les vitrines, le second cas n'était guère plus flatteur pour le duc qui, en livrant ainsi à l'impression des lettres par lui reçues, s'exposait à ce qu'on y livrât également celles qu'il avait écrites.

Que quelqu'un ou quelqu'une eût mis au jour toute la correspondance du duc d'Aumale avec un de ses confidents ou une des confidentes qu'il passait pour avoir installée dans ses meubles, les orléanistes, y compris l'ex-préfet Limbourg, n'auraient pas eu le droit de faire entendre la moindre récrimination. Les lettres de banal remerciement qu'avait adressées le général Boulanger au fils de Louis-Philippe étant d'ordre essentiellement particulier, ce dernier autorisait, en les faisant tirer à un aussi grand nombre d'exemplaires, le dépouillement public de toutes celles qu'il avait pu se laisser aller à écrire.

Et celui qui donnait avec ce sans-gêne l'exemple du renversement du mur de la vie privée était un prince de sang royal qui émettait la prétention de restaurer la monarchie soit à son profit, soit au profit de son neveu!

Aussi nous empressâmes-nous de lui rendre la monnaie de sa pièce en publiant les vieux papiers faisant partie du dossier de la maison d'Orléans. Nous avions pris au hasard, dans le tas, d'abord une lettre qui fut adressée en 1807 au gouvernement anglais et dont la reproduction dans l'*Intransigeant* fit scandale :

Les sept îles sont bloquées et très courtes de vivres; elles sont impatientes de secouer le joug français. Il importe à l'Angleterre d'arracher ces îles à la France : elle y trouvera plus de six mille hommes de garnison dont deux mille Italiens et quinze cents Albanais et Epirotes qui feront sur-le-champ de très bons soldats contre les Français. Si l'Angleterre me croit un personnage convenable pour ces îles, je suis prêt et j'en serai enchanté. Je vous réponds que j'y aurais bientôt un petit noyau de troupes avec lequel je ferais du tapage.

La lettre est signée : « Louis-Philippe d'Orléans ».

Le père du duc d'Aumale n'étant pas, malgré tous ses efforts, parvenu à se faire employer contre la France par le gouvernement britannique, s'adressa en désespoir de cause au conseil de régence du gouvernement espagnol, qui lui répondit par cette acceptation :

« Votre Altesse a exprimé le désir de combattre dans les armées espagnoles. Nous vous offrons le commandement d'une armée en Catalogne. »

Ce à quoi le duc d'Orléans répondit :

« J'accepte votre honorable invitation avec le plus vif empressement et la plus vive reconnaissance. »

Or, cette armée de Catalogne était destinée à combattre les Français et à fomenter la guerre civile dans le midi de la France.

Indépendamment de cette lettre dans laquelle Louis-Philippe se montrait si fier d'être devenu Espagnol, nous en fîmes paraître une autre où il se vantait d'être Anglais et s'excusait presque d'être né en France :

Palerme, ce 17 avril 1808.

Je suis prince et Français et cependant je suis ANGLAIS : d'abord par besoin, parce que nul ne sait plus que moi que l'Angleterre est la seule puissance qui veuille et qui puisse me protéger. Je le suis par principe, par opinion et par toutes mes habitudes.

Le passage suivant d'une lettre écrite par lui et datée de Cagliari le 29 mai 1809 expliquait la facilité et l'absence de remords avec lesquelles il s'était en 1792 associé à la trahison de Dumouriez :

« Il y a en Espagne, à Naples, en Dalmatie, des armées françaises qui vont se trouver, JE L'ESPÈRE DU MOINS, dans des positions désastreuses. C'est là le moment de parler aux passions des hommes. »

Ces extraits de la correspondance paternelle, dont le duc d'Aumale avait lui-même provoqué la publication, le mirent dans ses plus petits souliers, et pendant quelque temps la réaction philippiste s'abstint de se mesurer avec le patriotisme du général Boulanger.

Alors, ne sachant plus sur quel point l'attaquer, la *Gazette de France*, le *Français*, le *Figaro* eurent l'air de s'être entendus pour proclamer le même jour, sinon à la même heure, qu'il « voulait la guerre. »

Et comme je m'étais élevé contre cette nouvelle invention, la vieille *Gazette* s'en prenait à mon plaidoyer en faveur de celui qu'elle affectait d'appeler « mon Boulanger ».

Je n'avais eu d'autre boulanger que celui chez qui

les malheureux voudraient trouver le pain au meilleur marché possible ; mais, si j'avais mis la moindre acrimonie dans la discussion, il m'eût été facile de démontrer aux organes de la réaction que « mon Boulanger » était surtout le leur.

C'étaient, en effet, leurs attaques incessantes, leurs vociférations et leurs racontars fantastiques qui avaient en grande partie créé au ministre de la guerre la situation prépondérante qu'il avait fini par occuper dans l'armée et dans le public. L'acharnement des monarchistes à faire retomber sur lui l'expulsion des d'Orléans l'avait tout naturellement désigné au peuple comme un défenseur de la République ; et chaque coup qu'ils croyaient lui porter se retournait contre eux.

Le clergé catholique envoie de pauvres aliénés, atteints de la folie religieuse, se faire décapiter par les Chinois ou les Algonquins, au nom d'un Dieu qui n'existe pas, parce que les catholiques savent que la persécution est, pour la plupart des causes, la meilleure des propagandes. Or, la persécution ne consiste pas seulement dans la décapitation ou l'écartèlement de tel ou tel individu ; elle se compose aussi des calomnies et des mensonges diffamatoires qui peuvent l'atteindre soit dans son repos, soit dans son honneur.

C'est à ces divers supplices plus ou moins japonais que les « gens du roi » avaient essayé de soumettre le général Boulanger. Or, la nation française a gardé de ses douze siècles d'oppression une vive sympathie pour tous ceux qu'on pourrait appeler des repris d'injustice. C'est par les injures à lui prodiguées que les royalistes avaient attiré l'attention des foules sur le général Boulanger. Au rebours des malins qui font contre les hommes qu'ils redoutent la conspiration du silence, ils avaient fait en sa faveur la conspiration de la réclame et du bruit, à ce point que les opportunistes, après avoir d'abord fait campagne avec les conservateurs contre le général Boulanger, s'étaient aperçus du danger que leurs plaisanteries leur faisaient courir — au point de vue électoral, le seul qui les préoccupât — et avaient remis tout à coup au carquois leurs flèches, d'ailleurs peu pénétrantes.

A cette époque, je n'avais vu Boulanger qu'une fois, dans son cabinet de directeur de l'infanterie, c'est-à-dire avant qu'il fût ministre. Le secours que je lui apportais dans l'*Intransigeant* était donc purement politique. Ce fut seulement le lendemain de l'inauguration du Cercle militaire, à laquelle il avait présidé, qu'un député de l'extrême-gauche, ayant un service à lui demander, me conduisit à son cabinet.

La population des boulevards qu'il avait longés pour se rendre au cercle lui avait fait une ovation grandiose, que la réaction avait commentée en termes inquiets et amers. J'avais vu des fenêtres de l'appartement d'Hector Crémieux, l'auteur d'*Orphée aux Enfers* et de nombre d'autres pièces, défiler le cortège et je reparlai à Boulanger de cette belle soirée, mais je me rappelle avoir enveloppé dans le papier de soie de mes compliments cette âcre pilule :

« Soyez sûr que vous avez mangé votre pain blanc le premier. La popularité, ça me connaît. Toutes ces acclamations, vous les paierez un de ces jours. On vous appellerait traître et voleur, on soutiendrait que vous avez voulu empoisonner votre père pour en hériter plus tôt, que je n'en éprouverais aucune surprise. Moi-même, après avoir été porté en triomphe, j'ai longtemps passé pour avoir cambriolé des hôtels particuliers et volé des vases sacrés dans les églises. »

Il se mit à rire. Je lui annonçais cependant infiniment moins de déboires qu'il n'en a subi. J'avoue que je ne soupçonnais pas encore qu'on trouverait moyen de lui reprocher d'être le frère de l'assassin Campi.

A ce moment, la mort de Paul Bert à Hanoï, où il résidait depuis quelques mois avec le titre de gouverneur général, vint jeter une note à la fois lugubre et gênante parmi les fanatiques de l'expédition tonkinoise.

Cette catastrophe fit plus que toute notre polémique pour la déconsidération de cette colonie pestilentielle. Tant qu'ils n'avaient aventuré que les millions de la France et la vie de nos soldats, les opportunistes n'avaient cessé de célébrer cet Eden extrême-oriental. Il était désormais démontré que les plus hauts fonctionnaires eux-mêmes succombaient à ce climat mortifère, et l'enthousiasme parlementaire s'en trouva tout subitement refroidi.

Parti pour son gouvernement avec le cortège d'un vice-roi, Paul Bert s'imaginait sans doute que l'épidémie qui terrassait de simples tourlourous hésiterait à s'attaquer à un homme aussi fortement appointé que lui. Cette illusion lui avait coûté cher.

Et c'était à ses amis eux-mêmes qu'il eût été en droit d'attribuer sa fin prématurée. Tous les employés militaires et civils que la commission du Tonkin, dont je faisais partie, avait interrogés, avaient nécessairement reçu du ministre Brisson l'ordre de se répandre en admirations dithyrambiques sur la fécondité, la salubrité et la richesse du pays dont la possession allait enfin résoudre le grand problème de l'extinction du paupérisme.

Les témoins cités avaient obéi à Brisson et c'était

sur leurs fallacieux récits que l'imprudent député de l'Yonne avait sollicité la place d'où le choléra venait de le déloger.

Et, quand à ces narrations fantastiques j'opposais les cadavres de Courbet et de tant d'autres mis à mal par le fléau, l'opportunisme se bornait pour toute réponse à me traiter d'énergumène. Il ne fallut pas moins que ce décès pour lui donner à réfléchir, et le parti ferryste renonça désormais à présenter au poste de gouverneur général un candidat pris dans son sein. Deux cent mille francs de traitement, sans préjudice du rendement des loteries, rien de plus alléchant; mais la dysenterie se mettant à régler le compte final, le néant des vanités et des richesses de ce monde apparaissait tout à coup.

Aussi proposai-je de choisir à l'avenir les vice-rois du Tonkin parmi les condamnés à mort, et encore exprimai-je la crainte qu'ils ne refusassent cette pseudo-commutation, la guillotine offrant l'avantage de ne durer qu'un instant, tandis que le Tonkin tenait ses suppliciés pendant des mois dans un état aussi douloureux que répugnant avant de leur porter le dernier coup.

Il n'y avait qu'un homme à qui revînt indiscutablement la succession de Paul Bert: c'était Jules Ferry, l'inventeur et l'organisateur de l'expédition à l'aide de laquelle, tout en continuant à se très bien porter, il avait exterminé jusqu'à ses amis les plus intimes.

Mais il parut peu disposé à s'associer à cette combinaison, et continua à préférer au soleil du Tonkin le plafond du Palais-Bourbon.

Mais aussi, quel deuil ! Quelles oraisons funèbres dans la bouche et sous la plume de ceux qui avaient tué Paul Bert ! Il était « mort en soldat », disait une feuille. Il était le « soldat d'une idée », imprimait une autre.

Il eût été d'autant plus sage de ne rien exagérer qu'en réalité Paul Bert était plutôt parti pour le Tonkin dans l'espérance d'y rétablir sa fortune; qu'il y jouissait d'un traitement fixe de cent quatre-vingt mille francs, que l'adjonction de nombreux frais de représentation devait aisément porter à trois cent mille; qu'il m'avait affirmé à moi-même que le climat où il allait était des plus salubres et qu'il ne croyait courir qu'un très faible danger en se rendant là-bas.

Il n'y avait donc pas lieu d'exalter un patriotisme aussi essentiellement rémunérateur. Mais comme il n'était plus, ses commanditaires, qui d'ailleurs le commanditaient avec notre argent, avaient beau jeu pour lui prêter les plus vastes projets de pacification. Grâce à lui, la sécurité allait succéder aux agressions et aux révoltes, et après la longue période des pertes et des tueries nous allions entrer dans celle des bénéfices. Rien n'était plus facile que d'en faire l'homme des plus merveilleuses conceptions : on était bien sûr qu'il ne démentirait personne.

Seulement, comme ils avaient fait pour Gambetta, les opportunistes dissimulèrent soigneusement la véritable maladie à laquelle avait succombé Paul Bert. Ils l'avaient intitulée « hémorragie intestinale ». Malheureusement pour ces dissimulateurs, les premières dépêches reçues à Paris au début ne laissaient aucun doute sur la nature du mal. Il y était en effet signalé une dysenterie « accompagnée de vomissements et de fièvre algide ». Or, il suffit d'ouvrir un dictionnaire de médecine pour y constater que la fièvre algide accompagnée de dysenterie et de vomissements, c'est le choléra.

Mais, selon l'habitude nvétérée de tous les gouvernements, la question allait se régler sur le dos des contribuables. Le ministère proposa, et le Parlement accorda, presque sans discussion, une pension de douze mille francs à la famille du mort.

Bien qu'il fût difficile de se rendre compte des immenses services que Paul Bert avait rendus à la France en s'installant au Tonkin, où vingt mille autres étaient allés avant lui, on eût compris que les Chambres eussent voté pour la famille une pension, si elle en avait eu besoin. Il était clair qu'on ne pouvait laisser mourir de faim une femme et des enfants.

Mais tous les journaux avaient raconté qu'avant de partir pour l'Extrême-Orient Paul Bert s'était fait assurer sur la vie, à quatre compagnies, pour une somme de six cent mille francs. Notez qu'il n'avait guère opéré qu'un versement et que sa veuve héritait à sa mort de trente mille livres de rente.

Il nous semblait que ce fort denier était suffisant et qu'il était parfaitement inutile de grever de nouveau le budget d'un capital de deux cent cinquante mille francs, au profit d'héritiers qui n'en avaient pas le moindre besoin. Que le gouvernement rendît au défunt tous les honneurs, même hyperboliques, dont il croyait devoir le gratifier ; mais qu'il n'augmentât pas sans nécessité notre dette déjà écrasante !

On ne pouvait, en outre, s'empêcher de comparer la cérémonie officielle qui se préparait à l'enterrement presque subreptice qu'on avait fait à Rivière derrière le corbillard de qui marchaient seulement quelques officiers de marine en civil, parmi lesquels le gouvernement n'était même pas représenté. Il est vrai que ce scandale se passait sous le ministère de Ferry, dont l'habitude était de faire disparaître les cadavres qui le gênaient.

Il n'en était pas moins vrai que le précédent créé

à propos de Paul Bert était plein de menaces. Si son successeur avait succombé à son tour à cette « hémorragie intestinale » qui dissimulait si mal le nom de choléra, il eût été inadmissible qu'on donnât à la veuve et aux enfants de ce décédé moins qu'à ceux de Paul Bert. On aurait même pu leur donner davantage, le danger d'habiter ces côtes infectées étant démontré plus que jamais.

Car les opportunistes, en célébrant sur toutes leurs lyres l'héroïsme du député, du savant qui n'avait pas craint d'accepter le poste de gouverneur du Tonkin, et en paraissant nous défier de faire preuve du même courage que lui, ne s'apercevaient pas qu'ils intentaient le plus sanglant des procès aux auteurs de cette sinistre conquête. Comment ! on avait dépensé quinze cent millions et tué dix mille hommes pour fonder une colonie, et il fallait être un héros pour se résoudre à aller l'habiter, tant on avait de chances d'y trouver la mort à bref délai !

Mais quand un Français s'expatrie pour aller s'établir à quatre mille lieues de son pays natal, c'est pour y faire fortune ou tout au moins pour y vivre, et non pour y mourir. C'était une façon bizarre d'encourager l'émigration vers cette possession lointaine que de dire aux gens disposés à s'y rendre :

— Allez-y donc, si vous n'êtes pas des lâches !

Du moment où Paul Bert était un du Guesclin, un Bayard, un La Tour-d'Auvergne, parce qu'il avait osé s'embarquer pour ces contrées assimilables, au point de vue de la salubrité, aux Bouches de Cattaro, où les Autrichiens envoyaient autrefois leurs prisonniers politiques afin de s'en débarrasser, il ne restait à la Chambre qu'un devoir : en rappeler au plus tôt nos malheureux soldats, sur lesquels personne n'avait le droit de faire des études de dysenterie comparée.

Les ferrystes de la colonisation, très gênés par le bruit qu'avait provoqué la mort de Paul Bert, avaient jugé prudent de cesser contre Boulanger des attaques qui les eussent exposés à des ripostes d'une difficile parade. Ils firent mieux : eux et les monarchistes auxquels ils s'étaient unis pour organiser la campagne contre le ministre de la guerre se mirent tout à coup à le couvrir de fleurs et presque à se faire abriter par sa popularité.

De flagorneur du duc d'Aumale, de désorganisateur de l'armée, il devint du jour au lendemain un ami de l'ordre et le plus ferme soutien de la discipline.

Les feuilles opportuno-conservatrices s'entendirent pour répandre le bruit qu'il avait rompu ou tout au moins qu'il était sur le point de rompre avec les républicains avancés, et que nous n'avions qu'à nous bien tenir.

La coalition qui s'était formée pour les injures à jeter en commun à la tête du général semblait s'être reconstituée pour son panégyrique. Etait-ce une tactique destinée à détacher de lui les intransigeants ombrageux? Le fait est que je recevais, des opportunistes mêmes, des avis qu'ils s'efforçaient de rendre inquiétants, sur la faveur dont jouissaient depuis quelque emps auprès du ministre les députés et sénateurs qui, quelques semaines auparavant, le provoquaient à la tribune.

J'avais défendu Boulanger quand il était combattu par les bonapartistes. Je me préoccupai de les voir fabriquer avec cette ardeur des pavois pour l'y élever et je publiai sous le titre : *Suspicion légitime*, cet article à fracas dont le retentissement fut considérable :

Le général Boulanger était, dernièrement, assez perfidement attaqué par les réactionnaires pour qu'il fût défendu par les républicains. C'est des injures dont les monarchistes l'on abreuvé qu'est faite l'incontestable popularité dont il jouit actuellement. Aussi sommes-nous quelque peu étonné de l'espèce de saute-de-vent qui s'est produite récemment dans la presse non pas seulement orléaniste, mais bonapartiste, laquelle a remplacé presque subitement les chardons par des fleurs et les anathèmes par des madrigaux.

Hier, notamment, c'était dans la *Patrie*, dans la *Souveraineté*, dans le *Gaulois*, un véritable bouquet d'éloges admiratifs: « L'épée de la France ne peut être en de meilleures mains ! » disait l'une. « Le langage du général Boulanger à la fête des Sauveteurs est celui d'un véritable homme d'Etat ! » disait l'autre. De sorte qu'après nous avoir reproché d'avoir fait du ministre de la guerre « notre » Boulanger, il se trouve que les bonapartistes en ont fait le leur.

Nous comprenons qu'en présence du péril commun on donne au patriotisme le pas sur la politique, et nous féliciterions sincèrement les partisans d'une monarchie plus ou moins dictatoriale d'avoir ainsi placé publiquement leur confiance dans un général républicain, si certains indices ne nous mettaient pas, comme on dit vulgairement, la puce à l'oreille.

Que les bonapartistes se rallient au ministre de la guerre, c'est bien ; mais qu'il se laisse peu à peu circonvenir par eux, voilà qui donnerait fortement à réfléchir. Or, d'étranges symptômes se sont déclarés dans les hautes sphères du ministère de la guerre. Ce sont, maintenant, les officiers républicains qu'on éloigne et les officiers réactionnaires qu'on favorise ouvertement. Le commandant Bazaine, bonapartiste avéré, qui fut mis en retrait d'emploi pour avoir supplicié un malheureux soldat qui en mourut, vient d'être réintégré dans son grade, avec cette stipulation que sa punition serait rayée de son livret militaire.

Plusieurs autres, mis en disponibilité pour avoir prêché dans les cercles catholiques la destruction de la République, ont repris leurs épaulettes. Pendant que les députés de la gauche font antichambre dans les salles d'attente du ministère, les députés du groupe de l'Appel au peuple voient s'ouvrir immédiatement devant eux les portes du cabinet du ministre.

C'est au point que les orléanistes, inquiets pour leurs prétendants réduits à célébrer la *Christmas* en Angleterre, et comprenant à quel point il leur serait difficile de faire contrepoids à la faveur dont les bonapartistes bénéficient auprès du général Boulanger et dont il bénéficie auprès des bonapartistes, demandent avec instance le désarmement, seul moyen d'empêcher un général de s'emparer du commandement suprême, qu'ils réservent à l'expulsé du château d'Eu.

Quel intérêt, nous le cherchons en vain, pourrait avoir le ministre de la guerre à s'allier, dans un but quelconque, avec les ennemis les plus déclarés de la liberté? D'autre part, quelle espérance les bonapartistes peuvent-ils fonder sur le général Boulanger? Est-ce parce que le parti victorien ou jérômiste se préoccupe peu du dictateur, pourvu qu'il ait la dictature? et compte-t-il donc que l'homme qu'il encense aujourd'hui, après l'avoir vilipendé, serait capable de la prendre?

Que le général y réfléchisse : n'ayant à son actif aucune victoire signalée, il ne vaut auprès du peuple que par la confiance qu'il lui inspire. Le jour où la nation se croirait obligée de veiller au grain et de se tenir sur ses gardes, l'enthousiasme tomberait immédiatement au-dessous de zéro; car ce ne serait pas seulement la Chambre, le Sénat et M. Grévy qui seraient menacés dans leurs palais; ce serait la liberté et le droit que la France, nous aimons à le croire, ne laisserait pas confisquer à nouveau.

Henri Rochefort.

On peut juger par la netteté de cette déclaration que je ne m'étais inféodé ni au général Boulanger ni à sa politique. Il se montra excessivement ému de ma nouvelle attitude, que je subordonnais d'ailleurs à la sienne, et me fit dire par Clémenceau que ces prétendues manifestations conservatrices qu'on lui reprochait se bornaient de sa part à une audience accordée au député bonapartiste Dugué de la Fauconnerie, qui était venu l'entretenir de la situation de son jeune fils, récemment entré dans un régiment de cuirassiers,

Boulanger me faisait en outre demander une entrevue dans laquelle tout malentendu serait vite dissipé. Il dîna chez moi en même temps que Clémenceau qui, quoique très souffrant d'une grosse bronchite, avait tenu à l'accompagner. Le raccommodement fut complet et on causa jusqu'à onze heures du soir.

Le lendemain, l'un de ses officiers d'ordonnance me conta qu'en quittant le boulevard Rochechouart, où j'habitais alors l'ancien hôtel du peintre Troyon, le général s'était rendu au ministère où il avait encore travaillé jusqu'à plus de deux heures du matin, pour s'y retrouver à huit heures.

Aucun ministre n'avait fourni une pareille somme du plus acharné labeur. Pendant les dix-huit mois de son ministère, il ne s'est jamais permis plus de cinq heures de sommeil par nuit.

Bien qu'accablé par les soucis de la réorganisation de notre armée, qui avait si grand besoin d'être réorganisée, Boulanger, que je n'avais pas encore vu de si près, me parut la gaieté et la bonne humeur en personne. Il était très rieur et aussi peu solennel que possible; en même temps, on ne peut plus affectueux avec tout le monde, même avec les domestiques qu'il interrogeait cordialement sur leur situation et celle de leur famille. Ma bonne en était pâle d'émotion

Notre réconciliation en amena une autre : celle de Jules Ferry et de M. de Freycinet, qui tous deux anciens présidents du conseil et tous deux aspirant à le redevenir, nourrissaient l'un pour l'autre des sentiments peu tendres. Ils s'entendirent pour persuader au pacifique Grévy que le maintien de Boulanger dans le cabinet, c'était la guerre.

Le *Soleil* affirmait que la popularité du général commençait à porter sérieusement ombrage au président de la République qui, ayant été faire, en compagnie du ministre de la guerre, quelques visites du jour de l'an, avait, sur le parcours de sa voiture, beaucoup plus entendu crier : « Vive Boulanger! » que : « Vive Grévy! ». Or il n'en faut quelquefois pas davantage pour changer le sort d'un empire et même d'une République.

L'alliance Freycinet-Ferry avait donc pour but principal l'élimination du général, car lorsqu'un homme a commis le crime de se rendre populaire on le brise ou on l'envoie en disgrâce pour lui apprendre à humilier ainsi les hauts fonctionnaires auxquels le peuple ne fait pas la moindre attention. Si c'était cette rivalité nationale que craignait le vieux Grévy, il n'aurait su mieux choisir que Jules Ferry pour l'opposer au jeune général. En effet, en même temps que sur le passage de celui-ci on criait : « Vive Boulanger! » on criait : « Mort au Tonkinois! » sur le passage de l'autre.

Il est certain que le locataire de l'Élysée aurait pu se promener en voiture avec ce ministre-là sans craindre la concurrence. Mais la politique est faite d'autre chose que de vanités plus ou moins froissées. Il aurait encore fallu trouver dans la Chambre une majorité assez audacieuse ou assez aveugle pour braver à ce point l'opinion publique.

Les conjurés dont le complot avait pour but de rendre Boulanger impossible en le présentant comme un permanent danger de guerre essayèrent d'abord de lui faire refuser par la Chambre les quatre-vingt-six millions de crédits supplémentaires dont il avait le plus urgent besoin pour mettre nos frontières en état de défense. Je sus que M. de Blowitz, correspondant du *Times* et depuis longtemps réputé agent de l'Allemagne, était allé trouver tout exprès Lockroy, alors ministre, à qui il avait tenu à peu près ce langage :

— Les opportunistes et les droites ont résolu de se débarrasser du général Boulanger. Vous auriez donc bien tort de vous solidariser plus longtemps avec un homme désormais perdu. Abandonnez-le à son malheureux sort et je crois pouvoir vous assurer que vous vous en trouverez bien.

La même démarche avait été préméditée auprès d'un autre ministre, M. Granet, et sans nos révélations elle aurait eu certainement lieu.

Mais l'accord entre les opportunistes et une grande partie des droites avait été si parfaitement conclu contre le ministre de la guerre qu'un certain Legay, ancien chef de l'administration départementale sous le cabinet Waldeck-Rousseau et qui finit, d'ailleurs, en police correctionnelle, avait dit confidentiellement à M. Dugué de la Fauconnerie qu'il croyait dans le complot :

— Tout est bien convenu, n'est-ce pas ? C'est M. de Mackau qui ouvrira le feu en combattant le crédit de quatre-vingt-six millions que demandera le général.

Dugué de la Fauconnerie, resté étranger aux machinations tramées dans les couloirs, se montra très surpris de cet étrange appel et répondit nettement à l'envoyé de M. Waldeck-Rousseau qu'il voterait le crédit, n'ayant aucune envie de sacrifier la défense du pays aux succès de combinaisons révoltantes et antipatriotiques.

Et il avait fait plus : il avait raconté cet épisode dans tous les corridors du Palais-Bourbon, ce qui ne contribua pas peu à faire avorter la conjuration.

Seulement on déchaîna la peur contre Boulanger, qu'on accusa d'inquiéter l'Allemagne, et l'agence Havas n'hésitait pas à transmettre cette dépêche à ses abonnés :

« Le *Daily News* continue, sous forme d'insinuations et de suppositions, à représenter le général Boulanger comme constituant le seul péril pour la paix de l'Europe. »

Et la Bourse baissa sur ce télégramme; et tous les jours on télégraphiait de n'importe où que l'Allemagne était décidée à demander des explications sur les nouveaux baraquements que le ministre de la guerre français faisait construire à la frontière.

CHAPITRE XXXI

L'affaire Pranzini. — L'autographe du condamné. — L'affaire Schnœbelé. — Attitude de Boulanger. — La reconnaissance opportuniste. — Commandant du 13ᵉ corps. — La manifestation de la gare de Lyon.

Mais, en vertu de l'espèce d'hypnotisme qui se dégage d'une cause destinée à devenir célèbre, le triple assassinat commis par Pranzini vint suspendre jusqu'aux polémiques parlementaires. Le bon commandant Lunel, que j'avais contribué à faire nommer gouverneur du Palais de Justice et qui m'en avait gardé une vive reconnaissance, m'avait réservé pour ce procès excitant une place que m'eussent enviée les dames du plus grand monde.

Les exagérations du reportage avaient en effet laissé de cet assassin de femmes galantes l'idée d'un beau rastaquouère, coqueluche des habituées des cafés de nuit. Il était affreux, bouffi, d'un blond sale et fort dénudé sur le haut de la tête. Ce héros de roman ressemblait surtout à un sommelier de restaurant à prix fixe.

Il se défendit niaisement, prétendant qu'il avait passé la nuit du crime chez une grande dame que son honneur de gentilhomme lui interdisait de nommer. Mais il débitait ce mensonge imbécile avec un tel manque de conviction que c'était à en hausser les épaules.

Pendant la délibération du jury qui allait le condamner à mort, il stationnait entre deux gardes dans une pièce voisine et Lunel m'y emmena sous couleur d'y chercher des papiers dans le tiroir d'une table où ils ne se trouvaient pas.

En me voyant entrer, Pranzini dit tout bas à un des gardes :

— Est-ce que ce n'est pas M. Rochefort?

Puis il se leva comme pour venir à moi, ce qui provoqua de ma part un demi-tour du côté de la porte et abrégea ma feinte perquisition. Mais rien dans ses yeux bleu faïence et dans les rondeurs de son visage ne révélait un criminel de ce calibre, et je fus surpris du peu de différence apparente qui distingue un individu capable d'égorger trois femmes, dont une pauvre petite fille de onze ans, d'un paisible bourgeois auquel il eût répugné de tirer un lapin.

Je fus on ne peut plus surpris de recevoir le lendemain, à l'*Intransigeant*, une lettre du condamné qui me demandait de venir le voir « avant son transfert à la Roquette », prétendant qu'il avait connu en Egypte Olivier Pain, sur le sort duquel nous n'étions pas encore fixés, et qu'il pouvait m'en donner d'intéressantes nouvelles.

Cette lettre, dont j'ai fait plus tard cadeau à une dame, était d'une petite écriture élégante et féminine. Je n'y relevai aucune faute d'orthographe. Pranzini n'avait certainement rien à m'apprendre relativement à Olivier Pain, et il comptait simplement sans doute m'attendrir sur sa prétendue innocence, peut-être même me demander d'accréditer auprès du public l'invention de la femme du monde. Chacun fait ce qu'il peut pour défendre sa vie, surtout quand elle est aussi irrémédiablement compromise.

Je m'abstins de me rendre à cette étrange convocation, ne pouvant rien pour lui et n'ayant aucune envie de paraître donner dans les mensonges qu'il n'eût pas manqué de me débiter.

Mais cette affaire Pranzini avait surtout mis en relief l'ignorance, l'incapacité de la police et son criminel mépris du droit des gens. Le chef de la Sûreté, nommé Taylor, et qui fut révoqué depuis à la suite d'une série d'inénarrables erreurs policières, avait laissé filer tranquillement Pranzini pour courir après un certain Geissler qui n'existait peut-être pas et que, sur les plus vagues indices, il persistait à considérer comme le coupable. On avait beau lui répéter :

— Mais l'auteur des trois assassinats c'est Pranzini !

Il répondait imperturbablement :

— Vous vous trompez, c'est Geissler !

Et il avait fait arrêter un nombre incalculable de malheureux qu'il accusait de s'appeler Geissler, même quand ils portaient un tout autre nom.

Il avait fallu que Pranzini en personne criât par toutes les fenêtres de toutes les maisons publiques de Marseille :

— Je suis l'assassin de Marie Regnault, de sa femme de chambre et de la fille de celle-ci, pour que le fonctionnaire préposé à notre sécurité se décidât à solliciter un ordre d'arrestation contre cet insupportable Pranzini qui venait par ses demi-aveux intempestifs le contrecarrer dans son petit travail.

Et pendant huit jours il avait incarcéré à Mazas

une foule d'innocents qu'il persistait à prendre pour Geissler. Et comme on n'avait de ce mythe aucune photographie, il en avait fait enfermer de toutes les couleurs comme de toutes les grandeurs, des gras, des maigres, des bruns, des blonds, des grands, des petits, des bossus, des myopes et des presbytes.

Ce n'est que quand Pranzini était allé offrir à des filles les bijoux volés à sa principale victime que l'incohérent Taylor semblait s'être dit :

— Ma foi, tant pis pour lui ! Puisqu'il tient absolument à être guillotiné, je ne m'opposerai plus à ce qu'il le soit.

Mais tout le monde s'indigna d'avoir à constater que, pour un crime si vulgaire et si facile à débrouiller, la police et le parquet se fussent joués avec ce cynisme et cette désinvolture de la liberté en même temps que de la réputation d'un tas de pauvres diables d'autant plus étrangers à cette boucherie atroce qu'elle était l'œuvre d'un seul assassin.

Et les incarcérations opérées par le chef de la Sûreté avaient porté au hasard sur les premiers venus réputés sans ressources et qu'il avait supposés capables de tout pour s'en procurer. Or il était bien certain que Marie Regnault, qui vivait de prostitution, n'aurait pas reçu chez elle des hommes en guenilles dont elle n'aurait rien eu à attendre si ce n'est des coups de couteau.

Mais à la suite d'un attentat d'une toute autre nature la France fut prise d'une fièvre bien autrement aiguë. L'arrestation de M. Schnœbelé, commissaire de la gare de Pagny-sur-Moselle, faillit mettre le feu à des poudres qui fumaient depuis longtemps, toujours près de faire explosion.

Bismarck, dont l'âme est celle d'un reître, oublia

complètement qu'il avait été diplomate et n'hésita pas à se livrer sur un fonctionnaire français à une véritable agression de bal public.

Le chancelier venait de réclamer de son Reichstag sept années du budget de la guerre, seul moyen, affirmait-il, d'assurer la paix. En réalité, il n'exigeait tous ces milliards que dans l'intention de la troubler. Le piège tendu au commissaire français de la gare de Pagny-sur-Moselle par un nommé Gautsch, Alsacien renégat, devenu commissaire de police allemand à Ars-sur-Moselle, n'était qu'une des mille provocations qui se renouvelaient chaque jour à notre adresse sur la frontière de l'Est, et que notre patience aidait à passer sous silence.

Depuis longtemps nous étions au courant des tentatives continuelles imaginées par les Allemands pour nous exaspérer. Boulanger m'avait lui-même annoncé quelques mois auparavant un complot bismarckien à la suite duquel une compagnie allemande devait, comme par erreur, pénétrer en armes sur notre territoire et engager un conflit avec le premier poste français qu'elle aurait rencontré.

Un fusil serait parti tout seul et, dans la bagarre qui en serait résultée, il eût été facile d'établir que le drapeau allemand avait été outragé.

La divulgation de ce plan en avait empêché la réalisation. Mais il ne se passait pas de jour que les plus odieuses menaces ne vinssent de l'autre côté de la frontière, de la part des uhlans qui y montaient la garde et passaient leurs journées à coucher en joue nos paysans qu'ils cherchaient à exciter par les plus grossières injures.

Or, comme le soldat allemand vit sous un joug de fer, il était bien évident qu'il ne se fût pas permis ces facéties révoltantes s'il n'y eût été autorisé ou plutôt encouragé par ses officiers.

Bismarck, impatienté par notre sang-froid, avait voulu brusquer les choses et transformer ses provocations en attentats. Celui dont notre commissaire avait été l'objet était d'autant plus monstrueux que l'arrestation avait eu lieu non sur le territoire allemand, mais en France même. Le crime était calqué sur celui d'Ettenheim où le duc d'Enghien fut saisi dans son lit par les soldats de Bonaparte qui avaient passé la frontière. La seule différence résidait dans la qualité des victimes.

L'incroyable félonie dont avait usé le commissaire d'Ars-sur-Moselle pour attirer Schnœbelé dans un guet-apens et le livrer à deux agents de police déguisés, qui l'attendaient avec des menottes toutes prêtes, était tellement en dehors de tous les procédés internationaux et du code du droit des gens que l'outrage direct à la France ne faisait aucun doute.

En admettant même que le commissaire français eût commis envers l'Allemagne un acte susceptible d'attirer sur lui des représailles, quel gouvernement eût été assez éhonté pour inviter un fonctionnaire étranger à venir traiter amicalement avec lui une question de délimitation de frontières, puis, quand il arrive sans défiance au rendez-vous, le faire saisir et enchaîner par deux ignobles policiers costumés en rouliers ?

Les boucaniers qui avaient fait autrefois leur refuge de l'île de la Tortue ; les routiers qui allaient pillant les villages et violant les filles eussent reculé devant une aussi répugnante trahison.

Bismarck ne pouvait être assez mal élevé pour ne pas se rendre compte de ce que ce mode d'arrestation avait d'insolite et d'abominable. Le méfait était donc prémédité. Le chancelier avait eu beau s'ingénier : il n'avait pu trouver de prétexte pour nous demander une réparation. Il s'était alors arrangé pour que ce fût nous qui la lui demandassions.

Le bon sens public ne s'y trompa pas. Tout le monde comprit que c'était pour nous soit l'humiliation, soit la guerre, et le pays tourna immédiatement les yeux vers Boulanger comme vers le seul général capable de nous conserver à la fois la paix et l'honneur.

Ah ! les opportunistes et les cléricaux ne lui reprochaient plus à ce moment décisif ses lettres au duc d'Aumale. Ils lui disaient, les mains jointes : « Sauvez-nous ! »

Non que l'intégralité du territoire leur tînt au cœur sensiblement plus qu'autre chose, mais parce que la soumission trop complète aux brutalités de l'Allemagne ou une attitude trop fière vis-à-vis de cette puissance incommode pouvait avoir pour eux et leur politique des résultats également funestes. Je courus un des premiers m'informer auprès du général et des détails du guet-apens et des conséquences possibles que devait, selon lui, produire cet acte sauvage.

Je trouvai Boulanger calme comme un homme qui a pris une résolution suprême et ne franchira pas la limite qu'il a lui-même attribuée à la conciliation. Il était, quand j'entrai, sur la porte de son cabinet. Il la referma sur nous deux et me dit :

— Du moment où ils veulent la guerre, ils sauront bien toujours la faire surgir, même au milieu de négociations quelconques. Nous n'avons donc plus qu'à mobiliser sans perdre une minute.

Et, en effet, pendant le peu de temps que je restai

avec lui, il sonna plus de dix fois ses garçons de bureau pour leur remettre des ordres à porter.

Je reçus donc de ma visite l'inquiétante impression qu'une rupture absolue avec l'Allemagne ne tenait plus qu'à un fil. Et, je suis obligé de l'avouer, Boulanger paraissait si plein d'ardeur et si disposé à aller de l'avant que je ne pus m'empêcher de partager sa confiance.

Celle qu'il inspirait aux soldats était d'ailleurs presque absolue et il est certain qu'ils eussent, sous son commandement, fait des prodiges. Seulement, intrépide comme il l'était, il n'eût probablement jamais consenti à rester entre les murs de son ministère et fût monté à cheval au premier coup de feu, car c'était surtout un homme de champ de bataille.

Clémenceau, alors très engagé avec lui, ne le quittait presque pas, non plus que René Goblet, à ce moment chef du cabinet et dont l'attitude fut, pendant toute cette crise, d'une fermeté remarquable.

Devant l'émotion belliqueuse qui s'emparait de tous, la prudente Allemagne commença à peser les aléas d'une rencontre avec un peuple placé en face de la victoire ou de la mort. Elle consentit à reconnaître qu'il pouvait bien y avoir eu, de la part du commissaire allemand d'Ars, un excès de zèle. Qualifier « excès de zèle » la fourberie d'un agent qui attend avec des menottes dans sa poche un étranger à qui il avait donné rendez-vous, c'était aller un peu loin dans l'euphémisme. Cependant cet aveu d'un premier tort indiquait tout au moins un vague désir de traiter.

Le ministre des affaires étrangères nous fit d'abord communiquer cette note quelque peu obscure :

M. Flourens a fait savoir à M. le président du Conseil que le chargé d'affaires d'Allemagne, en l'absence de M. le comte de Münster, est venu le trouver spontanément cette après-midi et lui a fait connaître que le gouvernement allemand n'était pas encore fixé sur les modalités de l'arrestation de M. Schnœbelé, qu'il se réservait d'examiner cette question de concert avec le gouvernement français, mais que l'arrestation avait eu lieu en vertu d'un arrêt de justice.

Comment un fonctionnaire français, habitant la France, aurait-il pu tomber sous le coup de la justice allemande? Une note officieuse allemande ajoutait que l'arrestation de notre commissaire avait eu lieu par suite d'actes de haute trahison commis en Alsace-Lorraine. En vertu de quelle aberration juridique un de nos compatriotes était-il susceptible d'être accusé de haute trahison envers un empereur qui règne sur l'Allemagne et non sur la France?

Il n'y avait qu'un cas où l'agression aurait été explicable: c'était si, comme le supposaient quelques journaux, M. Schnœbelé avait, avant de prendre du service en France, à la suite de l'annexion de son pays, négligé d'opter pour la nationalité française.

Mais cette hypothèse n'était guère plus admissible que les autres, ce commissaire étant en fonctions à la frontière depuis 1871 et les occasions de constater s'il avait ou non régulièrement opté s'étant certainement présentées maintes fois.

D'ailleurs, ce que M. Flourens, dans son langage diplomatique, appelait les « modalités » de l'arrestation indiquait suffisamment à quel point l'Allemagne savait avoir le droit contre elle. Si elle s'était cru celui de lancer un mandat contre un Français résidant en France, elle n'aurait pas pris soin de l'attirer à la frontière au moyen d'une lettre qui constituait le guet-apens dans toute son indignité.

Cette façon d'agir était la condamnation du prétendu

arrêt de justice dont avait parlé le chargé d'affaires d'Allemagne à M. Flourens. Si notre commissaire s'était senti coupable envers ceux qui l'invitaient gracieusement à venir les trouver chez eux, il n'aurait pas été assez naïf pour s'y rendre.

S'il y avait eu haute trahison, c'étaient assurément les magistrats allemands qui l'avaient commise en amenant ainsi, par mensonge et perfidie, entre les pattes de leurs argousins, un homme qui croyait aller à un rendez-vous loyalement donné. Mais Bismarck tenait précisément à ce qu'on sût en France et en Europe que la force prime le droit, et il était arrivé à cet état de despotisme asiatique où l'on s'amuse par forfanterie à mettre avec préméditation les torts de son côté.

Il faut cependant reconnaître que si le coup était impudent et hardi, il était, en même temps, par trop ridiculement maladroit : on ne porte pas de pareils défis à l'opinion publique sans qu'ils finissent par vous retomber sur le nez.

Notre attitude devant les molestations allemandes qui avaient précédé cette affaire avait prouvé notre désir de maintenir la paix. Après avoir juré devant son Reichstag qu'il la voulait aussi, Bismarck démontrait qu'il mentait et qu'il n'avait jamais cessé de chercher la guerre.

Ces provocations ignobles avaient eu du moins pour effet d'exaspérer notre patriotisme. Tout le monde comprenait que si nous étions obligés d'accepter la lutte avec un ennemi capable de tels méfaits nous allions combattre non seulement pour notre patrie, mais pour notre foyer; pour notre langue maternelle, que le vainqueur nous eût forcés à désapprendre; pour l'avenir et la nationalité de nos enfants.

C'eût été une guerre de désespoir, qui eût mis debout quatre millions de Français, et nous avions idée qu'il eût fallu bien des millions d'Allemands pour les battre.

Pendant huit ou dix jours, l'angoisse fut profonde. J'étais du matin au soir accosté par des inconnus qui m'abordaient pour me dire :

— Vous qui connaissez le général, vous devez savoir où nous en sommes ? »

Toutes les affaires étaient suspendues. Comprend-on que beaucoup de francs-fileurs avaient déjà fait leurs malles et se tenaient en partance pour Bruxelles ? J'en connais un — je pourrais le nommer — qui se présenta chez moi en tenue de voyage et m'adjura de le renseigner sur le véritable état des négociations en cours.

— Parce que, me dit-il, si la guerre doit éclater, je ne veux pas laisser ma pauvre vieille mère à Paris, exposée aux horreurs d'un siège. S'il y a danger immédiat, je la conduirai dès ce soir en Belgique.

Or il avait, quatre ans auparavant, perdu cette même mère à l'enterrement de laquelle j'avais assisté.

Cependant, comme il fallait bien que Bismarck imaginât à son attaque soudaine un motif plus avouable que l'envie de nous déclarer la guerre, il fit soutenir dans ses journaux cette argumentation, amusante à force d'être scélérate, que M. Schnœbelé s'était, par les propos qu'il avait tenus et les rapports qu'il avait écrits, exposé à une accusation de haute trahison vis-à-vis de l'Allemagne.

Comment peut-on trahir une nation à laquelle on n'appartient pas ? Voici ce que répondaient les jurisconsultes borusses :

« Les commentaires d'Oppenhof et du procureur

général Schwartze établissent que les articles de journaux publiés à l'étranger par un sujet non allemand tombent sous le coup de la loi allemande. »

C'était complet comme fumisterie. Ainsi rien ne prouvait que nous ne fussions pas tous, mes confrères et moi-même, condamnés à cinq ans de forteresse par un tribunal quelconque de Berlin ou de Leipzig et que si la fantaisie nous prenait d'aller à Bayreuth entendre la *Valkyrie* de Wagner nous ne serions pas en passant la frontière, et peut-être avant de l'avoir passée, saisis par les argousins costumés en musiciens ambulants, qui nous mèneraient à la prison voisine, après nous avoir mis les poucettes.

Comme ces condamnations prononcées par contumace contre des étrangers ne leur sont jamais signifiées, il était possible que non seulement tous les journalistes de notre pays, mais que tous les Français eussent été condamnés de l'autre côté du Rhin à la peine capitale. Le duc d'Albe avait bien rendu un édit portant la peine de mort contre tous les Belges, se réservant d'accorder des sursis d'exécution à quelques-uns d'entre eux !

Cette façon d'entretenir des relations internationales en condamnant à mort tous ses voisins était d'une originalité qui plaçait M. de Bismarck parmi les plus célèbres aliénés du siècle.

Car enfin, la loi allemande étant formelle, les Autrichiens, les Anglais, les Russes devenaient, comme les Français, susceptibles d'être arrêtés et jetés dans les cachots dès qu'ils auraient mis le pied en Allemagne.

On découvrit heureusement dans les papiers que le commissaire Schnœbelé avait laissés en France cette lettre de l'agent Gautsch, laquelle ne laissait aucun doute sur la préméditation et le guet-apens :

Mon cher collègue,

J'aurais une communication à vous faire qui ne regarde ni le gouvernement allemand ni le gouvernement français; mais pour vous faire cette communication nous aurions besoin d'être seuls, et, si vous le voulez bien, nous profiterons de la question du poteau pour nous rencontrer.

GAUTSCH.

La vérité est que M. Schnœbelé avait paru aux Allemands un gardien trop vigilant de notre frontière dont il avait admirablement organisé la surveillance et, au risque d'un conflit armé, ils s'étaient résolus à se débarrasser de lui. Et si l'arrestation de M. Schnœbelé était odieuse, l'enquête au moyen de laquelle M. de Bismarck essayait de la justifier atteignait les dernières limites du grotesque. Il n'allait pas, pour vider cette question, chercher des diplomates ou des magistrats : il allait chercher des arpenteurs. M. Schnœbelé avait-il été attaqué à deux mètres au delà ou à un demi-mètre en deçà de la frontière? Tel était le problème dont le gouvernement allemand feignait de poursuivre la solution.

Or, si le chancelier avait eu autant de bonne foi dans ses raisonnements qu'il montrait de brutalité dans ses actes, il eût avoué tout de suite que c'était là un point absolument secondaire. Notre commissaire français avait été attiré par traîtrise dans un traquenard; et l'endroit précis où les misérables qui l'y attendaient s'étaient jetés sur lui n'avait pas la moindre importance, le procédé restant aussi déloyal sur le territoire allemand que sur le nôtre.

Se fût-on imaginé Pranzini faisant valoir pour sa défense qu'il avait tué Marie Regnault dans sa chambre à coucher et non dans son salon et que, s'il avait volé les bijoux qui étaient dans le vide-poche à gauche, il avait respecté ceux qui se trouvaient dans le vide-poche à droite ?

Nous aurions pensé que M. de Bismarck s'estimait encore trop lui-même pour recourir à d'aussi basses arguties. Mais s'il nous donnait de pareilles raisons, c'était évidemment une façon de nous déclarer qu'il ne voulait pas en donner du tout.

La situation était donc d'autant plus grave que plusieurs agents français du service de la frontière, on le constata, avaient été déjà arrêtés par les mêmes procédés dont on venait d'user envers M. Schnœbelé ; le cas qui nous occupait, et qu'on supposait unique, constituait donc la provocation avec récidive.

Dans ces conditions, si nous ne voulions pas voir disparaître successivement tous ceux de nos fonctionnaires qui se promenaient sur la frontière, il n'était que temps de prendre un parti. Nous ne pouvions pas attirer par de faux rendez-vous les commissaires allemands en France, d'abord parce qu'ils n'y fussent pas venus, et surtout parce que l'honneur français répugnait à de si honteux traquenards. Toutefois, ce qu'il nous était facile de pratiquer, c'était la mise en quarantaine absolue de tous les sujets de Bismarck installés à Paris.

Je conseillais donc de faire, sans déclaration de guerre et sans proclamation belliqueuse, le serment de ne nous adresser ni à un cordonnier, ni à un tailleur, ni à un limonadier, ni à un coiffeur allemand. Il n'y avait pas de meilleure réponse aux outrages dont l'Allemand Bismarck nous abreuvait. Cet homme avait une façon de donner l'hospitalité aux nôtres qui nous autorisait à des représailles en somme extrêmement modestes, puisque, s'il mettait dedans les Français qui lui tombaient sous la main, nous nous fussions contentés de mettre les Prussiens dehors

On objectait qu'il lui serait loisible de nous rendre la pareille dans son pays et de faire mettre à l'index tous les Français établis à Berlin où à Leipzig. Nous faisions observer que ceux qu'on y employait, ce n'était pas par sympathie, mais par nécessité qu'on les gardait, et que l'intérêt ayant en Allemagne le pas sur toute autre considération, on n'en continuerait pas moins à y exploiter leurs talents.

Bismarck avait trouvé ingénieux d'accuser tous les Français de haute trahison envers l'Allemagne. A notre tour, nous eussions déclaré traître à la patrie tous les Français qui auraient pris à leur service des Allemands.

Un matin, Boulanger me fit prier de passer au ministère de la guerre et me dit :

— L'attitude de la presse russe a beaucoup impressionné cette canaille de Bismarck. Il a vu que l'Europe ne donnait pas dans ses mensonges et que sa prétention de poursuivre des Français pour haute trahison envers l'Allemagne faisait rire tout le monde. Je crois que Schnœbelé sera mis en liberté aujourd'hui. L'affaire peut donc être considérée comme arrangée.

Ne sachant plus qu'inventer pour excuser l'acte de violence bestiale commis sur le commissaire français, le ministre de la justice impériale, probablement pour nous faire accroire qu'il y a des juges à Berlin, avait en effet prétendu tout à coup que si notre agent avait été attiré dans un guet-apens et incarcéré à Metz, c'était parce qu'il recevait d'un nommé Klein, Alsacien-Lorrain annexé, des renseignements sur les travaux militaires des Allemands à Strasbourg et à Mayence.

Si ce Klein, qui faisait tout à coup son apparition

dans l'affaire, était coupable, c'était lui qui trahissait sa nouvelle patrie et non Schnœbelé demeuré Français.

Boulanger venait précisément de renvoyer un de ses employés soupçonné d'avoir communiqué des plans au gouvernement prussien. Ces plans, c'était Bismarck qui les recevait. Est-ce que le gouvernement français avait eu l'idée de poursuivre le chancelier devant la cour d'assises pour crime de trahison?

Dans ces conditions, le vieux Guillaume lui-même, qui se faisait naturellement envoyer le plus possible de rapports sur nos forces militaires, eut été également passible de nos tribunaux comme traître envers le gouvernement français.

Et c'était l'officielle *Gazette de l'Allemagne du Nord* qui feignait de discuter sérieusement ces théories insanes, probablement dans le but de gagner du temps et de permettre aux régiments de s'accumuler dans les provinces annexées, tandis que les canons s'entassaient à la frontière.

Chaque jour perdu pour nous était un jour gagné pour Bismarck. Et, craignant sans doute quelque révolte en cas de conflit armé, il poursuivait avec une fureur croissante les expulsions d'Alsaciens, faisant reconduire à la frontière jusqu'à des enfants de quatorze ans, probablement coupables d'avoir joué à la bloquette avec des billes tricolores.

Tant qu'il n'avait été qu'odieux, Bismarck avait tenu bon. Il lâcha pied quand il se sentit devenir par trop ridicule et Schnœbelé sortit de prison, mais, fit dire le chancelier pour atténuer sa défaite, « sans que l'action judiciaire fût éteinte ».

C'était annexer la bêtise à la mauvaise foi, attendu que s'il avait cru tenir un accusé qu'il aurait eu l'intention de faire condamner plus tard, il ne se serait pas amusé à lui donner la clef des champs.

Les feuilles tudesques ayant annoncé au début que le commissaire de Pagny-sur-Moselle ne s'en tirerait pas à moins de cinq ans de forteresse, le dénouement de l'incident fut présenté comme une humiliation pour l'Allemagne. C'était, en somme, tout ce que nous demandions.

Mais cette ténébreuse et palpitante affaire eut pour la France le plus heureux résultat. Elle servit de point de départ à l'alliance russe, à laquelle je n'avais cessé de pousser dans nombre d'articles et dont la nécessité éclata alors aux yeux de tous.

Alexandre II nous avait parfaitement laissé écraser par la Prusse en 1870, à ce point que Guillaume Ier avait pu, après la consommation de notre défaite, lui adresser cette sinistre dépêche :

« C'est à Dieu et à toi, mon cher neveu, que je dois d'avoir battu les Français. »

Mais à l'avènement d'Alexandre III nos rapports avec le gouvernement russe s'étaient modifiés du tout au tout. La haine de la princesse Dagmar de Danemarck, devenue tsarine, était profonde à l'égard des forbans qui avaient volé à son père les duchés comme on vole une montre à une vitrine. La nouvelle impératrice de Russie était une femme de tête et de volonté dont l'influence, qu'on disait considérable sur son mari, contribua certainement pour une grosse part au rapprochement aujourd'hui complet et presque indestructible entre la nation russe et la nôtre.

C'est la princesse Dagmar qui inspira la réception enthousiaste faite à la flotte française par la population de Cronstadt et l'envoi de la flotte russe à Toulon. Je lui en ai gardé, quant à moi, une si vive gratitude, — à laquelle elle ne tient évidemment pas du tout, — que je ne pouvais, pendant mon long séjour à Londres, m'empêcher de reporter ma reconnaissance sur la princesse de Galles, sa sœur, dont la popularité en Angleterre est d'ailleurs incomparable.

Mais la Chambre fit naturellement payer au ministère Goblet la peur qu'elle avait eue et le renversa subitement, sans cause nettement déterminée.

Il y en avait une, cependant : la résolution prise par les droites et une bonne partie des gauches d'en finir avec le général Boulanger. Cette coalition contre un homme que les uns jalousaient, que les autres faisaient semblant de craindre, était si scandaleusement manifeste, que des journaux d'une modération indiscutable dénonçaient et désavouaient le complot.

Le *National* disait :

Quel étrange aveuglement! Voilà des hommes politiques qui accusent le général Boulanger de vouloir faire la dictature et qui, pour échapper à ce fantôme, se précipitent vers la droite et n'aspirent qu'à cirer les bottes de ces monarchistes dont le rêve est d'écraser la République.

Pour se soustraire au grotesque mirage d'un 18 Brumaire ou d'un 2 Décembre, ils veulent renouveler les aventures de l'Ordre moral, se faire les complices de de Broglie, les brosseurs de Fourtou et tenir la cuvette dans laquelle les Pilate de l'ancien groupe Target ont lavé leurs mains impures.

Le *Paris*, feuille d'un opportunisme pourtant avéré, allait jusqu'à voir dans la conjuration la main du président de la République :

C'est cruel à dire, imprimait-il, mais dans cette crise tout le mal a été fait par M. Jules Grévy et par une douzaine de députés qui furent nos amis, dont nous avons dé fendu la politique, dont nous souhaitions le retour aux affaires et qui découragent notre confiance et navrent notre clairvoyance.

Nous n'en sommes plus.

Tout mon crime fut d'avoir été de l'avis de ces journaux si peu césariens et d'en être resté, tandis qu'ils passaient à un avis contraire.

Mais le vieux Grévy, profondément égoïste sous son apparence bonhomme, avait assez de ces acclamations qui s'adressaient à un autre qu'à lui, et contre la mise en liberté du commissaire Schnœbelé s'empressait de sacrifier Boulanger à l'Allemagne, comme si, en fait de politique extérieure, la crainte qu'on inspire n'était pas la meilleure des garanties.

Tous les partis à la Chambre reconnaissaient qu'il n'y avait pas de ministère possible si le général n'en faisait pas partie et on ne l'en éliminait pas moins de toutes les combinaisons. L'ambassadeur de France à Berlin, le servile Herbette, faisait savoir que le maintien de Boulanger à la guerre serait considéré par l'Allemagne comme une provocation et toutes les lâchetés se réunissaient ainsi contre lui.

Mais le peuple, que l'honorable et heureux résultat de l'affaire Schnœbelé avait attaché à Boulanger plus étroitement que jamais, ne concevait pas un cabinet d'où il pût être exclu et attendait avec une confiance qui allait être encore une fois trompée la publication de la liste ministérielle.

Le père Grévy, très décidé à ne pas l'y inscrire, mais aussi très timoré, faisait traîner les pourparlers, pour retarder autant que possible l'explosion nationale qu'il avait tant de raisons de prévoir.

La crise dura près de quinze jours pendant lesquels toute la juiverie financière allemande qui gouvernait le marché français recevait de Bismarck l'ordre de faire la hausse ou la baisse, selon que Boulanger perdait la corde ou qu'il la reprenait.

Le flibustier Jacques de Reinach ne pardonnait pas à l'ancien ministre de la Guerre de lui avoir laissé pour compte les tablettes de prétendu café qu'il avait offertes pour l'alimentation de l'armée. Aussi combattait-il avec son obstination d'Hébreu le retour du général, espérant trouver chez son successeur plus de complaisance ou moins de probité.

Et les sous-orléanistes décrépits dont se composait le Sénat s'en mêlaient. Les chefs des groupes qui soignaient leurs bronchites sous la coupole du Luxembourg étaient allés à l'Elysée déclarer à M. Grévy qu'ils refuseraient leur concours à tout ministère dans lequel figurerait le général Boulanger.

Jusqu'à ce jour, députés ou sénateurs votaient pour ou contre une proposition ministérielle; c'était la première fois qu'une Chambre prévenait d'avance le chef de l'Etat qu'elle lui interdisait de choisir tel ou tel ministre. Il y avait là un attentat caractérisé au pacte fondamental ainsi qu'aux droits du président de la République; et si M. Grévy, qui affectait si volontiers de se maintenir dans son rôle constitutionnel, n'eût pas complètement abdiqué entre les mains sales de l'opportunisme, il aurait fait flanquer à la porte par ses huissiers les trois anabaptistes sénatoriaux qui se permettaient de venir l'insulter chez lui.

Mais M. Grévy, à qui sa jalousie sénile contre le général Boulanger avait enlevé jusqu'au respect de lui-même, avait trouvé très régulière la démarche de ces trois polissons que leur âge aurait dû cependant mettre à l'abri de pareilles incartades.

C'était même probablement sur leur conseil qu'il avait remis en campagne M. Rouvier, en lui donnant mission de former un cabinet avec n'importe quels bouche-trous ou figurants politiques, pourvu que le général Boulanger n'en fît pas partie.

M. Rouvier, qui avait été blackboulé partout comme candidat aux élections et n'était parvenu à se faire élire dans les Alpes-Maritimes qu'en promettant des évêchés à tous les curés du département, n'avait pas hésité à piquer une tête dans les bas-fonds de l'opportunisme et avait fini par ramener à la surface du bourbier quelques ministres destinés à cesser de l'être avant que le pays eût trouvé le temps d'apprendre leurs noms.

Cependant, comme ils se sentaient menacés, non pas seulement dans leurs portefeuilles, mais dans leurs individus, ils avaient demandé à l'infatigable Rouvier de désarmer le général Boulanger en lui proposant de l'acheter. On lui eût soutiré une déclaration portant que, du moment où son nom constituait un embarras pour la République, il se retirait volontiers de la vie politique. Moyennant cet acte de contrition, on lui eut offert l'ambassade de Saint-Pétersbourg qui, étant très grassement payée, lui eut tenu lieu de la plus ample des compensations.

Etait-ce beau comme combinaison ! Ces bonshommes qui se fussent vendus corps et âme pour quelques bureaux de tabac ne pouvaient admettre qu'un être humain résistât à l'offre d'une ambassade. Le général Boulanger travaillait jour et nuit depuis deux ans à mettre le pays en état de défense et on lui proposait tout simplement de détruire son œuvre de ses propres mains. A cette condition, on lui eût alloué, en Russie, des frais de représentation considérables. Il eût lâché la frontière de France pour passer la frontière russe et abandonné la trouée des Vosges pour aller se promener à Saint-Pétersbourg sur la Perspective Newsky. Voilà, sans jeu de mots, ce qu'on aurait pu appeler une jolie perspective!

Tels étaient les débuts de M. Rouvier dans les premiers rôles.

Il s'imaginait que le général Boulanger, qui se sentait, dans sa besogne nationale, soutenu par toute la France, allait accepter, comme ça, la déportation plus ou moins dorée à laquelle on avait la prétention de le condamner!

Quand, le lendemain, les Allemands pouvaient entrer chez nous, cet homme, le seul en qui l'armée et le pays auraient eu confiance pour les conduire à l'ennemi, fût allé tranquillement s'asseoir dans un fauteuil diplomatique, après avoir brisé son épée dont jamais nous n'avions eu tant besoin!

M. Rouvier, qui se vantait plus tard d'avoir toujours été « dans les affaires » sans préciser lesquelles, et qui, avant d'être appelé chez le juge d'instruction, était appelé chez le père Grévy pour l'aider à former un ministère, avait, devant la difficulté de le fabriquer, répété dans les couloirs :

« Je ferai un cabinet, quand je devrais le composer avec des commissionnaires. »

Et c'était, en effet, ainsi qu'il l'avait annoncé, avec des commissionnaires qu'il le composait, et qui se trouvaient ainsi chargés de bien vilaines commissions. Il donna comme successeur à Boulanger un certain général Ferron à qui il fallait une forte dose de courage pour qu'il se risquât à braver les cris répétés de : « Vive Boulanger! » qui ne pouvaient manquer de l'assaillir sur son passage et notamment à la revue du 14 Juillet, dont nous approchions, car nous étions à la fin de mai.

La combinaison Rouvier, Mazeau, Fallières, Spuller, Barbey, Ferron, Barbe, avait si évidemment pour objet de donner satisfaction aux exigences antiboulangistes de Bismarck que le cri public donna immédiatement à cette réunion d'incapacités le sobriquet de *ministère allemand*.

Il était en réalité fait non pour ceux qui en seraient, mais contre celui qui n'en serait pas.

En quittant son poste, le général Boulanger adressa cette simple et digne proclamation à l'armée :

> Officiers, sous-officiers et soldats,
>
> Le cabinet dont je faisais partie ayant donné sa démission, M. le Président de la République a confié à d'autres mains le portefeuille de la guerre.
>
> En quittant le commandement de l'armée, je tiens à remercier tous ceux qui m'ont secondé dans la tâche patriotique de mettre nos moyens de défense à la hauteur de toutes les épreuves.
>
> Vous serez, sous les ordres de mon successeur, ce que vous avez été sous les miens : dévoués à vos devoirs professionnels et fidèles aux lois constitutionnelles, dont le respect doit dans nos cœurs dominer tous les autres sentiments.
>
> Je serai le premier à vous donner l'exemple de cette double discipline militaire et républicaine.
>
> Général BOULANGER.
>
> Paris, 30 mai 1887.

Ce rappel au respect des lois constitutionnelles était sa réponse aux projets de coup d'Etat qu'on lui prêtait déloyalement ; que quelques-uns qu'il me nomma plus tard lui avaient conseillé pendant son passage au pouvoir, et qu'il avait toujours repoussé avec la dernière énergie.

Mais, à partir de ce moment, le boulangisme fut fondé. La France, qui s'était crue préservée pour longtemps de l'incapacité militaire et de la malhonnêteté politique, se rebiffa contre le joug honteux qu'on lui imposait de nouveau. Boulanger devint ainsi le centre et le pivot de l'opposition qui s'éleva de tous les coins du territoire aux humiliations qu'on nous préparait.

L'agitation commença dans Paris. Sur les boulevards, à la hauteur de l'Opéra, une foule immense, évaluable à près de cinquante mille personnes, ne cessa, malgré les bousculades de la police, de huer le ministère, de crier : « A bas Ferry ! » aux intrigues duquel l'opinion attribuait l'élimination définitive du général et de répéter en chœur : « Vive Boulanger ! A bas les Prussiens ! Vive la France ! »

Les abords de l'Elysée furent soigneusement gardés par un cordon de troupes, plusieurs manifestants ayant invité le peuple à se diriger vers ce palais pour en avertir le locataire du désastreux effet de sa traîtrise. Une forte colonne d'ouvriers qui, à la sortie de leurs ateliers, s'étaient joints aux passants, vint nous acclamer sous les fenêtres de l'*Intransigeant* et nous détacha une délégation chargée de nous féliciter, au nom des travailleurs, de notre attitude républicaine autant que patriotique.

Le prétexte de cette formidable agglomération avait été une fête militaire donnée à l'Opéra au profit des victimes de l'incendie de l'Opéra-Comique, et on put constater par les effusions réciproques de la population et de l'armée à quel point celle-ci regrettait le général avec qui tous sympathisaient.

Mais le vieux et cupide Grévy, type du thésauriseur, que son avarice avait insensiblement conduit à l'improbité et qui payait ses architectes avec la croix d'honneur, avait perdu tout son prestige dans cette campagne où il avait comploté lui-même la chute de son ministère. Pendant le peu de temps que je m'étais promené avec le titre de député dans les couloirs du Palais-Bourbon, j'avais eu à procéder à l'élection d'un Président de la République, et, au Congrès de Versailles, Wilson, mon ancien collègue au Corps législatif de l'Empire, m'avait demandé ma voix pour le renouvellement des pouvoirs de son beau-père.

Je l'avais, faute de mieux, donnée à ce vieux Jurassien, quoique je n'attendisse absolument rien de lui à qui je n'avais jamais adressé la parole. Je me rappelle même cet épisode de la séance du Congrès de Versailles : je m'étais arrêté dans la galerie dite des Tombeaux, devant le superbe « Mirabeau » de Houdon, et j'en détaillais les beautés à plusieurs membres de l'Assemblée, quand un congressiste vint se joindre à notre groupe et, tout en admirant l'œuvre du grand sculpteur, demanda avec candeur :

— De qui est ce beau buste ?

— De Houdon, répondit quelqu'un.

— Il est étonnant, fit le législateur, qu'un artiste de ce talent soit resté aussi complètement inconnu !

Cette constatation d'ignorance artistique eut un gros succès. Malheureusement les députés qui rirent le plus fort en savaient peut-être juste autant que lui.

A partir du renvoi du ministère Goblet et de l'élimination préméditée et systématique du général Boulanger, l'autorité du vieux bonze nommé Grévy s'effondra totalement. Il s'en rendait compte avec sa finesse paysannesque et n'osait plus se montrer nulle part.

Il tremblait constamment, me racontait-on, que les gardes qui veillaient autour de l'Elysée ne se prêtassent à quelque révolution de palais fomentée par Boulanger et finissait par redouter jusqu'à la tasse de café qu'on lui servait. Je m'amusai à décrire dans un article que j'intitulai : *Grévy de Syracuse*, cet état de frousse comique. Le morceau eut assez de succès pour que je le reproduise :

Grévy de Syracuse, né vers 430 avant Jésus-Christ, mort en 368, avait été surnommé le tyran par persuasion, parce que, tout en prétendant se renfermer strictement dans son rôle constitutionnel, il n'en exerçait pas moins un pouvoir absolu.

Diodore de Sicile rapporte que Grévy de Syracuse poussait l'économie jusqu'à ses plus extrêmes limites. Un jour il fit enlever le manteau d'or massif qui couvrait la statue de Jupiter et le fit remplacer par un simple manteau de laine, « infiniment préférable à l'autre, trop froid en hiver et trop chaud en été ».

Par une facétie sacrilège, il ôta à Esculape sa barbe d'or: « Apollon, son père, n'en avait pas ; il ne serait pas convenable que le fils en portât une ». Après quoi, il la fit transformer en lingot.

Il n'y avait guère de comparable à son avarice que sa poltronnerie. Son palais était gardé comme une forteresse, et il lui suffisait d'entendre fredonner sous ses fenêtres le refrain : *En revenant de la R'vue !* pour qu'il courût se cacher dans ses appartements les plus secrets.

Un de ses courtisans ayant interrompu une partie d'échecs pour lui faire compliment sur les satisfactions que devaient lui procurer ses douze cent mille francs de liste civile et les agréments de la magnifique habitation dont il n'avait pas à payer le loyer, Grévy de Syracuse le fit revêtir d'un riche costume (dont le bey de Tunis lui avait fait cadeau) et lui commanda de s'asseoir dans un superbe fauteuil (emprunté au garde-meuble).

Le malheureux courtisan ayant obéi, il lui fit signe de lever la tête et lui montra une lourde épée suspendue sur sa tête et qui n'était retenue au plafond que par un crin de cheval.

— Voilà, dit Grévy, l'existence que mène un tyran.

A la suite d'une réunion qui avait eu lieu aux Arènes d'hiver, le peuple se répandit dans les rues en criant à tue-tête: « Vive Boulanger! » En entendant les acclamations adressées à ce général qu'il craignait toujours de voir apparaître à la tête de cent mille hommes pour l'enlever dans son palais, il fut pris d'un tremblement convulsif et appela à son aide, non seulement Mollard et Wilson, mais encore toute sa maison civile et militaire.

A partir de cette soirée, Grévy de Syracuse devint célèbre par les précautions incroyables qu'il prit pour préserver sa vie qu'il supposait constamment menacée. Comme il possédait, en qualité de propriétaire, une cinquantaine d'immeubles dans Syracuse, il allait chaque nuit coucher tantôt boulevard Malesherbes, tantôt faubourg Montmartre, tantôt rue Saint-Honoré. Ses enfants eux-mêmes ignoraient quel appartement il avait choisi pour y dormir.

Il portait toujours une cuirasse sous ses vêtements et faisait visiter avec soin toutes les personnes admises en sa présence, même ses plus proches parents. N'osant confier sa tête à un barbier, il avait habitué sa fille à lui brûler la barbe avec des coquilles de noix, ce qui constituait, d'ailleurs, une économie de cinquante centimes.

Cicéron raconte que ses transes étaient telles que, lorsqu'il voulait haranguer le peuple, il commençait par monter tout en haut de la tour Eiffel.

Enfin, ayant, en échange de la promesse d'une forte rente viagère, livré Syracuse à un certain Mackau-Ko, chef du parti orléaniste, il donna sa démission. Mais, les orléanistes, une fois au pouvoir, refusèrent de lui payer la pension convenue et Grévy de Syracuse en fut réduit à se retirer dans le Jura — le Jura, mais un peu tard — et à se faire maître d'école au village de Mont-sous-Vaudrey.

Il expliquait aux enfants les beautés de l'opportunisme et les avantages de l'expédition du Tonkin ; mais ceux qui négligeaient de verser les trente-cinq sous de leur cotisation mensuelle étaient impitoyablement renvoyés.

Même par les plus froides journées de décembre, il empêchait qu'on ne fît du feu dans sa classe et, le soir venu, qu'on n'y allumât une bougie. Il prétendait n'avoir pas mis un sou de côté pendant son règne et vivait d'eau et de quelques châtaignes bouillies (*castaneœ molles*). Toujours poursuivi par le spectre du général Boulanger, il ne cessait de répéter à ses élèves :

— Si, après vous avoir pris l'Alsace et la Lorraine, les Allemands vous demandent encore les Vosges et la Champagne, donnez-les tout de suite ; sans quoi, le militaire qui vous aidera à les défendre se fera proclamer dictateur, et il vaut infiniment mieux être gouverné par Bismarck que par Boulanger.

Devenu aveugle et incapable de professer, il s'était fait, vers la fin de sa vie, inscrire au bureau de bienfaisance dont il recevait un pain de quatre livres toutes les semaines. Il disait parfois avec amertume :

— Je n'ai plus un sou, et d'ailleurs, si j'en avais un, qu'est-ce que mon sou vaudrait ?

Quand il mourut, on trouva quinze millions dans sa paillasse.

HENRI ROCHEFORT

Cette parcimonie, qui devait pousser le père Grévy à s'associer à son gendre dans le commerce des rubans rouges, devint pendant quelque temps notre thème de prédilection. Nous racontions, dans l'*Intransigeant*, qu'un jeune homme, en costume de soirée, avait été arrêté vers une heure du matin, au moment où il volait un petit pain chez un boulanger qui venait d'ouvrir sa boutique.

Interrogé par les sergents de ville, le jeune homme avait répondu :

— C'était un cas de force majeure. Je sortais de dîner chez le président de la République.

Nous ajoutions qu'il avait été immédiatement relâché et qu'on avait fait une collecte en sa faveur.

Mais, comme la peur ne raisonne pas, ni la jalousie non plus, l'Elysée avait cru faire acte de haute habileté politique et militaire en envoyant le grand ennemi en déportation à Clermont-Ferrand avec le titre de commandant du 13ᵉ corps. L'exil du disgracié dans les montagnes d'Auvergne l'obligeait naturellement à prendre le chemin de fer pour s'y rendre, la direction des aérostats étant encore à l'état de problème.

Les feuilles de la coalition opportuniste et présidentielle avaient compté, le jour du bal militaire « quelques centaines de gamins » sur la place de l'Opéra : le départ du général pour la gare de Lyon donna à ces appréciations frauduleuses un démenti retentissant.

Un inspecteur de la Sûreté générale était allé à Clermont-Ferrand afin de tout préparer pour la réception du condamné. D'ordinaire, quand un général va prendre possession de son commandement, il est reçu par le préfet, le premier président et l'évêque. Mais le général Boulanger, ayant commis l'impardonnable crime d'être populaire, était reçu par la police ; et la population, qui allait le voir traverser la ville, escorté par cinquante mouchards, aurait pu se demander si on le conduisait à la place pour lui faire remise de ses pouvoirs ou pour l'y fusiller comme le général Malet.

La coalition s'était imaginé qu'il en serait du souvenir du général Boulanger comme de tant d'autres qui s'effacent au bout de huit jours. Les coalisés, moins naïfs, auraient compris que, tant que durait le péril allemand, la France ne pourrait oublier le seul ministre qui, depuis seize ans, eût fait quelque chose pour le conjurer. Les conspirations orléanistes, auxquelles prenaient part les agents du ministère Rouvier, n'avaient fait qu'accentuer l'impopularité de celui-ci, et, consécutivement, la popularité du général.

Mais pour lui faire la conduite les « quelques centaines » de gamins avaient grandi et pullulé au point qu'ils s'étaient retrouvés cent cinquante mille hommes avec de solides moustaches pour l'accompagner jusqu'à la gare de Lyon. Il fallait croire aussi que les vingt mille récidivistes dont, selon Reinach, se composait le parti boulangiste, avaient augmenté dans des proportions réellement formidables. Les criminalistes ne devaient plus rien comprendre à un pareil accroissement dans la récidive.

Les ministres, qui marchaient sous la bannière de Ferry, avaient désormais la mesure de leur popularité. L'illusion n'était plus possible, en admettant qu'elle l'eût jamais été. Cette fois, on ne pouvait prétendre que c'étaient des acclamations « payées ». Il eut fallu que nous fussions par trop riches pour acheter autant d'acclamateurs.

La tête plongée dans leurs portefeuilles, ces ministres, qui n'appartenaient plus qu'au parti des acteurs sifflés, se demandaient d'où venait la situation conquise en si peu de temps par l'ancien ministre de la guerre. Il n'y avait pas de jour où leurs feuilles ne répétassent qu'il n'avait encore rien fait. S'il n'avait rien fait et si ce n'était pas pour lui, c'était donc contre eux qu'éclataient les manifestations comme celle dont nous venions d'avoir un échantillon, et qu'on devait leur resservir si souvent, non plus à cent cinquante mille, mais à des millions d'exemplaires.

Le secret de cette sympathie du peuple pour un homme, hier presque inconnu, échappait à ces politiciens à la tête de bois. Ils refusaient de comprendre qu'il représentait la défense du sol français contre eux qui représentaient l'invasion. Depuis quelque temps même, il représentait encore davantage : la République, tandis qu'eux représentaient l'orléanisme que leurs agents allaient saluer dans la personne du prétendant Philippe.

Il travaillait à fondre des obus et à fabriquer des fusils pendant qu'ils étaient occupés dans des maisons borgnes à toucher des jetons de présence et à dévaliser des actionnaires. Il ne jouait pas à la Bourse sur nos périls et ne transformait pas en lingots l'incident de Pagny-sur-Moselle. Il passait la moitié des nuits, inquiet, mais résolu, et écoutant sans cesse le bruit des canons qu'on remuait de l'autre côté de la frontière.

Nous ne voulions pas devenir Allemands, et, avec des flibustiers de cet acabit, rien ne prouvait que nous ne le serions pas avant peu. Nous ne voulions pas baiser la mule du pape et, depuis leur entrée au pouvoir, ils n'avaient cessé de nous faire respirer l'odeur nauséabonde de cette pantoufle.

La France ne voulait pas plus être déshonorée qu'asservie. Ils l'avaient mise, à Jersey, aux pieds d'un prétendant qui, en patois mecklembourgeois, nous annonçait effrontément que tout était prêt pour sa rentrée. Tant qu'ils occuperaient le banc ministériel, les manifestations ne cesseraient pas, et ils auraient fini par faire mourir de frayeur le flageolant Grévy, que seul l'appât de ses douze cent mille francs retenait à l'Elysée.

Les journaux retour de Jersey, comme le *Figaro*, le *Français*, le *Gaulois*, et ceux qui auraient bien voulu s'y rendre, comme la *République Française* et le *Temps*, ajoutaient la note joyeuse aux commenaires provoqués par l'événement. Le *Figaro* l'intitulait carrément : « le Scandale de la gare de Lyon ». La *République Française* se proclamait « indignée ». Le *Temps*, qui savait faire contre fortune bon cœur, en avait trouvé une bien bonne pour expliquer la présence de cent cinquante mille Parisiens aux abords de la gare de Lyon, juste à l'heure où le général Boulanger prenait le train pour Clermont :

« Alors même, disait-il, que certains journaux n'auraient pas adressé à la foule des invitations et même des convocations en vue de ménager au général Boulanger une *conduite* retentissante, les attroupements qui se sont formés hier à la gare de Lyon s'expliquent d'eux-mêmes dans une grande ville et par une soirée d'été. »

Il fallait, en effet, que la soirée fût singulièrement chaude pour que tant de personnes eussent songé à se réfugier au même endroit. Mais quelle étrange idée d'avoir choisi la gare de Lyon pour s'abriter contre les rayons du soleil, qui, du reste, était couché ! Ordinairement, c'est au bois de Boulogne que le public va demander un peu de fraîcheur.

Mais traverser tout Paris pour aller respirer la fumée des locomotives, voilà à quoi nous n'eussions jamais songé.

Quant au *Figaro*, qui était scandalisé, et à la *République Française*, qui était indignée, nous aurions été curieux de savoir ce que serait devenue cette indignation si le « scandale de la gare de Lyon » s'était produit, non à propos du départ de Boulanger, mais à l'occasion de la rentrée du comte de Paris dans la ville de ce nom. Ce scandale se serait subitement transformé en « explosion de l'amour populaire » et l'on eut exposé dans la salle des dépêches les morceaux des carreaux cassés par l'enthousiasme de la foule, désireuse de contempler de plus près les augustes traits de l'auguste visage de son auguste souverain.

Il était du reste particulièrement curieux que ceux qui incriminaient ainsi la manifestation de la gare de Lyon fussent précisément les mêmes qui venaient d'en organiser une autre, à laquelle le consul de la République française à Jersey avait pris une part active, et qui avait pour but avoué la substitution de la monarchie au gouvernement républicain.

On aurait pu nous objecter qu'à Jersey on était cent cinquante, mais ce n'était pas la faute des journaux qui avaient battu la caisse en faveur de la restauration de la branche cadette si leurs appels réitérés n'avaient donné que ce mince résultat.

Ce qui, en réalité, troublait surtout les cerveaux réactionnaires dans la formidable ovation faite au général Boulanger, c'était leur conviction que si un prétendant risquait quelque tentative pour étrangler la République, il avait toutes les chances d'être reçu, à la gare où il eût débarqué, par les mêmes cent cinquante mille patriotes qui y avaient accompagné le seul général qui, depuis 1871, se fût déclaré prêt à défendre à tout prix la République.

Seulement, ce n'eût pas été pour l'empêcher de partir, mais bien pour l'empêcher d'entrer qu'on fût allé attendre le Mecklembourgeois assez audacieux pour affronter la colère publique, et il est probable qu'il ne s'en fût pas tiré, comme le général Boulanger, avec ses vêtements froissés et quelques gouttes de sueur sur le front.

J'étais allé à Boulogne-sur-Mer respirer un peu d'air salin et retourner à des baignades plus réfrigérantes que celles de la station balnéaire où j'avais pris les eaux de la Nouvelle-Calédonie. Je n'assistais donc pas à la mémorable manifestation de la gare de Lyon. Toujours loyales, quelques feuilles m'avaient même reproché mon absence, à ce point que l'*Intransigeant* dut publier la note suivante :

« Un journal du matin, en annonçant que M. Rochefort se trouve en ce moment à Boulogne-sur-Mer, donne à entendre que le rédacteur en chef de l'*Intransigeant* a quitté Paris pour ne pas assister aux manifestations patriotiques qui ne peuvent manquer de se produire le jour de la Fête nationale.

« Cette supposition, toute gratuite, dénote chez celui qui l'a conçue infiniment plus d'imagination que de logique. Il est évident, en effet, que les manifestations du 14 Juillet seront, en l'absence de M. Rochefort, tout aussi formidables que s'il était présent.

« La vérité est que M. Rochefort est tout simplement allé se reposer pendant quelques jours au bord de la mer. Mais nous pouvons annoncer qu'il quittera Boulogne mercredi soir, afin de se trouver à Paris le 14 Juillet. »

Or, par la plus misérable des iniquités, les vieux bancroches de la Haute Cour qui me reprochaient d'être aux bains de mer pendant la manifestation de la gare de Lyon, qu'il m'avait été impossible de prévoir tant elle avait été fortuite et spontanée, me condamnèrent deux ans plus tard à la peine perpétuelle de la déportation pour avoir organisé et conduit cette même manifestation.

Je ne crois pas qu'aux époques les plus sinistres des Torquemada et des Laubardemont la prévarication et le parjure aient atteint une pareille altitude.

J'étais, en effet, revenu de Boulogne à Paris pour la fête du 14 Juillet, et, avec plusieurs députés boulangistes de mes amis, nous avions pris place dans une tribune officielle, voisine de celle du président de la République. Notre arrivée avait été saluée par les acclamations de la foule et par quelques grognements partis de l'entourage élyséen.

Si un homme au monde a peu recherché les ovations, j'ose dire que c'est moi. J'ai toujours essayé de me dérober aux vivats que le public m'a quelquefois prodigués comme à tant d'autres. C'est à ce point que les journaux opportunistes, toujours pleins de bonne foi, ont souvent répété que « j'avais peur des foules », ce qui n'a aucun sens, puisque si l'on peut à la rigueur avoir peur d'une foule qui vous menace, il n'y a pas de motif pour qu'on ait peur d'une foule qui vous salue.

Mais quand un homme est tant soit peu soumis au fléau de la notoriété, il devient la proie de tous les plumigères auxquels il peut fournir quelque copie. Ainsi j'étais parti pour Boulogne-sur-Mer dans le but de m'y reposer une semaine ou deux, hors de l'atmosphère d'imprimerie à laquelle me condamnaient mon article quotidien et la surveillance de l'*Intransigeant*.

Boulogne est une plage charmante, à moins de quatre heures de Paris, ce qui me permettait de rester en rapport facile avec mes collaborateurs. Enfin, je me croyais au moins le droit d'aller humer un peu l'air, à l'instar de tous les êtres pourvus d'organes respiratoires.

Eh bien ! c'est ce qui me trompait. Le droit de respiration m'était interdit. Le *Figaro* avait immédiatement annoncé que j'étais parti pour ne pas me mêler aux manifestations du 14 Juillet, et les commentaires marchaient leur train. J'étais donc revenu, comme c'était d'ailleurs mon intention, ayant donné pour ce jour-là rendez-vous à plusieurs amis.

Ce fut alors une autre guitare : de concert avec la

Ligue des patriotes, on devait enlever le vieux de l'Elysée et le mettre en capilotade, quoiqu'il y fût déjà suffisamment. Afin de couper court aux racontars des reporters qui se faisaient concurrence, j'avais résolu de me rendre à la revue et d'y assister dans la tribune officielle, dont les deux tiers étaient naturellement remplis par des députés orléanistes et opportunistes.

Nous avions tenu, Laisant, Laguerre, Michelin et moi, à opposer le cri de: « Vive Boulanger ! » qui représentait pour nous la Défense nationale, à celui de: « Vive Grévy ! » que ne pouvaient manquer de pousser les députés amis d'un cabinet qui les inondait de bureaux de tabac.

Alors, comme ils avaient protesté contre nous et que nous avions protesté contre eux, la *Paix*, journal royaliste puisqu'il était élyséen, et le *Figaro*, journal élyséen puisqu'il était royaliste, disaient: le premier, que je n'avais pas « reçu de la foule un accueil dont j'eusse lieu d'être satisfait » ; le second, que je n'avais pas eu le succès « auquel je m'attendais ».

Seulement, comme revanche des trois ou quatre cris hostiles poussés dans la tribune des concessionnaires de bureaux de tabac, l'immense public, massé aux environs de la Cascade, nous avait montré par ses acclamations qu'il était avec nous contre les anciens financiers véreux dont se composait le ministère.

Il est vrai que le *Figaro* se consolait de ces cris-là, en les déclarant poussés par la « canaille ». Malheureusement, il était extrêmement difficile de s'entendre sur la signification de ce mot familier. Ainsi, pour le *Figaro* et ses adhérents, la canaille c'étaient les deux cent cinquante mille citoyens qui avaient exprimé, sur toute l'étendue du chemin qui mène de la place de la Concorde au bois de Boulogne, la répulsion que leur inspirait un gouvernement qui nous jetait à la fois aux pieds de l'Allemagne et aux pieds du pape et qui, sous le fallacieux prétexte d'éviter la dictature du général Boulanger, sollicitait bassement et traîtreusement celle de Bismarck...

C'est de celle-là que parlait Auguste Barbier dans ses *Iambes*, quand il écrivait :

> La grande populace et la sainte canaille
> Se ruaient à l'immortalité,

et quand on chantait, à la fin du second Empire, ce refrain célèbre :

> C'est la canaille,
> Eh bien ! j'en suis !

Il n'y eut en réalité, dans la tribune officielle où nous étions, mes amis et moi, que trois ou quatre maigres cris antiboulangistes, poussés par les invités du ministère.

J'avais dans ma carrière, déjà pas mal longue, assisté à un certain nombre de chutes retentissantes. J'étais à la première de *Gaëtana*, où on sifflait « devant que les chandelles fussent allumées » et où on continua à siffler longtemps après qu'elles furent éteintes. Nous étions à celle de *Juarez*, où les gommeux réactionnaires se vengèrent par des cris d'oiseau de la flétrissure qu'on y infligeait à leur ami Bazaine.

Eh bien ! les plus violents tumultes pouvaient passer pour de simples murmures si on les comparait à l'effrayante averse essuyée par les membres du ministère allemand sur tout le parcours qu'ils avaient suivi pour se rendre à cette terrible revue d'où ils avaient si grand'peur de ne pas revenir.

Ah ! le vieux Grévy dut maudire les patriotes de 89

qui ont eu la malheureuse idée d'aller un 14 Juillet s'emparer de la Bastille, et spécialement Camille Desmoulins qui les y a poussés!

Le général Ferron, le plus conspué de tous, était pâle, mais ferme. Il m'a rappelé Pranzini entendant son verdict. Et cependant, depuis le rond-point des Champs-Elysées jusqu'à la tribune présidentielle, il avait été accompagné par des clameurs d'une telle intensité que toutes les musiques militaires du monde auraient disparu sous le charivari populaire. On n'avait heureusement pas osé encore décréter que le cri de : « Vive Boulanger! » était séditieux, sans quoi quinze cent mille Parisiens eussent passé cette nuit-là au poste.

Voici comment l'*Intransigeant* rendait compte de la cérémonie qui, de militaire qu'elle devait être, était devenue toute politique :

A deux heures quarante-cinq, le général Saussier, entouré de son état-major, arrive sur la pelouse de Longchamp par l'avenue de l'Hippodrome. Un formidable cri de : « Vive Boulanger! » accueille le gouverneur militaire de Paris.

A partir de ce moment, la manifestation grandit de minute en minute; l'arrivée de chaque officier est saluée de cris et de chants en l'honneur de l'ex-ministre de la guerre, et sur le passage des troupes qui sortent du Bois, où elles se sont abritées, pour aller prendre place sur la pelouse, les mêmes acclamations patriotiques accompagnent nos soldats qui ont l'air ravi d'entendre fêter leur général aimé.

A trois heures vingt la foule s'agite : « Voilà l'escorte du Président ! » s'écrie-t-on de toutes parts. Mais non, c'est une erreur, le cortège qui s'avance, et qui est précédé d'huissiers en tenue, représente le bureau du Sénat. La foule salue les vieillards du Luxembourg par les cris de : « Vive Boulanger! Vive la France! A bas le ministère! » Presque en même temps arrive le bureau de la Chambre; une ovation est faite à M. Floquet qui est accompagné de M. Anatole de la Forge.

Tout à coup, des cris formidables signalent l'arrivée d'un haut fonctionnaire. Les sifflets à roulette font merveille, la foule déborde les haies des gardiens de la paix, et les vivats en l'honneur du général Boulanger reprennent de plus belle. Quel est donc le puissant de la terre à qui l'on a réservé cette imposante manifestation ? C'est le général Ferron, ministre de la guerre, qui fait son entrée triomphale sur le champ de courses, au milieu des cris de : « A bas Grévy ! à bas Ferron ! » Entouré d'une vingtaine de généraux et d'une forte escorte de dragons, le ministre fait une bien triste figure, et cette journée mémorable prouvera au successeur du général Boulanger qu'il est plus facile de gagner un portefeuille que la faveur populaire.

Presque au même instant, dans une allée parallèle, la foule acclamait un membre de l'ancien ministère : M. Lockroy. Accompagné de notre ami Georges Hugo et de M. Naquet, le premier élu de Paris était salué par la foule entière, qui tenait à prouver sa sympathie à l'ex-ministre radical qui fut l'ami et le collègue du général Boulanger.

Il est trois heures cinquante minutes : le préfet de police revient au carrefour de la Cascade et donne quelques instructions pour l'arrivée de M. Grévy.

L'escorte du président de la République est signalée ; elle arrive au galop, afin d'éviter aux oreilles des membres du « ministère allemand » le prolongement des désagréables manifestations qui l'ont accompagné sur son parcours. Des cavaliers ouvrent la marche. Arrivés à la Cascade, ils font par file à droite pour entrer sur la pelouse ; mais ce mouvement tournant retarde la marche du cortège et c'est par une avalanche formidable de cris boulangistes que le premier magistrat de la République fait son entrée à Longchamp.

Les sifflets et les cris couvrent les appels des clairons et des trompettes qui sonnent aux champs, et la *Marseillaise*, jouée par les musiques militaires, est étouffée par les vivats de la foule. Pas un seul cri de : « Vive Grévy ! » n'est proféré, pas un salut n'est adressé au président; mais, en revanche, deux cent mille poitrines font entendre des hourras en l'honneur de l'ex-ministre de la guerre. « Vive la France! Vive Boulanger! » crie-t-on de toutes parts; et, dans cette petite fête, le souvenir de Ferry est rappelé par les cris: « A bas Ferry! »

Rouvier et Grévy sont fortement décontenancés; les ministres qui viennent à leur suite s'essuient le front ou se mouchent, — se sentant morveux, sans doute. Et la foule accompagne de ses huées l'escorte officielle jusqu'à la tribune d'honneur.

Ainsi, du rond-point des Champs-Elysées aux tribunes de Longchamp, le calvaire gouvernemental n'avait été qu'une bordée de sifflets. C'est au point que, M. Grévy n'osant revenir par le chemin où la foule l'attendait, lui et ses ministres avaient pris à travers champs pour regagner sous la protection de tout un escadron de cavalerie l'Elysée, gardé par des régiments de police.

Eh bien! l'effroyable charivari qui avait accueilli le général Ferron et ses collègues, les journaux réactionnaires le transformaient presque en succès. Ils se félicitaient de cette belle journée. Cependant, à moins que le peuple n'eût culbuté les voitures gouvernementales, on se demandait ce qu'il aurait pu faire de plus pour témoigner des sentiments que lui inspiraient les bismarckiens du cabinet Rouvier.

Les sifflets étaient à ce point nombreux et stridents que nous les entendions distinctement, à travers la piste du bois de Boulogne, dans la tribune officielle où nous nous trouvions, Laguerre, Clovis Hugues, Michelin et moi, en compagnie de pas mal de députés opportunistes qui les entendaient également.

Or, quelles étaient les feuilles qui doraient ainsi à M. Grévy l'amère pilule que la population parisienne lui avait fait avaler ? C'était le *Figaro*, le *Gaulois*, le *Français*, toutes celles enfin qui avaient traîné quotidiennement sur la claie quelques mois auparavant le beau-père de M. Wilson.

Si le public avait hué sur tout le parcours le vieillard de l'Elysée, c'était le *Figaro* qui l'avait désigné à ses invectives. Je me rappelle des articles très spirituels où Albert Millaud roulait dans le ridicule le propriétaire sordide, dont il flétrissait la cupidité. Mme Grévy elle-même n'était pas épargnée dans les vers on ne peut plus amusants qu'Escopette publiait dans le *Gaulois*.

Quant à M. Wilson, « monsieur Gendre », comme on l'appelait, on l'accusait déjà de trafic de mandat et de chantage. Il mettait sur la gorge des contribuables les abonnements de la *Petite France*. Il faisait payer sa protection et son influence des prix exorbitants. On donnait le tarif des croix d'honneur qu'on pouvait obtenir par son canal et le chiffre des déficits qu'il avait laissés à la Bourse.

Ah ! c'est qu'alors M. Grévy passait pour être résolu à maintenir la République, et c'était nous qui le défendions contre les attaques incessantes dont il était l'objet.

Dès qu'un cabinet de rastaquouères eut réuni, sous la loque qui lui servait de bannière, l'orléanisme, l'opportunisme et le cléricalisme, la scène avait immédiatement changé. Tant qu'il avait pu rester fidèle aux institutions républicaines, M. Grévy était bon à jeter dans la fosse aux propriétaires. Le jour où il les avait livrées aux chiens dévorants de la réaction, il s'était trouvé avoir subitement droit à tous les respects.

Plus un mot contre lui dans aucune des gazettes qui le vilipendaient à la journée. Mme Grévy était désormais libre de faire ses confitures à son aise, M. Grévy d'augmenter ses loyers et M. Wilson d'escamoter des timbres-poste. Si même le peuple qui persistait à ne pas comprendre pourquoi on avait remplacé le général Boulanger, lequel se préparait à repousser l'Allemagne, par le général Ferron, qui se disposait à lui ouvrir nos portes, manifestait son mécontentement en termes formels, comme à la revue du 14 juillet, on faisait croire au cacochyme locataire de l'Elysée que c'était non pas : « Vive », mais : « A bas Boulanger ! » que les manifestants avaient crié sur le passage du cortège.

Ce modèle de toutes les pingreries était passé tout à coup modèle de tous les patriotismes. Ce changement de front démontrait plus que tous les autres indices la réalité du traité signé entre la monarchie et ceux que nous payions pour protéger la République.

Les orléanistes ne voulaient pas que M. Grévy eût été hué en allant à la revue, parce qu'il était alors leur homme et qu'avouer les sifflets, c'était avouer l'impopularité que sa nouvelle attitude lui avait attirée.

CHAPITRE XXXII

Jules Ferry et Boulanger. — Le Saint-Arnaud de café-concert. — Duel manqué. — Le commerce des croix d'honneur. — Le procès Wilson. — Grévy compromis. — La nuit historique. — Scandale et démission.

Jules Ferry, qui du fond des couloirs de la Chambre où il errait comme une âme en quête d'un portefeuille, avait organisé la calomnie contre le général Boulanger, commit une grave imprudence. Il se découvrit dans un discours prononcé devant ses électeurs vosgiens et où sa noire jalousie l'emballa si inconsidérément qu'il y qualifia le général de « Saint-Arnaud de café-concert ».

L'assimilation n'avait aucun sens, attendu que Saint-Arnaud était spécialement connu comme complice du coup d'État, tandis que Boulanger, ministre de la guerre et maître de l'armée qui l'adorait, avait constamment refusé d'en faire un.

Pour une fois que le Tonkinois se mettait à avoir de l'esprit, il tombait donc très mal. Il tombait aussi dangereusement pour lui, attendu que Boulanger, instruit du propos qu'il n'avait provoqué en rien, dépêcha à celui qui l'avait tenu deux amis chargés de lui en demander raison.

Le comte Dillon m'a donné sur son entrée chez Ferry, à Foucharupt, en compagnie du général Faverot, des détails d'un haut comique. M. Dillon avait eu des relations avec l'ancien ministre à propos d'une affaire de câbles sous-marins et, en recevant sa carte, l'inconscient Ferry s'imagina qu'il venait l'entretenir à nouveau de ce projet.

Il le reçut donc d'un air tout gracieux et resta, paraît-il, figé dans sa glace quand le témoin de Boulanger lui dit froidement :

« Il s'agit de tout autre chose : le général Faverot et moi venons, au nom de notre ami le général Boulanger, réclamer de vous une réparation par les armes, pour les paroles injurieuses que vous vous êtes permises à son adresse. »

Ferry s'assit alors, se prit la tête à deux mains et resta plusieurs minutes sans répondre un mot. Puis il se mit à donner aux deux délégués des explications incohérentes qui n'en finissaient plus.

L'*Agence Havas* elle-même fut d'ailleurs chargée de nous raconter le scénario de ce vaudeville, qu'on aurait pu intituler : *le Duel de paille d'Italie*. Or l'*Agence Havas* ne pouvait être accusée d'avoir voulu livrer sciemment Ferry au ridicule. Voici l'information qu'elle nous communiquait :

« A onze heures, les témoins du général Boulanger se sont fait conduire au chalet qu'habite l'ancien président du conseil. Ils y sont restés en conférence pendant TROIS QUARTS D'HEURE ».

D'ordinaire, quand on reçoit deux témoins d'une personne qu'on a offensée, on prend juste le temps de leur donner les noms des deux amis avec lesquels on doit les aboucher. Ferry avait changé tout cela :

il avait prié les deux témoins du général de s'asseoir et conversé avec eux pendant « trois quarts d'heure ». Qu'avait-il bien pu leur raconter durant ces quarante-cinq minutes ?

Leur avait-il offert au rabais, pour les amadouer, les actions des mines de son cousin ? leur avait-il exposé les beautés de la politique coloniale ? leur avait-il indiqué un moyen de combler le déficit de quinze cent millions creusé par l'expédition indochinoise ?

L'agence Havas ne nous renseignait pas à ce sujet. Elle se contentait de continuer ainsi :

« Rentrés à l'hôtel pour déjeuner, les amis du général ont reçu à trois heures la visite de M. Jules Ferry qui était accompagné par son frère. »

Que diable le frère de l'ancien président du conseil allait-il faire dans cette aventure ? Est-ce que Jules Ferry avait voulu apitoyer le général Boulanger en prouvant qu'il était soutien de famille et qu'il lui était impossible en conséquence d'aller sur le terrain ?

Comprenant cependant que tous ces atermoiements ne modifieraient en rien la résolution du général, le châtelain de Foucharupt s'était décidé à son tour à choisir deux témoins. Seulement, de ceux qu'il avait désignés, l'un était à Bordeaux, dans la Gironde, l'autre à Uriage, dans l'Isère. Il leur fallait conséquemment deux bonnes journées pour arriver à se rencontrer avec le général Faverot de Kerbrech et le comte Dillon, envoyés de Clermont par Boulanger. Pour peu que Ferry eût encore eu avec eux quatre quelques conférences de trois quarts d'heure, le comte de Paris aurait eu le temps de monter sur le trône avant qu'une solution fût intervenue.

Le *Figaro* nous faisait du reste pressentir les arguments que l'adversaire du général devait faire valoir en faveur d'un dénouement pacifique :

Le public, disait le journal de la rue Drouot, serait assez étonné qu'il y eût effusion de sang. Certes la qualification de « Saint-Arnaud de café-concert » est piquante, mais elle est plus spirituelle qu'injurieuse.

D'ailleurs, ajoutait le *Figaro*, Saint-Arnaud était maréchal de France et fut le vainqueur de l'Alma.

Quelle bataille avait donc gagnée le général Boulanger pour se trouver offensé d'un tel rapprochement ?

Ainsi, dans les articles qu'il inspirait, Ferry poussait la bonne foi jusqu'à essayer de faire accroire qu'en qualifiant Boulanger de « Saint-Arnaud », ce n'était pas du tout au 2 Décembre qu'il faisait allusion, mais bien à la victoire de l'Alma. Il se montrait tout surpris et extrêmement peiné que le général eût ainsi vu un outrage là où il n'y avait qu'un compliment. Mais c'était le sort de l'homme du Tonkin d'être perpétuellement méconnu.

Ce système de reculade était on ne peut plus ingénieux. S'il avait comparé Boulanger à Dumouriez, il aurait probablement soutenu que ce n'était pas du tout au traître et au déserteur, mais au vainqueur de Valmy.

Et même s'il avait établi un parallèle entre Bazaine et l'ex-ministre de la guerre, il eut sans doute affirmé aux témoins de celui-ci que le Bazaine auquel il l'assimilait était le soldat qui avait gagné au Mexique son bâton de maréchal de France.

La vérité est que quand Ferry s'était laissé aller à

cette boutade en présence des natifs de Foucharupt, il s'imaginait qu'elle n'arriverait pas à la hauteur du dédain qu'elle devait inspirer au général. Dès qu'il s'était vu face à face avec la gueule d'un pistolet tenu par une main solide, il avait tergiversé de son mieux, puis n'avait fini par consentir qu'à un duel absolument illusoire.

En quoi, après avoir fait preuve d'une rare violence, il montrait une rare maladresse, attendu que, puisqu'il était décidé à ne se battre qu'à la condition de ne pas courir le moindre péril, il eut été de sa part infiniment plus habile de décliner tout de suite la rencontre.

Il eut prétendu que, le général étant un homme public, il avait le droit de le qualifier publiquement à sa façon; que lui, Ferry, avait reçu bien d'autres tuiles et qu'il n'avait jamais songé à en tirer satisfaction;

Qu'il venait de faire sa paix avec l'Eglise, laquelle interdit l'effusion du sang;

Qu'en se dérobant à l'honneur que lui faisait le général Boulanger, il espérait contribuer à déraciner ce préjugé moyen âge qu'on appelle le combat singulier;

Qu'il avait eu les deux bras emportés à Wagram; qu'il venait d'entrer dans une confrérie de quakers dont le premier précepte est, comme on sait : « Tu ne tueras point ».

Enfin, n'importe quoi. Mais accepter en principe la réparation exigée pour s'écrier, à l'instant psychologique :

« Du moment où il doit y avoir un blessé qui pourrait être moi, je n'en suis plus ».

c'était s'exposer à cette réflexion fâcheuse :

« Comment ! après avoir semé de tant de cadavres les routes du Tonkin, il n'a même pas l'estomac nécessaire pour s'offrir un jour lui-même en holocauste, et il ne brave les balles que lorsque c'est nous qui les recevons ! »

Mais lui qui avait tant fait pleurer la France eut enfin la bonne fortune de la faire rire.

Boulanger, à son tour, refusa un duel de « café-concert », et l'affaire, qui avait occupé Paris pendant huit jours, se termina, à l'esclaffement général, par le procès-verbal ci-dessous :

M. le général Boulanger s'étant trouvé gravement offensé par certaines paroles prononcées à Epinal par M. Jules Ferry, dans un discours récent, a chargé le général Faverot et le comte Dillon de demander une réparation par les armes. Le général Faverot et le comte Dillon se sont rendus à Saint-Dié et ont prié M. Jules Ferry de vouloir bien désigner deux de ses amis pour fixer avec eux les conditions de la rencontre.

M. Jules Ferry a arrêté son choix sur MM. Antonin Proust et Raynal qui ont reconnu qu'une rencontre était, en effet, inévitable.

M. le général Boulanger ayant le choix des armes et désirant, autant que possible, égaliser les chances des combattants, le pistolet a été choisi.

M. le général Boulanger réclamant une réparation sérieuse, justifiée par la gravité de l'offense, le général Faverot et le comte Dillon ont proposé l'échange d'un nombre de balles indéterminé se continuant jusqu'à ce qu'un des deux adversaires fût touché, laissant aux témoins de la partie adverse le choix de la distance.

Les conditions n'ayant pas été acceptées, le général Faverot et le comte Dillon, pour arriver à une entente, ont consenti à se contenter de l'échange d'une balle à vingt pas, mais sans commandement, considérant cette proposition comme la limite extrême des concessions compatibles avec les instructions formelles et réitérées de M. le général Boulanger.

MM. Antonin Proust et Raynal ont déclaré qu'ils n'accepteraient qu'un duel à vingt-cinq pas, avec l'échange d'une seule balle et au commandement.

Le droit des témoins de l'offensé étant de dicter leurs conditions pour le règlement du combat, sans avoir à subir celles des témoins de l'adversaire, M. le général Faverot et M. le comte Dillon se sont retirés.

Paris, le 2 août 1887.

Pour M. le général Boulanger :

Général FAVEROT, comte DILLON.

La lettre suivante, qu'écrivaient MM. Proust et Raynal à leur client, ne faisait que confirmer le procès-verbal dressé par les témoins du général Boulanger:

Paris, 2 août 1887.

Mon cher ami,

Après la visite que vous avez reçue à Saint-Dié de M. le général Faverot et de M. le comte Dillon, agissant au nom de M. le général Boulanger, vous nous avez informés que vous étiez prêt à une rencontre avec M. le général Boulanger et vous nous avez donné vos pleins pouvoirs pour régler les conditions de cette rencontre.

Les témoins de M. le général Boulanger nous ont annoncé que leur client, auquel appartenait le choix de l'arme en sa qualité d'offensé, avait choisi le pistolet de tir, rayé, à double détente et à charge normale. Nous avons accepté.

Les témoins de M. le général Boulanger ont ajouté que le règlement des conditions du combat leur appartenant comme représentants de l'offensé, ils nous faisaient connaitre les conditions qu'ils avaient arrêtées:

Première épreuve: échange d'une balle. Tir au visé à vingt-cinq pas avec facilité, pour chacun des adversaires, de faire cinq pas en avant.

Deuxième épreuve: en cas de non résultat, échange d'une balle. Tir au commandement à quinze pas de distance. Les armes chargées par un armurier. La direction du combat réservée au premier témoin de M. le général Boulanger.

Nous nous sommes refusés à admettre que le règlement des conditions du combat pût appartenir aux seuls témoins de l'offensé et nous avons proposé d'adopter les conditions qui ont été stipulées, dans le duel récent de M. le général Boulanger et M. de Lareinty, par MM. le général Frébault, le général Lecointe, le général Espivent de la Villeboisnet et Hervé de Saisy.

Les témoins de M. le général Boulanger ont refusé ces conditions et, persistant à revendiquer le droit de régler les conditions du combat, ils nous ont fait connaître qu'ils demandaient, à défaut de leurs premières conditions, un échange de balles à vingt-cinq pas jusqu'à ce qu'un des deux adversaires fût touché ou l'échange d'une balle à vingt pas au visé.

Nous nous sommes séparés hier soir sur un dissentiment qui repose en même temps sur une question de principe et sur le refus des témoins de M. le général Boulanger d'admettre les conditions d'un combat récemment réglé par des hommes dont le nom fait autorité.

Ce matin, à onze heures, au rendez-vous pris chez M. le comte Dillon, M. le général Faverot nous a donné lecture d'un procès-verbal qui maintient la prétention, à notre avis inadmissible, de réserver aux seuls témoins de l'offensé le règlement des conditions du combat.

Nous devons donc considérer comme terminée la mission

dont vous nous aviez chargés et nous vous adressons, mon cher ami, l'expression de notre cordiale sympathie.

Antonin Proust,
David Raynal.

Mais, en vertu des lois immuables de la balistique, le choc en retour ne pouvait guère manquer de se produire. Les machinations dirigées contre Boulanger allaient bientôt atteindre en pleine poitrine ceux mêmes qui les avaient si laborieusement ourdies.

La police avait, je ne sais à la suite de quelle dénonciation anonyme, découvert dans les papiers d'une certaine dame Limouzin, soupçonnée d'avoir organisé, de complicité avec le général Caffarel, sous-chef de l'Etat-major général, un vaste marché aux croix d'honneur, deux lettres signées de Boulanger, alors qu'il était ministre de la guerre.

Dans l'une, il répondait, à une demande de la dame Limouzin, qu'il la recevrait à une date qu'il lui fixait; dans l'autre, il s'excusait de n'avoir pu la recevoir.

Et c'était tout, mais ce tout avait paru énorme à cette intelligente magistrature qui s'était dit joyeusement:

— Enfin, nous le tenons !

Caffarel, qu'on supposait l'intermédiaire entre le ministre et les candidats au ruban rouge, fut arrêté avec le plus retentissant fracas; seulement, en continuant les investigations, on mit la main, non sur les preuves de la culpabilité de Boulanger, qui n'avait jamais vendu la moindre croix, mais sur la correspondance de Wilson qui, depuis des années, en faisait effrontément le négoce.

A mesure qu'on perquisitionnait, on exhumait des

lettres adressées par le gendre de Grévy à la dame Limouzin, et dont le chiffre monta bientôt à près de deux cents. Il ne s'agissait plus de protection élyséenne accordée à quelques monomanes de distinctions honorifiques, on se trouvait dans une véritable agence.

Cette dame Limouzin, qui en semblait la directrice, et que j'aperçus à quelque temps de là sur les bancs de la police correctionnelle, représentait d'ailleurs le type de l'intrigante. Petite, voûtée, la physionomie chafouine, les lèvres minces et le regard serpentin, elle avait tout à fait la tête de l'emploi. C'était elle qui recevait les propositions et qui, au besoin, les sollicitait. Un M. de Kreitmayer avait, dès le début des poursuites, apporté un témoignage qui déterminait clairement les rôles des principaux inculpés.

Quant à Wilson, il était et est encore resté inexplicable pour beaucoup d'entre nous, tant son inconscience semblait anormale. Sa biographie tiendrait, à mon sens, dans ces quatre mots :

Il n'est pas Français.

Né d'un père anglais auquel il ressemblait en tout, il appartient à une autre race que la nôtre. Pour lui, ce n'était pas seulement le temps qui était de l'argent, c'était aussi le ruban rouge.

On s'était mis tout à coup à arrêter les gens qui vendaient la croix de la Légion d'honneur, comme si ce genre de négoce n'était pas depuis longtemps aussi public que celui de l'épicerie ou de la charcuterie. Depuis deux ans, nous ne cessions de raconter ce truquage au public; mais quand nous avancions des faits plus évidents que ne l'est la lumière du jour, on se contentait de déclarer que nous ne vivions que de scandale et d'opposition systématique.

Ce n'était cependant pas nous qui tripotions sur

les rubans rouges, violets ou jaunes. Mais, si on se fut mis à ordonner des enquêtes à propos de nos révélations, la moitié des fonctionnaires eut été obligée d'arrêter l'autre moitié.

On avait incarcéré le général Caffarel. Très bien. Seulement, personne n'ignorait que ce qui se passait sous son patronage au ministère de la guerre se passait dans tous les autres ministère et à l'Elysée même, qui était devenu une boutique où la marchandise se payait plus ou moins cher, selon la fortune du client.

La femme Limouzin avouait, dans une interview reproduite par le *Temps*, que M. Wilson, propre gendre du Président de la République, avait été en correspondance avec elle. Or il était bien clair que si cette correspondance avait été connue on l'eut supprimée dans un intérêt supérieur.

Les magistrats qui avaient fait filer le général Caffarel ne se doutaient probablement pas de l'importance de la piste qu'ils suivaient ; s'ils avaient connu plus tôt les noms de ses complices, ils se fussent empressés de rengainer leur mandat d'amener.

Cependant le lièvre était levé et il paraissait difficile qu'on le laissât rentrer au gîte.

Si l'on m'eût accusé d'être l'homme brun qui a assisté Pranzini dans le triple assassinat de la rue Montaigne, je ne me serais pas perdu en réflexions amères, non plus qu'en parenthèses inutiles. J'aurais établi immédiatement:

1° Que j'avais malheureusement les cheveux trop blancs pour être cet homme brun ;

2° Que le soir du crime j'étais à mon journal ;

3° Qu'en le quittant j'étais rentré chez moi où j'avais passé la nuit dans mon lit ;

4° Enfin, que si par hasard on découvrait quelques bijoux chez moi, il me serait facile de prouver qu'ils n'avaient jamais appartenu à Marie Regnault.

J'avais publié la lettre suivante, que m'avait adressée le baron de Kreitmayer et qui était catégorique :

Monsieur le Rédacteur,

Vous me demandez d'affairer (*sic*) — c'était évidemment *affirmer* qu'il fallait lire — que j'ai vu entre les mains de Mme Limouzin une lettre de M. Wilson. Cette femme m'a effectivement montré une lettre portant cette signature. Dans cette lettre, M. Wilson lui disait qu'il ne traiterai (*sic*) plus avec elle d'affaires de décoration, parce qu'elle ne demandait pas assez. Et elle a ajouté: « Vous savez, chez M. Wilson, une croix de la Légion d'honneur coûte 50,000 francs, mais mon général ne demande que 25,000 francs. Du reste l'agent qui était avec moi a vu la lettre en ma présence et elle doit figurer parmi les pièces à conviction.

Signé : EMILE, BARON DE KREITMAYER.

La seule question que je posais à M. Wilson et au procureur de la République était celle-ci :

« La lettre montrée à deux personnes par Mme Limouzin est-elle ou n'est-elle pas apocryphe ? »

M. Wilson n'avait à répondre qu'un mot : « oui » ou « non ».

Or, il ne répondait ni oui ni non. Il racontait qu'il avait connu Mme Limouzin avant son mariage; que Mme Limouzin n'était autre que Mme Charnet; qu'elle lui avait écrit à propos d'une personne honorable, et autres fariboles qui semblaient destinées à embrouiller les fils de l'intrigue, de façon à ce qu'il devînt impossible à qui que ce soit de s'y reconnaître.

Seulement, dans ces correspondances incompréhensibles et pleines d'allusions à des gens que personne ne connaissait, se trouvait, sous la signature de la femme Limouzin, cette phrase singulière :

Monsieur,

Lorsque je me présentai à l'Elysée avec votre permission et afin de vouloir bien m'autoriser à vous demander une distinction pour des méritants, je ne croyais pas être retenue chez moi par une très longue indisposition.

Quels étaient ces méritants et pourquoi la postulante s'adressait-elle, pour obtenir ces distinctions à M. Wilson qui n'étant ni ministre, ni sous-secrétaire d'Etat, ne pouvait être chargé de les accorder? La lettre montrée à M. Kreitmayer et l'agent qui l'accompagnait existait, puisque le premier demandait qu'elle figurât parmi les pièces à conviction. Il n'y avait pas à s'occuper d'autre chose. C'était là le « cadavre », et un cadavre qu'il n'était pas permis de dissimuler.

Encore une fois, nous posions à M. Wilson cette question pressante :

— Avait-il ou n'avait-il pas écrit cette lettre?

S'il ne l'avait pas écrite, M. de Kreitmayer était un menteur; mais s'il l'avait écrite, M. Wilson était un concussionnaire et un filou. Le dilemme était inéluctable, et ce n'était pas en faisant la biographie de Mme Limouzin qu'il pouvait en sortir.

La conspiration fabriquée contre l'honneur de Boulanger retombait donc en immenses crachats sur le nez des conspirateurs. Le gendre de Grévy terminait ses lamentations, qui ressemblaient à des aveux, par ce reproche à notre endroit:

— N'est-il pas pénible de constater que, pour satisfaire des rancunes personnelles et des inimitiés politiques, on ait recours à des calomnies aussi basses?

En quoi la déposition d'un témoin peut-elle constituer une calomnie? M. de Kreitmayer, qui n'avait jamais vu M. Wilson, ne pouvait avoir contre lui ni rancune ni haine. Quant à moi qui avait connu à la fin de l'Empire, au Corps législatif, sur les bancs de la gauche, le député qui devait donner plus tard ses audiences à l'Elysée, j'aurais plutôt conservé pour lui des sympathies que des rancunes, car nous avions souvent voté ensemble.

L'intérêt supérieur de la République, mise au pied de l'Allemagne par une bande d'aigrefins qui avaient donné la mesure de leur patriotisme en éliminant le seul général dont Bismarck se préoccupât, m'avait uniquement guidé dans la campagne que je menais contre eux.

Et savez-vous comment allait se terminer cette louche affaire dans laquelle étaient compromis le général Caffarel, le général d'Andlau, quelques vieilles catins et le gendre de Grévy? Par une mesure de rigueur contre le général Boulanger!

Le stock d'opportunistes qui gouvernaient avait trouvé loyal d'accoler son nom à ceux de la femme Limouzin, de la femme Boissy et de M. Wilson. Les feuilles ministérielles le rendaient niaisement responsable des forfaitures de ce Caffarel, sous prétexte que celui-ci avait été, au temps où Boulanger était ministre, sous-chef d'état-major pendant six semaines.

C'était infâme et c'était surtout stupide! Et ces insinuations révoltantes, qui les progageait après les avoir lancées? Le général Ferron lui-même qui, en qualité de ministre de la guerre, avait le devoir de défendre l'officier à qui il avait confié le commandement du 13e corps.

Bien qu'on eût remué de fond en comble le cloaque aux calomnies, on avait compris qu'il était impossible de perdre ou même d'entamer l'homme qui faisait passer de si mauvaises nuits aux sifflés du ministère. On l'avait fait alors odieusement insulter par les crapauds du marais opportuniste. On l'avait harcelé, vilipendé, exaspéré, et quand ce général, dont le seul tort était d'avoir mis la patrie en état de défense, laissait déborder, dans les interviews qu'on lui demandait, son indignation à propos des incessantes provocations dont on le poursuivait, son chef « hiérarchique » venait lui dire d'un ton menaçant :

— Vous êtes officier ; non seulement vous n'avez pas le droit d'écrire, mais vous n'avez pas non plus celui de parler.

Ce ministre employait, pour outrager le plus populaire des généraux français, des moyens qu'eût répudiés le tenancier d'une maison de filles ; il essayait de le salir dans son honneur de soldat, dans sa probité de citoyen ; puis, au nom de la prétendue discipline militaire, lui ordonnait de courber le dos sous l'injure et de garder sous les soufflets une face impassible.

Il est vrai que si Boulanger avait refusé de recevoir les reporters qui étaient allés l'interroger, le même Ferron se fût hâté d'apprécier ainsi son silence :

— Vous ne répondez pas ; c'est un aveu !

Arracher la langue aux gens et se donner ensuite la facile satisfaction de les invectiver : cette façon d'agir constitue ce que dans tous les pays du monde on appelle la lâcheté. Il n'y avait que les zafiropoulistes du cabinet Rouvier capables de s'imaginer que Boulanger hésiterait à sacrifier sa situation militaire à sa dignité. Car le public ignorait encore la plus importante partie de l'intrigue combinée contre le commandant du 13ᵉ corps :

Bien qu'on l'eût exilé dans les montagnes de l'Auvergne, il devait fatalement venir à Paris en décembre pour le travail de classement des officiers supérieurs. Le ministre se rendait compte de la piteuse figure qu'il allait faire devant des manifestations qui eussent sans aucun doute laissé loin derrière elles celles de la gare de Lyon.

C'est ce triomphe que le titulaire d'un portefeuille qui menaçait de lui échapper avait résolu d'éviter à tout prix. Le souvenir des huées qui l'avaient accompagné pendant toute la durée de la fête du 14 Juillet l'avait poussé aux décisions extrêmes.

Si la Limouzin et Caffarel n'avait pas existé, il les eut inventés pour avoir un prétexte de faire sortir son rival de sa réserve et même de ses gonds.

Il y avait du Ramollot, mais il y avait aussi du jésuite, chez ce guerrier qui ne pouvait pardonner à un de ses inférieurs de lui être si supérieur.

Et, comme Boulanger avait immédiatement reconnu avoir tenu devant les journalistes des propos que les journaux policiers avaient rapportés, Ferron, en attendant mieux, avait commencé par lui infliger trente jours d'arrêt de rigueurs.

Immédiatement, cette adresse à Boulanger se couvrit de signatures :

Général,

Les soussignés, prolétaires républicains et zélés patriotes, vous adressent l'expression de leur indignation au sujet de la peine inique qui vient de vous frapper. Ils la considèrent comme une honte pour notre nation

Devant cette explosion qui, de Paris, gagnait tous les départements, le ministère se vit obligé de retirer la révocation que Grévy était sur le point de signer, et l'affaire Wilson suivit son cours. L'avalanche des accusations qui assaillaient de toutes parts ce gendre devenu célèbre du jour au lendemain, et dont on chantait les malheurs sur tous les boulevards, avait fini par l'affoler complètement.

Mais à toutes ses dénégations on opposait ces faits indéniables :

M. Léo Bachellery, architecte, qui avait construit l'hôtel de M. Wilson, avait été, le 14 juillet précédent, fait chevalier de la Légion d'honneur.

M. Bernard, serrurier, avait exécuté pour M. Wilson une rampe en fer forgé. Il avait été décoré le 30 juillet 1887.

M. Cantini, entrepreneur de marbrerie de Marseille, avait effectué pour le compte de M. Wilson, au prix de 14,000 francs, des travaux qui, au tarif ordinaire, en valaient plus de 50,000. M. Cantini avait été décoré le 5 janvier 1887.

M. Boivin, marchand d'appareils électriques, avait posé des sonnettes dans l'hôtel de M. Wilson. Il avait été décoré le 29 décembre 1885.

M. Lagarde avait été chargé des travaux de bâtisse à l'hôtel de M. Wilson et décoré le 14 juillet 1887.

Mais, pour ne pas trop choquer l'opinion, l'entrepreneur Lagarde avait été nommé, sur la proposition du ministre de l'agriculture, comme membre de la Société d'horticulture.

Et ainsi de suite pour tous les fournisseurs de la famille Wilson-Grévy. Elle aurait fini par solder, au moyen de rubans plus ou moins rouges, ses additions de restaurant.

Le père Grévy, toujours sur le qui-vive, répondait négligemment, quand on lui faisait passer sous le nez cette série d'indélicatesses : « Ça ne me regarde pas ; ce sont les affaires de Daniel ». Mais les affaires de Daniel allaient devenir bientôt les siennes.

En constatant l'empressement de Ferron à déshonorer le général Caffarel, faute de pouvoir déshonorer Boulanger, j'avais pronostiqué, dès le 10 octobre précédent, la chute du président Grévy, sur lequel les ferrystes tenteraient de se rattraper de leur déconvenue. Je prédisais même qu'il pourrait bien être remplacé à l'Elysée par Ferry lui-même et j'écrivais ceci dans l'*Intransigeant* :

On devine le chambardement qui bouleverserait l'Elysée le jour où la police viendrait y opérer une descente. Devant le scandale d'un procès de cour d'assises, le beau-père, si cramponné qu'il soit à ses douze cent mille francs, serait bien obligé de les lâcher. Alors, qui sait? Le Sénat est capable de tout. La Chambre n'est capable de rien. En promettant à tous ces gens-là des concessions de banques, des territoires miniers, des places pour leurs cousins, des maris pour leurs filles, rien ne prouve qu'ils ne donneraient pas à Ferry en personne, au Ferry de Tunis, du Tonkin, du choléra et autres agréments, la place que l'humilié Grévy aurait désertée.

La situation devint intenable pour le président Grévy. L'agitation passa de la Chambre dans la rue et les camelots s'en mêlèrent, vendant des complaintes composées sur toutes sortes d'airs funèbres. Sur les boulevards, on entendait tout à coup un homme crier d'une voix lamentable :

« Ah ! quel malheur ! quel malheur !

La foule s'empressait autour de lui et il continuait : « D'avoir un gendre... »

Ce fut au point que le spectre de la démission présidentielle finit par se dresser à l'horizon. Sur la proposition du député Cunéo d'Ornano, une commission d'enquête fut nommée dans le but d'éclairer les dessous du trafic des décorations.

Bien qu'enquête, en langage parlementaire, ait toujours signifié enterrement, et que les enquêteurs eussent décidé que, tout en discutant « les faits de corruption, le négoce des croix et la vente des places, ils laisseraient de côté les personnes », il fallut bien les nommer. Il eût été, en effet, assez difficile pour les commissaires de rédiger en ces termes leurs conclusions :

« Il est prouvé que M. X... a reçu la somme de cinquante mille francs pour avoir fait décorer M. Z... par l'entremise de Mme Y... La Chambre vote un blâme à X... et voue Mme Y... au mépris des honnêtes gens ».

Il n'y avait donc plus rien à cacher, d'autant que les noms qu'on n'eût pas prononcés eussent été connus tout de même. Je fus personnellement convoqué par la commission d'enquête et, pressé de questions, je fus amené à raconter des faits graves dont j'avais reçu la confidence, notamment celui-ci dont je déposai en ces termes, en y mettant toute discrétion imaginable :

« Une dame très riche qui avait un procès de famille avait entendu dire que M. Wilson se vantait de tenir dans sa main toute la magistrature. Elle avait été, par un jugement de première instance rendu en faveur de son mari, dépossédée de la garde de son enfant, et comme elle voulait le ravoir à tout prix elle était venue me trouver, sur la recommandation d'un de mes amis, pour me demander si je croyais que, moyennant une grosse somme, M. Wilson lui ferait gagner son procès en appel.

« Elle se déclarait prête à lui verser au besoin cinq cent mille francs et elle les versa en effet sans doute, car elle gagna son procès. Son enfant lui fut rendu et son mari fut condamné.

« J'ai su depuis que cette dame attribuait ce succès au conseil qu'on lui avait donné de s'adresser à M. Wilson et surtout à l'argent qu'elle avait versé. »

Bien que je me fusse soigneusement abstenu de désigner nominativement Mme la vicomtesse de Trédern, tout le monde la reconnut, ses démêlés conjugaux ayant eu un retentissement considérable dans le faubourg Saint-Germain. Inquiète sans doute de se voir exposée à tomber sous le coup de la loi pour corruption de fonctionnaires, bien qu'en réalité M. Wilson n'eût officiellement aucune fonction, elle tenta de nier jusqu'à la visite qu'elle m'avait faite et adressa à la commission d'enquête un mémoire où je fus étonné de lire ces lignes :

1° Je n'ai jamais parlé à M. Rochefort de mes affaires ;

2° Il peut avoir *entendu dire que j'avais acheté toute la magistrature pour un million;* c'est un bruit que M. de Trédern et certains de ses amis se sont plu à répandre dès le lendemain du jour où j'obtins gain de cause.

Ce bruit me fut répété aussitôt. Je n'y attachai aucune importance, n'y voyant qu'une *vengeance personnelle*. Mais aujourd'hui je viens protester hautement et publiquement.

Je ripostai non moins publiquement par cet article qui fit rire tout le monde, y compris, je pense Mme de

Trédern, rien n'étant, en somme, plus respectable que les manœuvres, même illicites, d'une mère qui cherche à rentrer en possession de son enfant. Voici le morceau :

Je fais à Mme de Trédern toutes mes excuses et je lui demande tous les pardons imaginables. En effet, du moment où elle n'est jamais venue chez moi pour m'y faire part de ses angoisses au sujet du procès qu'elle avait perdu en première instance et qu'elle essayait de gagner en appel, je suis obligé, à ma grande humiliation, de reconnaître que j'ai été la candide victime d'une mystification dont je me contenterai de raconter les détails.

Il y a près de deux ans, une dame est descendue de voiture à ma porte, vers les dix heures du matin, et s'est fait annoncer comme la vicomtesse de Trédern. Je n'avais jamais eu l'honneur de voir la personne qui porte ce nom; je n'avais jamais aperçu non plus M. le vicomte de Trédern, et je ne songeai pas un instant que la dame si élégante et si distinguée qui me faisait l'honneur de me rendre ainsi visite pût avoir usurpé la qualité et le titre sous lesquels elle se présentait.

Elle me fit le récit que j'ai reproduit devant la commission d'enquête, après avoir demandé le secret qu'il a été impossible de tenir ; car, par une de ces coïncidences qu'on croyait spéciales aux drames du boulevard, plusieurs députés ont, dès les premiers mots, reconnu la véritable vicomtesse, laquelle se trouvait dans une situation à peu près semblable à celle dont la fausse vicomtesse m'avait entretenu.

Elle me rappela notamment que j'avais dit devant un de nos amis communs que M. Wilson se vantait d'avoir dans la main toute la magistrature française; elle ajouta qu'elle était disposée à tous les sacrifices pécuniaires pour faire réformer le jugement correctionnel qui avait acquitté son mari, cité pour sévices à son égard; qu'elle verserait au besoin cinq cent mille francs au gendre de M. Grévy, afin qu'il disposât les juges à lui faire remettre, à elle, la garde de l'enfant que son père avait emmené et qu'elle voulait reconquérir à tout prix.

Rien ne me paraissant plus touchant qu'une mère qui cherche à reprendre son fils, je ne pus que lui confirmer ce qui se disait un peu partout, à savoir que M. Wilson passait pour user facilement de son influence en faveur des personnes assez fortunées pour être en état de la payer.

Après une conversation d'environ une demi-heure, la fausse Mme de Trédern prit congé de moi et, par une autre coïncidence au moins aussi étonnante que la première, à quelque temps de là, la vraie Mme de Trédern gagnait si bien son procès en appel que son mari était condamné à la fois à quinze jours de prison et à la restitution de l'enfant.

Comment, j'en fais juge tous les membres de la commission d'enquête, pouvais-je soupçonner que j'avais eu affaire à une mystificatrice qui s'était parée d'un faux état civil pour entrer chez moi, qu'elle ne connaissait pas et qu'elle n'a jamais revu depuis? Car elle s'est présentée une seconde fois à mon domicile d'où j'étais absent et où mon domestique seul l'a reçue.

Je ne veux pas me faire plus perspicace que je ne suis, mais bien des gens s'y fussent laissé tromper comme moi. J'ignore si ma déposition a pu profiter au vicomte de Trédern, que je ne connais même pas physiquement, mais je crois qu'il est de la plus haute importance pour Mme de Trédern de retrouver la dame qui la compromet ainsi en se faisant passer pour elle. Je me permettrai d'en donner le signalement, afin de faciliter les recherches : c'est une personne blonde, très gracieuse de visage, avec de beaux yeux bleus, pas très grande, mais bien prise dans sa taille. Elle s'exprime en termes tout à fait choisis et avec une vivacité charmante.

Je crois que le meilleur moyen d'arriver à un résultat serait que la vicomtesse de Trédern fût convoquée en même temps que moi par la commission d'enquête. Nous aviserions ensemble aux moyens d'empêcher que de pareils quiproquos ne se reproduisent.

La chute du ministère Rouvier, qui avait essayé de

sauver Wilson, indiquait au président Grévy le sort inévitable auquel lui-même était voué; mais, faisant litière de toute dignité et de toute pudeur, il feignait de ne pas comprendre ce qu'on voulait de lui. Devant les quatre chefs de groupes qui étaient allés lui expliquer à l'Elysée que sa place était ailleurs, il avait joué le rôle du Géronte des *Fourberies de Scapin* à qui on demande trois cents écus pour racheter son fils :

« Douze cent mille francs! Mais savez-vous ce que ça fait, douze cent mille francs? Ça fait trois mille trois cent trente-trois francs par jour. Et vous voulez que je les abandonne? »

Et il avait appelé Clémenceau à l'Elysée pour lui confier la mission de former le premier ministère venu, lui laissant tout pouvoir pour le choix de ses collaborateurs.

Clémenceau refusa net, sentant qu'aucun homm politique sérieux ne pouvait plus collaborer avec le beau-père de M. Wilson. Nous étions donc acculés à cette alternative : ou Grévy et pas de ministres, ou des ministres et plus de Grévy. Et comme les premiers devaient être choisis par le second, l'imbroglio était complet.

Dans ces conditions, il était permis d'affirmer que la Constitution n'existait plus, car elle aurait dû prévoir le cas où un président de la République installerait dans son palais même, de compte à demi avec son gendre, une officine de croix d'honneur. Du moment où elle ne l'avait pas prévu, elle obligeait le pays et le Parlement à se passer d'elle.

Toutefois, comme la nation s'impatientait, il était urgent de lui servir autre chose. Autrefois, lorsqu'un roi était excommunié, son palais devenait désert et ses serviteurs le laissaient cuire son pain et laver ses chemises lui-même. Grévy était un président excommunié civilement. Il n'avait plus ni autorité ni prestige et tout le monde s'éloignait de lui comme d'un pestiféré

M. de Freycinet, appelé à l'Elysée, avait également décliné la mission de former un cabinet; M. Goblet aussi. Le pouvoir exécutif était donc mis en quarantaine.

Enfin le désolé Grévy se décida à adresser aux Chambres un message aigre-doux, — plus aigre que doux, — dans lequel, tout en constatant son droit de rester, il se déclarait prêt à partir. Aussitôt toutes les candidatures tapies dans l'ombre en sortirent comme d'une boîte à surprises. Et avec un ensemble stupéfiant tous les aspirants à la présidence se proclamèrent sûrs d'être élus. Or, comme il n'y avait qu'une place à l'Elysée et qu'ils étaient huit, on était bien obligé d'en conclure que sept au moins se fourraient dans l'œil un doigt démesuré.

Tous les efforts tentés auprès de ces huit futurs présidents de la République pour arriver à obtenir leur désistement en faveur d'un seul d'entre eux, qui alors aurait eu peut-être des chances sérieuses, aboutissaient à cette réponse :

— Ce n'est pas à moi de me désister, puisque mon élection est certaine.

Cette concurrence désastreuse, qui prouvait à quel point l'ambition est encore plus aveugle que l'amour, menaçait d'assurer la nomination de l'homme contre lequel la conscience publique se soulevait le plus violemment. Lorsque, au premier tour, les orléanistes du Sénat et de la Chambre auraient vu Jules Ferry arriver en tête par un chiffre de voix très supérieur à celui qu'aurait obtenu chacun de ses compétiteurs, avec cet instinct des parlementaires qui va toujours aux gros bataillons, ils auraient reporté sans doute leurs votes sur ce politicien, bien qu'il eût commis l'imprudence de faire annoncer son intention formelle de dissoudre la Chambre dans le mois qui suivrait son élection, dont il ne doutait pas.

Nous n'en doutions guère non plus, malheureusement, et devant ce péril effrayant d'imminence nous nous décidâmes à tenter un dernier coup. Nous nous réunîmes chez Laguerre qui habitait alors rue Saint-Honoré, en face de l'église Saint-Roch. Laisant, Andrieux, Boulanger, moi et plusieurs autres anti-opportunistes avions été convoqués en vue d'une entente pour laquelle il n'y avait pas une minute à perdre.

Clémenceau aussi assistait à la réunion qui dura jusqu'à trois heures du matin et constitua ce qu'on a depuis qualifié de « nuit historique », bien que nous n'eussions émis aucune prétention de la faire entrer dans l'histoire.

On feignit de considérer nos délibérations comme le résultat d'un complot. En réalité, il ne s'y trama rien que de parfaitement légal. Il s'agissait tout bonnement de passer à travers une des nombreuses fissures de la Constitution. Voici laquelle :

Quand un ministère est renversé, ce qui arrive souvent chez nous, il reste à son poste pour expédier les affaires courantes jusqu'à ce que le président de la République soit parvenu à en composer un autre.

Or, il n'y a pas de limites à cet état de choses. Le cabinet Rouvier était tombé la veille. M. Grévy avait le droit d'attendre quinze jours, un mois, trois mois, avant de pourvoir à son remplacement. C'était sur cette faculté que nous nous étions basés pour organiser le coup que nous méditions et qui, par une chance inespérée, eût été révolutionnaire sans cesser d'être constitutionnel.

MM. de Freycinet, Clémenceau et quelques autres ayant décliné la mission de former un cabinet sur les débris de celui qui venait de tomber, nous en présentions un tout fait au vieux Grévy. Ce ministère était quelconque :

Boulanger à la guerre ;

Laisant à l'instruction publique ;

Georges Laguerre à la justice, etc.

Moyennant son adhésion à cette combinaison, on garantissait au père Grévy la seule chose dont il eût souci : son maintien à l'Elysée. Il en faisait sortir son gendre et nous nous présentions devant la Chambre avec une déclaration promettant la revision constitutionnelle dans le sens le plus large, ce qui impliquait la suppression du Sénat.

Nous demandions au Parlement un vote de confiance qui, naturellement, nous était refusé à une majorité énorme, et à peine constitués, nous étions par terre. C'est alors qu'usant de la faculté de mettre un temps illimité à recruter d'autres ministres, Grévy nous conservait pour « l'expédition des affaires courantes. »

Si la Chambre et le Sénat tentaient de nous arracher à notre banc ministériel, ils devenaient factieux. La force des choses nous obligeait à aller tous à Versailles et la population parisienne, qui ne se lassait pas d'acclamer Boulanger, étant incontestablement avec nous, les parlementaires auraient évidemment passé par où nous aurions voulu.

Le général Boulanger, alors à Paris pour le classement des officiers, et qui devait repartir le lendemain pour reprendre, à Clermont, le commandement du 13ᵉ corps, assistait à ces débats sans y prendre part. Clémenceau, que nos propositions extra et même antiparlementaires dérangeaient de ses habitudes de tribune et de légalité, manifesta clairement cette nuit-là son intention de rompre définitivement avec Boulanger qu'il semblait tenir en dehors de toutes les solutions.

Quand le plan, auquel il ne manquait plus que le consentement de Grévy, fut définitivement arrêté, je pris, je me le rappelle, une feuille de papier à lettres où j'inscrivis au fur et à mesure de leur adoption les noms des futurs ministres. Andrieux se chargea d'aller proposer cette liste au vieux locataire de l'Elysée auquel la Chambre avait signifié son congé, mais qui ne demandait qu'à continuer son bail.

S'il entrait dans nos vues, au lieu du message de démission qu'on attendait tant au Palais-Bourbon qu'au Luxembourg, il adressait au pays une sorte de proclamation où il eût déclaré avoir enfin constitué un ministère avec lequel il se trouvait en parfaite communion d'idées et qui se présenterait le jour même devant le Parlement.

Nous ne nous dissimulions pas ce que ce coup, tout correct qu'il fût au point de vue du pacte fondamental, avait de hardi. Grévy s'était compromis jusqu'à la garde dans les négoces de son gendre, et son repêchage n'était pas aisé. Mais « l'intérêt supérieur de la République », selon l'expression consacrée, la dignité nationale et la nécessité d'écarter à tout prix Ferry du pouvoir nous faisaient sauter par-dessus toutes les considérations.

Andrieux nous quitta pour aller à la pointe du jour porter à l'Elysée notre programme et, plein d'espoir, je rentrai me coucher.

Le lendemain, en prenant place dans une des tribunes de la Chambre, j'y fus accueilli par la nouvelle du retrait de la démission de Grévy. On racontait tout autour de moi qu'il avait réfléchi et que décidément il gardait sa place. Je ne doutai pas qu'il n'eût adhéré à notre complot et je fus douloureusement détrompé quand le président Floquet lut le message où, tout en protestant contre la contrainte qui lui était imposée, le mikado de l'Elysée annonçait sa retraite.

Je courus tout de suite demander à Andrieux ce qui s'était passé dans son entrevue avec ce démissionnaire malgré lui. Il me dit alors ceci :

— Grévy m'a très bien reçu et a écouté attentivement mes explications, puis, quand j'ai eu tout dit, il m'a fait cette réponse de paysan retors et madré :

« — Tout ce que je comprends dans les offres que vous me faites, c'est que vous voulez non pas me servir, mais vous servir de moi. Une fois les maîtres, rien ne vous serait plus facile que de me briser et il est probable que vous n'y manqueriez pas. »

En quoi il ne se trompait guère. Il nous eût été, en effet singulièrement malaisé de remonter le courant qui l'emportait avec son gendre, et il y a lieu de croire que nous eussions été, à bref délai, obligés par l'opinion de lui donner un successeur.

CHAPITRE XXXIII

Candidature Ferry. — L'élection Carnot. — Boulanger en disponibilité. — Boulanger élu en province. — Son duel avec Floquet. — Triple élection du Nord, de la Somme et de la Charente-Inférieure. — Le « péril boulangiste ». — L'affaire Numa Gilly. — L'élection du 27 janvier, a Paris. — Chute de Floquet. — Ministère Tirard-Constans. — La Haute-Cour. — Départ pour l'exil.

Une fois la démission acquise, la peur de l'élection Ferry domina tous les autres sentiments. La place de la Concorde et le boulevard se sillonnèrent de groupes dont le total atteignait certainement le chiffre de quarante mille hommes criant avec une unanimité caractéristique : « A bas Ferry, à bas le Tonkinois ! »

Quant à moi et à mes amis, au lendemain de la chute de Grévy nous aurions tous promis la lune et les étoiles à celui qui nous les eût demandées pour qu'il s'engageât, en échange, à empêcher l'entrée de Ferry à l'Elysée.

Deux jours avant la réunion du Congrès, je reçus à l'*Intransigeant*, vers minuit, la visite d'un rédacteur de la *Justice*, me priant de me rendre, toute affaire cessante, auprès de Clémenceau qui s'excusait de ne pouvoir quitter son journal et avait à me faire une communication importante.

— Nous sommes perdus, me dit-il, à mon entrée dans son bureau. L'élection de Ferry est certaine. Déjà le petit Reinach se promène triomphalement dans la salle des Pas-Perdus, criant au premier venu que la droite votera comme un seul homme. Il faut à tout prix éviter à la France cet affreux malheur.

— Mais, lui dis-je, hier, au théâtre, j'ai rencontré Floquet qui se croit absolument sûr d'être élu. Il m'a expliqué la situation en ces termes :

— J'aurai deux cent cinquante voix au premier tour et au second tous les partisans de Brisson et de Freycinet se rallieront à ma candidature.

— Freycinet, répondit Clémenceau, m'a fait exactement le même calcul en sa faveur et soutient que Floquet n'aura pas cent voix. Mais ils se trompent tous les deux. Ferry ne peut manquer de les battre.

Alors, aussi troublés l'un que l'autre, nous passâmes en revue les noms des candidats susceptibles d'être opposés à l'homme du Tonkin et que la presse républicaine pourrait soutenir avec chance de réussite. Ce fut Clémenceau qui mit en avant le nom de Carnot à qui, je l'avoue, je ne pensais guère et auquel la Chambre avait décerné, quelques jours auparavant, une sorte d'ovation pour s'être refusé comme ministre des finances à la restitution d'une somme indûment réclamée par Wilson.

— Carnot n'est pas fort et c'est en outre un parfait réactionnaire, me fit observer Clémenceau ; mais il porte un nom républicain, et d'ailleurs nous n'avons pas mieux.

Ce fut donc dans les bureaux de la *Justice* que fut

posée pour la première fois, entre Clémenceau et moi, la candidature de celui qui, pour tout remerciement, devait signer l'arrêt de ma condamnation perpétuelle, et qui finit sous le poignard d'un Italien.

Mais, s'il fut convenu que nous présenterions Carnot aux populations, il fut également décidé qu'en prévision de son échec je m'aboucherais avec les comités révolutionnaires, notamment avec les blanquistes, hommes d'action sur lesquels on devait surtout compter, et qu'on organiserait avec leur concours de telles manifestations, armées ou non, sur les principaux points de Paris, qu'opportunistes et droitiers y regarderaient peut-être à deux fois avant de porter à l'opinion publique un défi pouvant aboutir à une bataille dans la rue.

Le lendemain, de grand matin, je fis demander à mon ami Eudes de venir déjeuner chez moi ; on s'entendit pour fournir des revolvers à ceux qui en manquaient, et Eudes me promit qu'à la première mauvaise nouvelle venue de Versailles il s'emparerait de l'Hôtel-de-Ville avec ses troupes.

Ce plan réussit au delà de toute espérance. Le jour du vote, Eudes, qui s'était assuré l'appui d'un certain nombre de conseillers municipaux, s'installa dans une des salles de l'Hôtel-de-Ville en compagnie du comité blanquiste. En même temps, nous envoyâmes à différents membres du Congrès réuni à Versailles les dépêches les plus alarmantes, annonçant aux votants effarés que la Commune venait d'être proclamée à Paris et que l'annonce de l'élection de Ferry serait le signal des pires excès.

Carnot fut élu et les revolvers rentrèrent dans leurs gaines. Mais si Ferry l'avait emporté, il n'y a aucun doute que le sang eût coulé dans Paris, sans grand résultat, je le reconnais. En somme, la reculade des droites et de l'opportunisme votant au dernier moment pour Carnot avait eu pour cause à peu près unique la peur que leur avait inspirée l'attitude de nos amis

La joie fut universelle. Les congressistes, retour de Versailles, furent reçus par des applaudissements, à la gare Saint-Lazare au lieu de l'être par des sifflets ou des bousculades ; et j'éprouvai personnellement le contre-coup de l'enthousiasme sans mélange qui régna toute la soirée dans la capitale :

Une colonne de travailleurs envahit la rue Montmartre et vint manifester sous les fenêtres de l'*Intransigeant* en me réclamant avec une telle persistance que je dus descendre et leur adresser quelques bonnes paroles. Seulement pour mieux m'entendre, ils me juchèrent sur des ballots de papier destinés aux tirages du matin et où, tout en parlant, j'avais une peine énorme à garder mon équilibre.

Le lendemain du jour où Clémenceau et moi avions imaginé la candidature du nouveau président de la République, je dinais chez Hector Crémieux en compagnie de Pierre Decourcelle.

On y discuta les chances des candidats, les uns croyant à l'élection de M. de Freycinet, d'autres à celle de Ferry, d'autres à celle de Floquet. Je dis alors :

— Vous vous trompez tous : c'est un outsider qui arrivera.

— Lequel ? me demanda-t-on.

— Sadi Carnot, l'ancien ministre des finances.

Tout le monde se récria sur cette prédiction fantaisiste. Cependant Pierre Decourcelle, qui publiait alors un feuilleton dans le *Figaro*, fit part de mon pronostic à Francis Magnard qui le retint et le lendemain de l'élection son journal annonçait ainsi le résultat du vote du Congrès :

« Ainsi que l'avait annoncé M. Henri Rochefort à un de nos rédacteurs, c'est M. Carnot qui est élu ».

Et comme, au moment où j'avais diagnostiqué sa victoire, le nom de Carnot n'avait été prononcé qu'entre Clémenceau et moi, ma perspicacité m'acquit dans la maison Crémieux une situation exceptionnelle de prophète politique.

Le cauchemar passé, nous ne fîmes plus aucune difficulté de confier au public à quel point, pendant près de huit jours, nous avions eu l'estomac cruellement serré. Nous avions su, en effet, tout ce que, pendant cette semaine qui, comme l'autre, celle de 1871, aurait pu finir dans le sang, il s'était noué d'intrigues et échangé de promesses entre les cléricaux de Freppel et les opportunistes de Ferry.

Nous avions été tenus au courant des mesures impitoyables prises par le général Saussier en vue de l'écrasement d'un mouvement populaire. La consigne avait été donnée à la cavalerie de Gallifet, spécialement composée des régiments les plus réactionnaires, de sabrer partout sans pitié comme sans sommation.

Le commissaire de police Honnorat n'avait même pas pris la peine de cacher son intention de venir avec ses escouades briser les presses de l'*Intransigeant*, et comme il y aurait été reçu à coups de revolver, on voit tout de suite par quels événements eut été inaugurée la présidence de celui qui, pendant la Commune, disait aux soldats de Versailles :

« Vous n'en fusillerez jamais assez ».

Si Sadi Carnot, petit-fils de l'organisateur de la Victoire en 93, avait été doué de l'intelligence de son aïeul, il aurait compris qu'il devait son élection moins aux membres du Congrès qu'à la population parisienne que les menaces, les objurgations et les charges de cavalerie n'avaient pu empêcher de manifester avec la dernière énergie l'horreur que lui inspirait la dictature ferryste.

Sans les soixante mille républicains qui avaient suivi Eudes au cri toujours grossissant de : « A bas Ferry ! » les organisateurs de sa candidature se seraient empressés de répéter à leurs collègues du Parlement :

« Rien ne vous empêche de voter pour lui ; vous voyez que le peuple se désintéresse de la question ».

Mais Carnot ne comprit rien, sinon qu'il était élu, et resta le réactionnaire qu'avait prédit Clémenceau.

Eudes, auquel il devait incontestablement la présidence de la République, ce qui ne l'empêcha pas de le laisser condamner plus tard à divers mois de prison, remercia en ces termes la population parisienne :

Le comité révolutionnaire central remercie les républicains de Paris qui, à son appel, ont, par des manifestations décisives, abattu Ferry et sauvé la République du coup d'Etat, des massacres et de la réaction.

Vive la République sociale !

Emile Eudes.
Edouard Vaillant.

La preuve irréfutable de l'alliance de la droite avec le groupe opportuniste en vue de faire décerner la présidence à Ferry s'étala à la tribune de la Chambre où le monarchiste Lamarzelle déclara, avec toutes sortes de trémolos indignés, que le comité révolutionnaire avait « souillé » le palais municipal. Il eût été facile de répondre au député clérical que les révolutionnaires n'en étaient pas à la première souillure ; qu'au 10 Août ils avaient souillé le palais des rois, auxquels les ancêtres de M. de Lamarzelle avaient juré aide et assistance ; qu'ils l'avaient resouillé en 1830, puis en 1848, puis en 1870. C'eût été pour les conservateurs l'occasion de se mettre en travers de tant de souillures. Or, ils n'en avaient rien fait.

L'argumentation de M. de Lamarzelle était celle-ci :

« Les révolutionnaires unis aux journaux intransigeants et à la majorité des conseillers municipaux ont pesé sur les décisions du Congrès, afin de faire échouer l'élection de M. Jules Ferry. »

Rien n'était moins flatteur pour la réputation de bravoure du Parlement que cette constatation dépouillée d'artifice.

Quelques jours avant les scandales wilsonniens, Jules Ferry avait reçu d'un aliéné une balle sortie d'un revolver acheté au bazar. La blessure n'avait pas dépassé en importance l'effet d'une piqûre de moustique. L'homme, reconnu inconscient, avait été envoyé à Bicêtre. Mais comme, par le plus grand des hasards, je me trouvais dans la salle des Pas-Perdus du Palais-Bourbon au moment où s'y perpétrait ce pseudo-attentat, l'imbécile Reinach affirmait que mes collaborateurs de l'*Intransigeant* et moi avions mis l'arme dans les mains de l'assassin.

Ferry, qui ne répugnait à aucune réclame, avait même envoyé au célèbre orateur Castelar cette dépêche qui provoqua une douce gaieté :

« La démagogie a manqué son coup ».

Or, son agresseur était précisément le client et le protégé du sénateur centre-gauche Jean Macé, l'auteur d'une *Bouchée de pain.*

Quelques semaines plus tard, comme Louise Michel était à la tribune d'une réunion publique tenue au Havre, un individu nommé Lucas, probablement embauché par les réactionnaires de la ville, tira sur elle deux coups de revolver, qui l'atteignirent à la tête. Une des balles se perdit dans le chapeau, l'autre lui fit derrière l'oreille une blessure assez grave.

Ma courageuse amie supporta héroïquement une première opération. Elle se coucha sans pousser une plainte, la tête appuyée sur une serviette, tandis que les docteurs immédiatement appelés sondaient et exploraient les blessures.

Bien qu'on entendît le grattement de l'acier sur l'os, Louise ne poussa pas un cri, et continua à causer tranquillement de sa cousine qui l'attendait à Paris et de ses bêtes qu'elle avait enfermées et qui ne recouvreraient la liberté qu'à son retour. Quant à l'assassin, elle refusa obstinément de déposer une plainte contre lui et se contenta de dire : « Qu'on le laisse aller, c'est un malheureux fou... » Puis, malgré la fièvre qui la dévorait, elle reprit le train pour Paris, et je reçus, en réponse à une dépêche, la lettre suivante :

23 janvier 1888.

Mon cher ami,

Je suis bien heureuse que vous me témoigniez tant d'amitié.

Je vais bien. J'irai demain pour l'extraction de la balle chez Labbé.

Je suis bien, très bien.

Je vous embrasse de tout cœur.

Louise Michel.

J'avais vu passer Jules Ferry pour se rendre à la questure après l'attentat d'Aubertin. Au premier coup d'œil, je l'avais cru mort. Il était porté par trois amis. Ses bras ballottaient, son regard était atone, sa langue pendait. Et il n'avait pas même une ecchymose, à peine une légère contusion.

Certes, cette émotion inséparable d'un premier coup de feu était excusable; mais il était impossible de ne pas être frappé de cette différence éclatante entre l'attitude si modeste et si insouciante de Louise, et l'espèce de cabotinage auquel Ferry s'était livré lui, qui pour un « bleu » tout au plus comparable à un « suçon », avait envoyé des télégrammes signés de lui jusqu'aux confins de l'Europe.

Pendant huit jours, des « princes de la science » avaient rédigé des bulletins de sa santé, qui n'avait jamais été meilleure. Ils lui recommandaient le silence et le repos le plus absolus. On consignait sa porte et on l'emmitouflait dans des robes de chambre.

Est-ce que Louise Michel songeait à consigner sa porte, elle dont la blessure avait été déjà sondée deux fois et qui, pendant ces charcutages, ne cessait de répéter :

— J'espère que Lucas a déjà été remis en liberté.

Et des gens nous demandaient pourquoi, au lieu d'être ferrystes, nous étions socialistes-républicains.

Et cette femme qui lui donnait une telle leçon de générosité et de courage était la même que la fausse victime d'Aubertin avait fait poursuivre pour « pillage » des boulangeries et condamner à six ans de réclusion !

Lorsque enfin la balle fut sortie de la tête où elle avait pénétré, Louise m'en fit cadeau, et je la retrouvais tout dernièrement dans un petit coffre que les déportés de la Nouvelle-Calédonie avaient fabriqué exprès pour moi avec les bois précieux du pays.

J'allai lui rendre visite et elle me reçut presque mal : « Au lieu de vous occuper de moi comme vous le faites dans l'*Intransigeant*, me dit-elle brusquement, gardez-donc votre pitié et votre sollicitude pour la femme de ce pauvre Lucas qui, au Havre, se trouve peut-être sans pain et sans ressource. Il faut absolument que vous m'aidiez à tirer ce fou des mains de la justice et que vous empêchiez les siens de mourir de faim. Tel doit être le rôle de la presse. »

Puis, me montrant une lettre dont l'encre était à peine séchée, elle ajouta :

— Tenez, voilà ce que j'écris à Mme Lucas pour tâcher de la consoler un peu.

Et je lus ceci que nous reproduisîmes le lendemain dans notre journal :

Madame,

Apprenant votre chagrin, je désirerais vous rassurer. Soyez tranquille ; comme il est inadmissible que votre mari ait agi avec discernement, il est par conséquent impossible qu'il ne vous soit pas rendu.

Ni mes amis, ni les médecins, ni la presse de Paris, sans oublier celle du Havre, ne cesseront, jusque-là, de réclamer sa mise en liberté.

Et si cela tardait trop, je retournerais au Havre, et cette fois ma conférence n'aurait d'autre but que d'obtenir cette mesure de justice.

Toute la ville y serait.

LOUISE MICHEL.

Si c'était Louise Michel qui eût tiré sur Lucas, elle

eût été vraisemblablement condamnée à mort; mais, comme c'était Lucas qui avait tiré sur Louise Michel, il fut acquitté à l'unanimité par les jurés réactionnaires de la Seine-Inférieure. Il est vrai que sa victime elle-même avait énergiquement réclamé l'impunité pour l'assassin. Mais le duc de Berry passait pour avoir, sur son lit de mort, demandé la grâce de Louvel. Celui-ci n'en avait pas moins eu la tête on ne peut plus tranchée.

Cependant le fantôme boulangiste hantait Carnot comme il avait hanté Grévy. Sans préméditation aucune, et alors qu'étant général en activité il n'était même pas éligible, il avait réuni sur son nom cinquante-quatre mille voix dans les cinq élections partielles où il n'avait jamais songé à se présenter.

Cette manifestation, d'autant plus significative qu'elle était absolument spontanée, avait jeté parmi les macrobites du Luxembourg un désarroi sans précédent. Cinquante-quatre mille voix! Eux qui se donnaient tant de peine à en récolter deux ou trois cents qui leur permettaient d'aller occuper un fauteuil dans la nécropole de l'autre côté de l'eau.

Ils s'étaient réunis afin de délibérer sur la question de savoir s'ils ne devaient pas aller en bande réclamer de M. Tirard, alors président du conseil, des mesures aussi coercitives qu'immédiates contre le général Boulanger.

Ils assuraient que c'était de la faute de ce dernier si cinquante-quatre mille électeurs avaient, sans le consulter ni le prévenir, inscrit son nom sur leurs bulletins de vote. Et, en effet, s'il avait joui de la même dose de popularité que ses accusateurs, cet accident ne serait certainement pas arrivé.

Mais le coup était porté, et l'idée d'opposer dans

tous les départements le candidat Boulanger à ceux qu'appuyait le ministère se transforma en une sorte de mot d'ordre. Le commandant du 13ᵉ corps essaya d'abord de lutter de son mieux contre ce courant. Il adressa cette lettre catégorique au ministre de la guerre :

Monsieur le ministre,

D'instantes démarches viennent d'être faites auprès de moi au sujet des élections législatives de ce mois.

Mon désir formel étant, en raison de la situation que j'occupe, et particulièrement à l'époque que nous traversons, de me consacrer exclusivement à mes devoirs militaires, j'ai l'honneur de vous demander, pour mettre un terme aux manifestations qui viennent de se produire et qui tendent à se renouveler encore sur mon nom, soit de vouloir bien publier la présente lettre, soit de m'autoriser à en écrire et à en publier une dans laquelle je prierais mes amis de ne point égarer sur moi des suffrages que je ne puis accepter.

BOULANGER.

Loin de calmer les craintes de l'opportunisme, cette communication servit à les redoubler. Les journaux dont les fonds secrets étaient à peu près publics réclamèrent nettement la révocation pure et simple du commandant du 13ᵉ corps, coupable d'inspirer confiance à la nation. Le *Temps* alla plus loin : il feignit d'assimiler Boulanger à un prétendant ordinaire et discuta l'opportunité de son expulsion. On croira peut-être que j'invente ou que j'exagère. Voici le paragraphe auquel je fais allusion :

La mise en non-activité par retrait d'emploi, quoique d'un caractère plus radical, aurait les mêmes inconvénients, à moins d'être complétée par l'EXPULSION. Mais le général Boulanger n'est pas encore prince. Et puis, avons-nous besoin de le dire ? nous ne proposons pas, nous raisonnons.

C'était « nous déraisonnons » qu'aurait dû dire la feuille officieuse, l'expulsion étant applicable aux étrangers, non aux Français, à moins que leurs ancêtres n'eussent régné sur la France, ce qui n'était pas le cas.

Et les salariés du cabinet, poussant encore plus loin la folie furieuse, prétendaient obliger Boulanger à intenter des procès aux cinquante-quatre mille électeurs qui s'étaient comptés sur son nom lors des récentes élections partielles. Le vote étant secret, les poursuites eussent été, on le comprend, passablement difficiles à exercer et comme il ne les exerçait pas, les journaux inspirés par Tirard répétaient triomphalement:

« Vous voyez bien qu'il était complice! »

Ce n'était donc pas seulement Boulanger qu'il était urgent « d'expulser », mais aussi les Français qui venaient de lui donner cinquante-quatre mille voix et allaient lui en décerner bien davantage. Et lorsque tous les amis du général auraient ainsi passé la frontière, les Allemands auraient eu toute facilité pour la franchir.

J'en appelle ici aux gens impartiaux et même à ceux qui ne le sont pas: qu'était-on à ce moment en droit de reprocher à Boulanger? Son attitude avait été, aussi bien quand il était ministre que lorsqu'il avait cessé de l'être, d'une correction inattaquable. Il avait repoussé toutes les propositions de coup de force et jusqu'aux offres de candidature. Le gouvernement aurait dû lui savoir de sa réserve un gré éternel. Voici comment il l'en remercia:

A la recrudescence d'hydrophobie dans la campagne dirigée contre lui, il était facile de comprendre que le parti pris de lui enlever un beau matin son commandement était arrêté dans les conseils du gouvernement. Le jeudi 15 mars 1888, le sacrifice fut consommé, mais, par la plus honteuse complication d'hypocrisie, le cabinet avait eu soin de mettre le commandant du 13ᵉ corps « en disponibilité par retrait d'emploi », ce qui, tout en lui enlevant sa situation militaire, le laissait politiquement inéligible. Il cessait d'être officier sans qu'il lui fût permis de se faire nommer député, tant cet homme qu'on dépouillait faisait trembler les cambrioleurs qui s'étaient jetés sur lui pour lui enlever jusqu'à ses vêtements.

Et comme ils n'étaient parvenus à relever contre ce rival heureux aucun fait délictueux, ils le mettaient, lui commandant de corps d'armée, en disponibilité par retrait d'emploi, parce qu'il était venu à Paris sans autorisation du ministre de la guerre!

Or tous les généraux occupant une situation similaire, et notamment Galliffet, faisaient, sans permission aucune, la navette entre leur quartier général et le bois de Boulogne où on les rencontrait à cheval du matin au soir.

La mesure prise contre Boulanger était infâme et le motif en était misérable.

Et au bas du rapport rédigé par le général Logerot, le nouveau président de la République n'avait pas hésité à écrire et à signer : *Approuvé :* Carnot.

Mais plus il restait inéligible, plus il menaçait d'être constamment élu. A un scrutin qui eut lieu dans l'Aisne, il obtint, sans qu'on y eût posé sa candidature, cinquante-cinq mille voix, devançant d'environ trente mille voix tous les autres concurrents. Le gouvernement affolé résolut de le mettre à la retraite, ce qui, tout en l'expulsant de l'armée, lui permettait d'entrer à la Chambre.

Alors la fureur des coalisés contre lui fut peut-être encore plus acharnée que quand il était en activité de service. Ils n'osaient le laisser à la tête de ses troupes et ils tremblaient de le voir prendre place au Parlement comme élu du peuple.

Il n'avait plus ce sabre dont ils l'accusaient de se servir pour se faire nommer dictateur, et ils criaient : « A la dictature ! » exactement comme lorsqu'il l'avait encore.

On semblait, depuis qu'il était « civil », le redouter encore plus que quand il était militaire. Bien qu'il n'eût même plus sous la main quatre hommes et un caporal, le spectre de ce fameux coup d'Etat qui était tout simplement le spectre de l'envie basse et de la jalousie noire avait, aux yeux des opportunistes et même des radicaux, grandi au lieu de diminuer.

Ils paraissaient presque regretter de ne plus pouvoir le reverser dans l'armée où les Ferron et les Logerot auraient eu au moins la faculté de lui infliger de nouveau trente jours d'arrêts.

L'incohérence et la maladresse dont avait fait preuve le ministère Tirard amenèrent sa chute, et dans l'espoir de ramener à lui le sentiment populaire, qui allait de plus en plus à Boulanger, le réactionnaire Carnot se décida pour un ministère à peu près radical, présidé par Floquet. En même temps, un siège législatif s'étant trouvé vacant dans le Nord, Boulanger y accepta la candidature.

Pendant la période électorale, la Dordogne, où il n'était pas candidat et où il ne s'était présenté aux électeurs ni personnellement, ni par voie de manifestes ou d'affiches, l'élut député à une majorité formidable. Il fallait que les persécuteurs qui avaient réuni le conseil d'enquête avec ordre d'expulser de l'armée le commandant du 13ᵉ corps connussent bien mal le caractère français pour n'avoir pas deviné que, sacré par cette injustice, Boulanger, populaire la veille, serait irrésistible le lendemain.

Mais il avait promis aux électeurs du Nord de n'être candidat que dans leur département. Il y fut nommé à l'effroyable majorité de cent soixante-douze mille cinq cents voix contre moins de soixante-seize mille données au candidat ministériel. Les Ferron et les Logerot avaient seuls eu la parole jusqu'alors. La France la prenait à son tour.

Cette élection du Nord inaugura la série des scrutins triomphaux qui devaient venger l'ancien ministre de la guerre de toutes les basses iniquités dont on l'avait poursuivi. Il habitait alors l'hôtel du Louvre, devenu le rendez-vous de tous les mécontents et de toutes les victimes. Il s'était imposé la presque intolérable tâche d'écouter toutes les doléances et de répondre à toutes les lettres. Bien qu'il se fût adjoint plusieurs secrétaires, il lui restait à peine le temps de manger et, couché rarement avant deux heures du matin, il était obligé de se trouver debout dès sept heures. Jamais il ne s'était vu aussi occupé que depuis que le gouvernement l'avait condamné à ne rien faire.

Je l'assistais quelquefois dans ces réceptions qui lui infligeaient le supplice du mouvement perpétuel, et j'y admirais sa patience. Ma situation de républicain n'ayant jamais demandé à la République que le droit de souffrir pour elle donnait à son parti une grande autorité, et il me répétait souvent :

— Je suis très heureux quand vous êtes avec moi : au moins on n'osera pas soutenir que je travaille pour la réaction.

Car, ne sachant à quel mouvement d'opinion attribuer la foudroyante élection du Nord, la pauvre tête de linotte nommée Floquet avait imaginé de faire imprimer dans les journaux ministériels, qu'il soutenait d'ailleurs avec les fonds soutirés à la Compagnie de Panama, que si Boulanger avait triomphé avec une pareille majorité, c'est parce qu'il était l'allié des cléricaux.

Or, les conservateurs de Lille, dont la municipalité est, comme on sait, aujourd'hui entièrement socialiste, avaient fait afficher cet appel à des milliers d'exemplaires sur les murs de la ville :

Electeurs !

Voulez-vous la guerre? Votez pour Boulanger.

Voulez-vous la Commune? Votez pour Boulanger.

Voulez-vous devenir Prussiens? Votez pour Boulanger.

Voulez-vous voir vos maisons pillées? Votez pour Boulanger.

Voulez-vous être ruinés? Votez pour Boulanger.

Voulez-vous voir vos églises brûlées? Votez pour Boulanger.

Voulez-vous voir les prêtres chassés et persécutés? Votez pour Boulanger, car les patrons de Boulanger représentent toutes ces calamités.

Les patrons de Boulanger, c'étaient mes amis et moi, et dans les manifestations enthousiastes qui accueillirent la proclamation de son élection, aux cris de : « Vive Boulanger ! » se mêlaient presque partout ceux de : « Vive Rochefort ! vive l'*Intransigeant* ! » et : « A bas Ferry ! »

Pour la première fois même, on vit la police hésiter, les sergents de ville se composant à peu près tous d'anciens soldats dont un bon nombre avaient servi sous les ordres du général.

Dès qu'un citoyen récalcitrant était emmené au poste, il nous suffisait, à Laguerre, à Le Hérissé ou à moi, d'aller le réclamer pour qu'on nous le rendît aussitôt avec toutes sortes de politesses.

Mais l'élu du Nord ayant fait annoncer qu'aussitôt la proclamation de son élection accomplie, il irait siéger à la Chambre, le gouvernement, qui cependant devait bien s'attendre à cette solution, sembla pris d'une peur confinant à la démence. Paris fut soumis à un véritable état de siège. Le *Soir*, alors dans les meilleurs termes avec le ministère Floquet, publiait, dès la veille, cette note instructive :

Les abords du Palais-Bourbon, dont la garde intérieure sera renforcée, seront interdits au public. Les brigades d'agents seront chargées de maintenir les curieux et de les empêcher de franchir l'espace compris entre le quai d'Orsay, le boulevard Saint-Germain, la rue de Bourgogne et le pont de la Concorde, qui ne sera lui-même accessible que pour les députés et les journalistes munis de cartes.

C'est-à-dire qu'à partir de deux heures il était interdit aux Parisiens de circuler dans Paris sous peine d'arrestation ou de coups de casse-tête. On n'avait encore rien vu de comparable, si ce n'est dans l'histoire d'*Aladin* où, quand la fille de l'empereur de la Chine se rendait au bain, les curieux qui, de leurs fenêtres, se permettaient de la regarder passer, étaient incontinent mis à mort. On avait repris les édits chinois promulgués à propos de cette jeune princesse et on les appliquait à Boulanger.

Et fallait-il que le cerveau de ce pauvre Floquet fût délabré pour qu'il s'imaginât arriver à faire perdre tout ou partie de sa popularité à l'élu du Nord en empêchant ses partisans de crier : « Vive Boulanger ! » devant la grille de la salle des séances ! Chaque bourrade des sergents de ville, chaque bousculade opérée par les escadrons chargés de balayer les alentours de la Chambre ne pouvaient qu'ajouter aux sympathies dont le général était entouré et son prestige grandissait en proportion de la terreur risible qu'il inspirait aux avachis du parlementarisme.

Il n'y avait cependant pas de plus légitime hommage à rendre au suffrage universel en général et en particulier aux électeurs du Nord que d'acclamer leur élu.

Si Carnot avait été nommé par le Congrès de Versailles par un chiffre de six cents voix, le général Boulanger devenait l'élu d'un département qui venait de lui en donner plus de cent soixante-douze mille.. Comment aurait-on pu faire comprendre à la France que les cris poussés en faveur du premier étaient nationaux et que les applaudissements prodigués au second étaient séditieux?

Aussi, malgré les « précautions » prises et bien qu'aux agents politiques qui devaient donner dans la journée on eût adjoint les commissaires et les inspecteurs spéciaux des gares de chemins de fer, la police se trouva paralysée par l'immensité de la foule. A l'arrivée du général sur la place de la Concorde, une formidable poussée s'étant produite, le spectacle devint impossible à décrire. Toutes les mains se tendent vers le nouveau député. Les chapeaux volent en l'air; les brigades policières sont refoulées. Il n'y a plus de rempart susceptible de résister à l'entraînement. La voiture est immédiatement inondée de roses. Les malheureux opportunistes, figés sur leur banc à l'intérieur du Palais-Bourbon, tremblent qu'un envahissement subit ne vienne les en arracher. Il est probable, d'ailleurs, que, selon leur habitude, les parlementaires n'auraient opposé aucune résistance aux envahisseurs.

Ils ne furent pas envahis, mais ils furent exaspérés en apprenant que le nouvel élu allait entreprendre dans le Nord un voyage de remerciement à ses électeurs.

Les journaux opportunistes qui, par un phénomène d'arithmétique, continuaient à perdre trois cents francs par jour, quoique n'ayant pas un centime en caisse, s'étaient plaints amèrement que le député du Nord n'y fût pas encore allé et, avec cette bonne foi que les fonds secrets ont le don d'entretenir, ils hurlaient à la pensée qu'il allait passer quarante-huit heures dans le département qui venait de le nommer.

Et prévoyant des manifestations dans lesquelles les cris de : « A bas Ferry ! » devaient se marier agréablement à ceux de : « Vive Boulanger ! » ils annonçaient qu'il ne fallait tenir aucun compte de ces marques de sympathie qui étaient commandées d'avance sur les « fonds du comité » et ne devaient avoir conséquemment rien de spontané.

Toute l'escorte boulangiste se composait, assuraient-ils, de deux cent cinquante mercenaires qui devaient suivre le général partout et remplacer autour de lui la foule absente. Car, en dehors des gens qu'il payait, le général n'avait personne, si ce n'est les cent soixante-treize mille électeurs qu'il allait remercier ; mais, en somme, à un franc par citoyen, ça ne faisait jamais que cent soixante-treize mille francs.

Cependant, s'il en était ainsi, on reconnaîtra que

les projets dictatoriaux de ce paria, repoussé de tous, ne pouvaient offrir le moindre danger, et on se demandait dans quel but, chaque fois qu'il faisait une promenade au Bois ou qu'il se rendait en voiture à la Chambre, le gouvernement mettait sur pied toute sa police et consignait les troupes dans les casernes.

On avait le droit d'être surpris des extraordinaires poumons de ces deux cent cinquante boulangistes « payés », qui, à eux seuls, couvraient la voix de plusieurs millions de citoyens hostiles à la politique de dissolution et de revision représentée par le député du Nord.

Quels galoubets possédaient ces deux cent cinquante et de quelle activité dévorante ils faisaient preuve ! On les avait vus dans la Dordogne, dans l'Aisne, à Dunkerque, à Anzin, à Lille, et criant toujours à pleine poitrine, sans donner le moindre signe de fatigue ou d'épuisement.

Quel que fût le salaire que leur octroyait Boulanger pour faire cet écrasant métier, les infortunés gagnaient bien leur argent.

Enfin le désarroi était tel parmi les amis de cette assiette où ils voyaient le beurre fondre désespérément, que notre prédiction se réalisa. La *République française*, constatant que l'expérience de la transformation du général Boulanger en candidat politique n'avait pas réussi, demanda nettement sa réintégration dans l'armée.

La feuille fondée par Gambetta avouait la faute, ce qui était avouer en même temps la noire scélératesse de ceux qui l'avaient commise. C'était le comble des combles : pendant des semaines, les feuilles ferrystes et radicales avaient exigé du cabinet Tirard la rentrée de Boulanger dans la vie civile. On ne s'était pas occupé de savoir s'il avait ou n'avait pas manqué à la discipline; il était populaire, c'est-à-dire dangereux; c'était plus que suffisant. On lui avait brisé son épée en regrettant, sans doute, de ne pas pouvoir la lui passer au travers du corps. On reconnaissait tout à coup qu'il était encore plus à craindre comme civil que comme militaire. Alors tout s'effaçait. On convenait que, dans les prétendus manquements professionnels qui avaient motivé sa condamnation, il n'y avait pas de quoi fouetter un chat et on lui disait amicalement :

« Reprenez vos épaulettes. Au moins, quand vous serez redevenu soldat, vous ne pourrez plus traiter impunément nos députés de « rois fainéants ».

Il était impossible de déclarer plus nettement qu'en le rayant des cadres la commission d'enquête, présidée par le général Février, avait rendu non un arrêt, mais un service. C'est à ce point que, le jour où Boulanger eût été rappelé à l'activité, les membres du tribunal militaire qui avaient fait semblant de le juger, n'auraient plus eu qu'à déposer leur uniforme.

Peut-être aussi la *République française* aurait-elle voulu que l'ex-commandant du 13ᵉ corps fût réintégré comme simple caporal, tout au plus comme sergent-fourrier, ce qui eût permis, à la moindre manifestation sympathique dont il serait l'objet, de le fourrer au bloc comme un tambour.

Mais les opportunistes, qui sentaient approcher leur culbute et avaient recours aux moyens les plus extraordinaires pour la conjurer, n'avaient pas réfléchi à ceci : du moment où il était député du Nord, il devenait impossible au général Boulanger de reprendre son commandement sans avoir préalablement donné sa démission, puisqu'on ne peut siéger à la Chambre sous les armes. Or, ses électeurs, qui tenaient à lui et le lui avaient bien prouvé pendant le voyage triomphal qu'il venait d'accomplir au milieu d'eux, n'auraient rien eu de plus pressé que de lui redonner leurs voix.

Les antiboulangistes se fussent aperçus alors que la situation ne s'était pas améliorée et ils eussent de nouveau réclamé sa remise à la retraite d'office, que le général Février leur eût accordée, d'ailleurs, avec la même bonne grâce que la première fois. Puis, en le voyant élu, non plus dans trois, mais dans quinze départements, on l'eût reversé une troisième fois dans le militaire, et ainsi de suite jusqu'à extinction de chaleur parlementaire.

L'idée émise par la *République française* faisait l'éloge de sa perspicacité, car elle indiquait que ce journal ne s'illusionnait pas sur le sort électoral qui attendait ses amis. Elle prouvait, en outre, que, de l'aveu même des adversaires du général, les injures, insinuations et imputations diffamatoires dont ils l'avaient poursuivi ne contenaient pas un mot de vrai, puisqu'on proposait, à cette heure, de remettre à la tête d'une division l'homme qu'on avait accusé de vouloir pousser les troupes à un coup d'Etat.

Notre programme portant pour principal article la revision de la Constitution, immédiatement la gauche essaya de devancer le général dans l'application de cette réforme en déposant cinq ou six projets revisionnistes en opposition au nôtre et qu'elle faisait semblant de discuter dans les bureaux, bien qu'elle ne les discutât pas.

Elle tenait, en effet, à se laver du sobriquet de « rois fainéants » que j'avais appliqué à la majorité, dans une déclaration que Boulanger m'avait demandé de rédiger pour lui. J'avais loué, pour l'été, une charmante petite villa située dans le bois de Boulogne même, à l'entrée du pont de Suresnes, et presque tous les matins le général venait à cheval m'y rendre visite, accompagné du comte Dillon.

Ils déjeunaient quelquefois avec ma famille et moi dans le jardin, et nous nous attelions ensuite aux manifestes ou aux répliques que nécessitaient les attaques incessantes et les calomnies dirigées contre lui par la mauvaise foi opportuniste. Je me chargeais ordinairement des ripostes et Alfred Naquet des discours de longue haleine. Ce fut lui qui élabora en tête-à-tête avec Boulanger la proposition de revision avec les développements que le député du Nord lut à la tribune et qui y amenèrent Floquet pour y prononcer ce mot devenu célèbre par sa bouffonnerie:

— A votre âge Napoléon était mort!

Ce qui n'était même pas exact, Napoléon étant mort à cinquante-deux ans et le général n'en ayant alors que cinquante et un.

Mais on avait déjà incriminé le général Boulanger pour n'avoir pas gagné la bataille d'Austerlitz. Floquet avait été encore plus loin que ses devanciers. Un peu plus il lui aurait dit en pleine Chambre:

— Avez-vous été à Sainte-Hélène et êtes-vous en état de nous raconter les persécutions dont Hudson Lowe vous a rendu victime? Non, n'est-ce pas? Eh bien! alors, laissez-nous tranquilles!

Le général Boulanger n'était pas encore mort, c'était incontestable, et il n'assistait pas à la bataille d'Austerlitz, qui s'était livrée en 1805. Mais, en supposant que l'élu du Nord eût disparu à la suite d'une de ces catastrophes auxquelles la pauvre humanité est perpétuellement exposée, le parlementarisme n'y eût rien gagné et n'eût pas repris dans le pays la place qu'il avait définitivement perdue.

C'est parce que la France était depuis longtemps en proie aux intolérables haut-le-cœur provoqués par la politique d'ambitions basses et d'intrigues misérables suivie au Palais-Bourbon, qu'elle avait tourné instinctivement les yeux vers le général que des jalousies inavouables avaient dépouillé de son grade et privé de son épée.

Le parlementarisme était déjà suffisamment compromis. L'acharnement qu'il avait déployé contre l'ancien ministre de la guerre avait comblé la mesure du dégoût public. Mais le décès ou l'éloignement du général populaire ne devait diminuer en rien l'impopularité de ses persécuteurs.

Et quand le président déclarait qu'il ne relevait pas les paroles de l'orateur, attendu qu'elles n'avaient aucune importance, il n'osait avouer que s'il ne les relevait pas, c'est parce qu'il ne savait comment s'y prendre pour réfuter les vérités que le général jetait par poignées à la figure bouleversée des parlementaires coalisés contre lui.

Avant l'entrée du général sur la scène politique, et lorsqu'il s'occupait seulement, en qualité de ministre de la guerre, de mettre nos frontières en état de défense, les rois fainéants, c'est-à-dire les ministres, les sénateurs et les députés étaient depuis longtemps condamnés par l'opinion publique. Il était devenu peu à peu le représentant de tous les citoyens que ce système de piétinement sur place, d'avortement continuel et de mauvaise foi indélébile avait énervés ou découragés. C'est pourquoi plus de cinq cent mille voix s'étaient déjà portées sur son nom.

Si les Barras du ministère avaient eu un si fier dédain de ce Sieyès, pourquoi donc achetaient-ils, avec notre argent, tant de journaux pour combattre son influence qu'ils proclamaient absolument nulle?

Car, s'ils n'en étaient pas encore à prétendre que Boulanger était mort, ils ne cessaient de faire répéter par leurs subventionnés que le boulangisme avait vécu. En ce cas, d'où venaient ces envois par ballots de caricatures, ineptes autant qu'obscènes, expédiées gratuitement aux électeurs dans un nombre considérable de départements?

Nous en avions sous les yeux de tellement ordurières que non seulement les goujats qui les exécutaient, mais les ministres qui les commandaient et les exonéraient de l'affranchissement postal eussent dû être poursuivis pour pornographie et attentat aux mœurs. Comment Floquet, que le qualificatif de « Barras » avait paru si particulièrement froisser, protégeait-il de pareilles ignominies, du moment où l'adversaire qu'elles visaient était si universellement dédaigné?

Floquet, qui voyait en Boulanger le plus dangereux de ses concurrents à la présidence de la République, le poursuivait d'une haine toujours prête à s'assouvir. Le député du Nord étant monté à la tribune pour déposer son projet de revision constitutionnelle, dans lequel il mettait en évidence l'impuissance de la Chambre à faire aboutir la plus mince réforme, Floquet, alors président du conseil, répondit à cette proposition aussi peu subversive que possible par des grossièretés de réunions publiques.

Boulanger lui envoya sur le même ton quatre démentis successifs, et de l'orage de cette séance sortit un duel qui eut lieu à Neuilly, dans la propriété du comte Dillon.

Floquet, petit et gros avec des bras courts, n'était certainement pas une bien dangereuse épée; mais Boulanger n'avait presque jamais fait d'armes. Je prévis tout de suite qu'avec son impétuosité, qui lui avait déjà valu plusieurs blessures graves en Cochinchine, en Italie et à Champigny, pendant le siège, il allait se jeter sur son adversaire à corps perdu, c'est-à-dire à corps traversé.

J'aurais voulu lui donner quelques conseils que me permettait mon expérience du terrain, mais je savais que ces leçons préalables n'ont généralement pour effet que de troubler les combattants qui cherchent à se rappeler au moment décisif les instructions qu'on leur a prodiguées la veille. Floquet, qui se vantait de représenter la probité et les grandes traditions républicaines, ce qui ne l'empêchait pas de mettre le couteau sur la gorge de la Compagnie de Panama pour lui faire cracher trois cent mille francs, choisit pour témoins Clémenceau, qu'on s'étonna de voir accepter ce mandat, et Georges Perin qui, lui, au moins, n'avait pas présenté Boulanger à la nation comme le seul général vraiment républicain et radical que l'armée comptât dans ses rangs.

Le lieu du combat fut aussi mal choisi que possible, au milieu d'une espèce de cirque où le comte Dillon exerçait ses chevaux et dont le sol s'enfonçait sous les pieds. Les adversaires étaient ainsi livrés au hasard, sans pouvoir bénéficier de leur énergie non plus que de leurs qualités de vitesse et de tenue.

L'extrait suivant du récit que nous publiâmes de la rencontre montre à quel point le terrain était mouvant :

M. Laisant engage les armes pointe à pointe et fait rompre ensuite chacun des combattants d'un pas. Puis il prononce le sacramentel commandement de :

— Allez, messieurs !...

Au même instant, le général bondit plutôt qu'il ne se précipite sur M. Floquet. Celui-ci, surpris par cette attaque fougueuse, rompt, l'épée haute. Par un battement et un dégagé rapide, le général se fend et lui porte un coup droit; mais son pied glisse et le coup destiné à la poitrine n'atteint que le mollet gauche de son adversaire.

Il y a eu ce qu'on appelle « coup fourré ». Presque simultanément, le général a été légèrement touché lui-même à l'index de la main droite, tandis qu'il relevait son épée après avoir blessé M. Floquet.

L'engagement a été tellement vif que c'est à peine si les témoins ont pu en suivre les péripéties. On a vu flamboyer l'acier des lames, et c'est tout.

Un repos est ordonné. Dans un duel ordinaire, ces deux blessures, quoique légères, suffiraient à mettre fin au combat. Mais, comme les conditions arrêtées sont particulièrement rigoureuses, les témoins n'hésitent pas à décider qu'un second engagement va avoir lieu.

Les épées sont hors d'usage. L'acier est littéralement haché. On en prend d'autres. Les adversaires retombent en garde de la même façon que la première fois. M. Laisant prononce de nouveau le:

— Allez, messieurs!

Et le combat recommence, plus acharné que précédemment. Le général charge M. Floquet avec impétuosité, sans se préoccuper de l'épée de celui-ci. M. Floquet rompt en faisant bonne contenance.

Il recule ainsi jusqu'au bout du manège, parant avec beaucoup d'habileté. Mais, à cet endroit, il est acculé contre la bordure d'arbustes. Un corps-à-corps se produit. Le général porte un coup droit, qui atteint M. Floquet au-dessus du sein droit. M. Floquet glisse, en tendant l'épée, et le général, lancé en avant, s'enferre sur la lame. Il est blessé à la gorge, le sang coule abondamment de la blessure.

L'épée est restée dans le cou. Le général la retire lui-même et s'écrie:

— Ce n'est rien, rien du tout! Je veux continuer.

Les médecins examinent les deux blessés et on s'aperçoit

alors que M. Floquet, outre sa blessure du sein droit, en a une autre encore à la main gauche. M. Labbé déclare, d'autre part, être obligé de réserver son pronostic sur la gravité de la blessure du général.

Ce que nous venons de raconter s'est passé en moins de temps qu'il n'en faut pour le lire.

Les témoins déclarent alors l'honneur satisfait et le général, le plastron de sa chemise tout ensanglanté, se dirige, très calme, vers la maison, accompagné par ses témoins et suivi de M. Clémenceau. Son visage a déjà repris l'expression de tranquillité et de sang-froid qu'il a ordinairement.

La blessure, beaucoup plus grave qu'on ne la supposait, avait été bien près de devenir mortelle. Boulanger, atteint dans la gorge, qui enfla dans des proportions énormes, ne put pendant plusieurs jours absorber quoi que ce soit, solide ou liquide, et à plusieurs reprises manqua d'étouffer. Ses intolérables douleurs ne se calmaient que grâce à des injections de morphine qui menaçaient d'empoisonner le malade. Enfin, nous fûmes très inquiets.

Ce coup porté à un général par un avocat remarquablement plus âgé que lui offrait en outre quelque chose d'un peu gênant pour le renom d'invulnérabilité que le peuple aime à faire à ses idoles. Eh bien ! cette fois encore, l'aventure réussit au blessé. Le bruit courut dans la population parisienne qu'il était tombé victime d'un guet-apens depuis longtemps organisé contre lui et sa popularité n'en baissa pas d'un centimètre.

L'impertinence préméditée déployée par Floquet dans sa réponse au discours prononcé par Boulanger sur la nécessité de la revision et de la dissolution, la partialité misérable dont le clérical Méline, alors président de la Chambre, avait fait montre dans la direction des débats, tout, en effet, revêtait le caractère d'un traquenard dans lequel le cabinet avait attiré l'homme dont il voulait se débarrasser, au prix même d'un assassinat.

Et, sur toute l'étendue du territoire français, le bruit courut qu'on avait détaché un spadassin chargé de mettre traîtreusement à mal le soldat qui personnifiait en ce moment l'espoir de la revanche.

Ce pauvre Floquet n'avait en quoi que ce soit l'âme d'un Saltabadil et j'ai su plus tard que c'était seulement sur les conseils de ses amis qu'il avait relevé par un envoi de témoins les démentis violents dont Boulanger l'avait publiquement gratifié. Le sort des armes lui avait été favorable et rien de plus.

Toutefois, déjà très facilement gonflable, ce politicien de médiocre envergure s'enfla considérablement à la suite de cette victoire. Le duel s'était passé le matin du 14 Juillet et, vers midi, Floquet, dont les blessures étaient absolument insignifiantes, entra tout rayonnant dans la tribune officielle. Peut-être aurait-il montré plus de goût en s'abstenant de s'exhiber ainsi après l'événement. Mais il alla plus loin dans l'oubli des convenances : il prit une canne et, sous les milliers de regards de la foule, se mit à expliquer aux invités de la loge présidentielle le coupé dégagé par lequel il avait atteint son adversaire dans la région du cou.

Cette démonstration d'escrime donnée en plein vent parut le comble du cabotinage, d'autant que c'était au moment où, acculé à un massif, il lui était impossible de rompre davantage qu'il avait, en ferraillant à tort et à travers, tendu machinalement le bras.

Le général avait été blessé au moment même où il

organisait sa candidature dans l'Ardèche, après avoir donné sa démission de député du Nord. Les quinze jours qu'il avait passés dans son lit l'avaient empêché de se présenter devant ses électeurs et il avait été définitivement battu par le candidat opportuniste.

Cette défaite si peu probante n'en avait pas moins exalté jusqu'au délire les espérances de la société de la rue Cadet qui vaguait dans les rues, répétant :

— Le boulangisme est mort!

La réponse de Boulanger fut foudroyante : à peine sur pied, il posa de nouveau sa candidature dans le Nord en même temps que dans la Charente-Inférieure et dans la Somme où deux sièges étaient vacants. Tout fut mis en œuvre pour un triple échec que l'outrecuidant Floquet annonçait comme certain. A Rochefort, des agents embrigadés essayèrent de prendre d'assaut le landau du général. Un d'entre eux, plus payé que les autres, lui tira presque à bout portant un coup de revolver qui, heureusement, ne l'atteignit pas, et le résultat de ces diverses manœuvres fut sa triple élection à d'incommensurables majorités.

Nous étions tous réunis place de la Madeleine, au restaurant Durand, pour y attendre les résultats qui nous arrivaient simultanément des trois départements. Et, de quart d'heure en quart d'heure, quelque envoyé du ministère venait, avec des allures boulangistes qui ne nous trompaient pas. nous demander à vérifier nos chiffres, Floquet espérant toujours que les siens étaient erronés. Lorsqu'il comprit que la bataille était absolument perdue pour lui, il tomba découragé dans un fauteuil en disant à un ami qui, depuis, me l'a répété :

— Eh bien! tant pis, je ne m'en mêle plus. Puisqu'ils le veulent absolument, qu'ils le prennent!

Une foule énorme stationnait sur la place de la Madeleine, nous demandant les résultats que nous leur annoncions par des petits papiers lancés des fenêtres du restaurant et dont un des manifestants donnait lecture à haute voix. A ce moment, tout le monde partageait le sentiment de Floquet, et si Boulanger avait eu la moindre envie d'arriver par des voies illégales il fût entré à l'Elysée sans résistance aucune.

Plusieurs de ceux qui l'entouraient lui conseillèrent une tentative dont le succès ne faisait pas doute et de mes oreilles je l'entendis leur répondre :

— Oui, le premier jour, tout le monde applaudira à ce coup de force, comme on a applaudi au 2 Décembre ; puis, dans quelque temps, on m'appellera usurpateur, dictateur et traître à la République. Je ne veux pas qu'une flétrissure s'attache à ma mémoire.

On sait comment il a été récompensé de sa droiture. S'il avait pu prévoir les terribles épreuves qui l'attendaient et les manœuvres monstrueuses sous lesquelles il était destiné à succomber, eût-il gardé cette réserve ? Je l'ignore, mais à ce moment il voyait tout en rose.

Après tant d'additions qui nous avaient saturés d'arithmétique de huit heures du soir à trois heures du matin, nous étions tous éreintés et mourants de faim. On nous servit quelques viandes froides pour un souper que présida Boulanger et où il fut plein d'entrain, car il était par nature très gai et aussi peu solennel que possible.

Il s'amusa même beaucoup d'une médiocre farce que je fis à notre confrère Bois-Glavy qui, exténué par une journée de reportage à outrance et de voyages dans les bureaux télégraphiques, s'était tout à coup endormi au milieu du souper, la tête sur son bras.

Et, comme sa main droite s'allongeait sur la table, je lui retirai du doigt, sans qu'il s'en aperçût, une bague que je mis dans ma poche.

Puis le repas terminé, Bois-Glavy ne se réveillant pas, nous partîmes tous après avoir éteint les lumières du salon et étalé devant le dormeur l'addition qui se montait à environ cent vingt francs et qui naturellement avait été soldée.

Quand Bois-Glavy avait rouvert les yeux, il s'était trouvé seul, dépouillé de sa bague et en face d'une note de six louis dont la maison feignit de lui réclamer le montant.

Le lendemain, je lui renvoyai sa bague avec cette mention :

Restitution anonyme d'un pic-pocket repentant.

Eh bien ! à ce moment si grave où à la pointe de je ne sais combien de milliers de bulletins, Boulanger emportait trois départements en un jour, il se tordait devant les précautions que je prenais pour enlever la bague de Bois-Glavy sans le réveiller.

Ah ! le rire fidèle
Montre un cœur sans détours,

a écrit Victor Hugo ; et, en effet, je pus constater plus tard que le cœur du suicidé du cimetière d'Ixelles fut et resta sans détour aucun.

Cette triple élection tapa tout à fait sur la coloquinte des opportunistes et même des radicaux. Le lendemain de ce triomphe sans précédent, Boulanger vint déjeuner chez moi à la petite maison que la ville m'avait louée au bois de Boulogne et nous nous amusâmes des divagations des journaux qu'il m'avait apportés. D'une part, beaucoup affirmaient qu'il avait été élu par les bonapartistes, assertion bien imprudente, car elle donnait à entendre que la France en contenait beaucoup; et, d'autre part, ils invitaient le ministère à s'engager résolument dans la voie des réformes républicaines, afin de détourner sur lui la popularité du général.

C'était absolument à n'y rien comprendre, attendu que si l'ancien commandant du 13ᵉ corps avait été nommé par la réaction dans le Nord, dans la Somme et dans la Charente-Inférieure, ce ne pouvait être en faisant du républicanisme avancé qu'on serait arrivé à lui enlever des voix. Les amis de Floquet auraient été logiques en conseillant à celui-ci de se proclamer bonapartiste lui aussi, puisque c'était, selon eux, le seul moyen d'avoir la majorité dans le pays.

Pourquoi engageaient-ils le gouvernement à se montrer plus républicain que le général Boulanger, qu'ils accusaient de ne se faire élire que parce qu'il était réactionnaire? Telle était la question que nous leur posions et à laquelle ils se gardaient de répondre.

Nous préférions encore la rude franchise de deux députés de l'Aisne, MM. Dupuy et Hanotaux, le même qui présida en qualité de ministre à l'expédition de Madagascar et qui réclamait, il y a quelques mois, le maintien de l'esclavage dans la nouvelle colonie.

Ces deux hommes étonnants avaient tout bonnement déposé devant le conseil général de leur département un vœu tendant au bannissement du général. Aujourd'hui que M. Hanotaux détient le portefeuille des affaires étrangères, on voit que la liberté individuelle et le droit des gens sont en bonnes mains.

Il nous eût été bien facile, à Boulanger et à moi, de réfuter les articles abracadabrants par lesquels avaient été accueillies ses trois élections. Ceux qui s'indignaient de le voir siéger à la Chambre étaient les mêmes qui avaient réclamé sa mise à la retraite en répétant tous les jours : « Qu'il soit député, mais qu'il cesse d'être soldat ! »

Eh bien ! puisqu'ils avaient voulu qu'il fût député, ils devaient être ravis en constatant qu'il l'était à la fois dans le Nord, dans la Charente-Inférieure et dans la Somme. Le suffrage universel avait ainsi donné une triple satisfaction à ces ombrageux qui tenaient tant à lui voir échanger ses épaulettes contre un siège au Palais-Bourbon.

Et Boulanger me répétait :

— Sont-ils bêtes ! Est-ce que c'est moi qui ai exigé ma mise à la retraite ? Est-ce que c'est moi qui ai poussé à la convocation d'un conseil d'enquête qui avait promis de révéler à ma charge des faits de la plus haute gravité et a simplement établi que j'étais venu deux fois à Paris sans autorisation du ministre de la guerre ?

Et, en effet, les ahuris qui avaient obtenu contre lui des mesures à la fois puériles et révoltantes se vantaient d'avoir conjuré ce qu'ils appelaient le « péril boulangiste ». Puis, tout à coup, ils proclamaient ledit péril plus pressant que jamais, ce qui était avouer nettement leur incapacité, leur manque de pénétration et leur absence totale de coup d'œil.

Depuis un an, ils faisaient écrire tous les matins par leurs salariés :

— Le boulangisme a vécu.

Et, tout à coup, ils se mettaient à parcourir les rues comme des effarés en criant à tue-tête :

— Le boulangisme est mieux portant que jamais !

Et, remarque suggestive, plus les feuilles à fonds

secrets s'étaient réunies contre lui, plus haut il était monté dans la faveur populaire. Lorsque certains journaux le ménageaient encore, il était élu dans un seul département. Dès que les outrages avaient pris des proportions inouïes, c'était trois circonscriptions qui, à la même heure, le choisissaient pour député.

Alors pour la première fois le mot « complot » fut prononcé. L'ancien président du conseil, l'horloger Tirard, que, sur ses démonstrations débordantes de républicanisme, j'avais eu le tort grave de faire nommer député de Paris, déclara dans un banquet que le triple élu de la semaine précédente ne devait plus être considéré que comme un « conspirateur » menaçant « l'ordre de choses établi ».

C'eût été, en tout cas, non contre l'ordre, mais contre le « désordre » de choses établi qu'eût conspiré le général; car à aucune époque ministère, Chambre et gouvernement n'avaient été aussi complètement sens dessus dessous. Et fallait-il que les parlementaires eussent perdu le nord, le sud et même toute la rose des vents, pour aller choisir comme accusateur public contre le général Boulanger ce même Tirard, qui s'était déjà, en qualité de président du conseil, signalé par des persécutions qui lui avaient, à lui, coûté son portefeuille, et valu au général Boulanger les centaines de mille voix qui devaient être suivies de tant d'autres !

Le pauvre Tirard ne se trouvait pas suffisamment accablé par les réponses multiples qu'avaient faites les électeurs à la constitution du conseil d'enquête où quatre généraux, portant la triple étoile, avaient eu le honteux courage de juger et de condamner un de leurs collègues, autrefois leur supérieur, sur des rapports d'agents de la plus basse et de la plus sale police.

Mais Tirard, qui avait été renversé sur la question Boulanger, comme Floquet le fut quelque temps après, éprouvait aussi le besoin d'exercer sa vendetta. Ce fabricant de cadrans solaires comptait, paraît-il, prouver clair comme le jour que si le général Boulanger avait été élu avec d'aussi effrayantes majorités dans cinq départements, — et même six, puisque le Nord l'avait nommé deux fois, — ce triomphe électoral, que lui, Tirard, n'avait jamais connu, était le résultat d'un noir complot, dont il tenait tous les fils.

S'il y avait conspiration, il était trop juste que non seulement on invalidât le général dans les trois départements où il avait passé, le 19 août, comme une lettre, ou plutôt mieux qu'une lettre à la poste, — puisque le cabinet noir était officiellement rétabli, mais qu'on l'arrêtât et qu'on l'incarcérât immédiatement.

Seulement, — à moins que la justice ne fût un vain mot, ce qui d'ailleurs est probable et même certain, — il était impossible de ne pas arrêter en même temps que lui, comme ses complices, les sept cent cinquante mille électeurs qui, en moins d'un an, lui avaient donné leurs voix. Eux aussi, en le nommant sur un programme parfaitement défini, avaient médité le renversement de l'ordre de choses établi.

Les prisons, que l'opportunisme avait remplies en 1871, étaient vastes et nombreuses. Je le savais, ayant passé par beaucoup d'entre elles. Nous nous demandions cependant où on allait fourrer les sept cent cinquante mille conjurés contre lesquels l'horloger Tirard était en train d'aiguiser son réquisitoire. Il ne fût jamais arrivé à les faire tenir tous dans ses boîtes de montre. Le seul moyen de se débarrasser d'eux eût été peut-être de les envoyer au Tonkin. En un mois de cette guillotine sèche, les sept cent cinquante mille fussent allés rejoindre Paul Bert et tant d'autres.

En attendant, Floquet proposa à Boulanger un match de popularité, et celui-ci étant parti pour le Nord, il se rendit dans le Midi, à Toulon, pour y passer la flotte en revue. Au général il opposait l'amiral, et au soldat redevenu civil, l'avocat devenu marin. Je publiai, au sujet de cette tournée maritime, l'article suivant, qui eut un peu partout les honneurs de la reproduction :

L'amiral Courbet étant mort d'une maladie contagieuse connue en médecine sous le nom de politique coloniale, le gouvernement n'a pas hésité à le remplacer par l'amiral Floquet. Ce marin d'eau sucrée, qui ne connaît que les tempêtes de la tribune, a pensé que, tenant le gouvernail du vaisseau de l'Etat, il était désigné pour aller à Toulon assister aux manœuvres de la flotte.

Malheureusement le navire sur lequel il bat son quart, avec une longue-vue qui ne lui fait pas la vue plus longue, est si insuffisamment cuirassé qu'il a reçu dans ses œuvres vives, il y a quelques jours, trois boulets tirés l'un de la Charente-Inférieure, le second de la Somme et le troisième du Nord, lesquels lui ont causé des avaries à peu près irrémédiables.

N'importe ! Bien qu'on ait essayé de faire comprendre à Floquet qu'il était trop homme de terre (sans aucune espèce de jeu de mots) pour aller présider ainsi à des expériences navales, il a voulu partir. Il s'est dit que Toulon avait été le berceau de la fortune politique de Bonaparte et il s'est modestement appliqué ces quatre vers que Victor Hugo semble avoir composés tout exprès pour Floquet et pour Ferry :

> Ville que l'infamie et la gloire ensemencent,
> Où du forçat pensif le fer tond les cheveux,
> O Toulon ! c'est par toi que les oncles commencent
> Et que finissent les neveux !

Le président du conseil a pu, en outre, faire observer que son habitude de nager entre deux eaux, les eaux radicales et les eaux opportunistes, lui donnait une certaine expérience des choses maritimes. Aussi les populations vont-elles le contempler sur le tillac faisant avec son porte-voix des commandements à réveiller Duguay-Trouin dans sa tombe.

Il commencera sans doute par prendre un ris, fera carguer le grand foc et, en sa qualité d'avocat, il demandera à monter sur le mât de perroquet.

A l'ouverture des Chambres, c'est par des discours semés de ces expressions salées spéciales aux gens de mer qu'il écrasera le boulangisme. Nous entendons d'ici le légumier Méline dire de sa voix qui ressemble à la musique d'un flageolet :

« Monsieur l'amiral Floquet a la parole. »

Et celui-ci de s'écrier avec force :

« Mille caronades ! ce n'est pas le moment d'amener notre pavillon. Marchons, au contraire, à l'ennemi, toutes voiles dehors ! Nous avons le vent en poupe, et nous saborderons sans pitié ce brûlot que le suffrage universel s'obstine à attacher à nos flancs.

« Quant à la Dissolution et à la Revision, je vous réponds qu'avant trois semaines elles auront coulé à pic sans aucun espoir d'être jamais radoubées. »

Toutefois, on se demande comment M. Floquet, qui s'excuse toujours sur ses multiples occupations, a pu trouver le temps d'aller à Toulon et de là aux îles d'Hyères pour voir évoluer l'escadre de la Méditerranée. Ou c'est pour son plaisir qu'il a entrepris ce voyage, et il a singulièrement choisi son moment pour aller « tirer une bordée », ou il s'imagine naïvement posséder un génie tellement universel que ses conseils dans les questions maritimes, auxquelles il ne connaît absolument rien, donneront à notre flotte une force nouvelle. Il sait que, dans la Somme, les marins ont voté en masse pour le général Boulanger, et il tient à leur faire savoir que lui aussi aurait pu tenir la barre, s'il n'avait pas préféré le barreau, comme moins sujet aux naufrages.

L'hypothèse la plus vraisemblable serait qu'il est allé à Toulon uniquement parce que l'élu du Nord, de la Somme et de la Charente-Inférieure est allé, l'autre jour, à Lisieux. Car cet homme politique, qu'il boive, qu'il mange, qu'il dorme, qu'il soit éveillé, qu'il reste chez lui ou qu'il voyage, n'a qu'une préoccupation et qu'un rêve, d'ailleurs irréalisable : contre-balancer les cris de :

« Vive Boulanger ! »

par ceux de :

« Vive Floquet ! »

Henri Rochefort.

Sur tous les déboires gouvernementaux se greffa subitement l'affaire Numa Gilly qui commença à faire ouvrir l'œil aux électeurs sur la probité matérielle de leurs mandataires. Le député Gilly, membre du groupe ouvrier de la Chambre, avait, dans une réunion tenue à Alais, prononcé la phrase suivante :

Quand on voit dans quelles mains est la fortune de la France, quels sont les gens qui composent cette commission du budget, on frémit du gaspillage effréné qui préside à la distribution des produits de l'impôt que vous avez tant de peine à payer au percepteur. On a poursuivi Wilson, pure comédie, pour faire croire qu'on était plus honnête que lui. Mais, sur trente-trois membres de la commission du budget, vous avez au moins *vingt Wilson*.

Les accusés bondirent d'autant plus violemment sous l'outrage qu'on était en 1888, c'est-à-dire dans l'année même où Jacques de Reinach, le futur suicidé, et Arton, le futur pensionnaire de Mazas, offraient, en échange de leurs votes, à pas mal de membres de ladite commission, les pots-de-vin du Panama.

Ils se crurent découverts et, payant d'audace, firent appeler devant eux Numa Gilly pour lui demander quels étaient ceux de ses collègues qu'il assimilait à Wilson.

« J'appelle des Wilson, déclara Gilly, ceux qui, après être arrivés à la Chambre et au Sénat pauvres comme moi, dépensent des cent mille francs par an, ont des hôtels princiers et vivent en millionnaires. Ce n'est pas en faisant des économies sur leurs neuf mille francs qu'ils ont pu arriver à satisfaire à ce train de vie. »

Les députés Rouvier et Raynal se montrèrent particulièrement irrités et ameutèrent tout le monde parlementaire contre l'honnête Gilly. S'il avait été moins loyal, il lui eût été facile de leur rappeler que Wilson, auquel il les comparait, avait été par deux fois rapporteur général de cette même commission du budget, célèbre par le déficit qu'elle accentuait tous les ans. En outre, il eût été en droit de leur faire observer que Wilson aussi avait été l'objet « d'infâmes » calomnies, puisque les magistrats devant lesquels il avait comparu l'avaient, après une condamnation en première instance, définitivement acquitté en appel.

Il était toujours, comme il est d'ailleurs aujourd'hui, député d'Indre-et-Loire. Il avait même sur les hommes dont parlait Gilly cet avantage d'avoir été renvoyé absous par les tribunaux, tandis que s'ils y eussent été cités ils ne s'en fussent probablement pas tirés à si bon compte, comme l'établit plus tard le procès do l'ancien ministre opportuniste et prévaricateur Baïhaut.

Mais où la susceptibilité des membres de la commission du budget paraissait suspecte, c'est lorsqu'ils exigeaient de Numa Gilly les preuves palpables des insinuations qu'il formulait. Quand on voit un monsieur qui, sans bottes au moment d'entrer à la Chambre, se fait, après quelques mois de députation, véhiculer dans des huit-ressorts attelés de chevaux à dix mille francs la paire; quand on le retrouve prêtant son nom, autrefois synonyme de faillite, à des Sociétés dont il préside le conseil d'administration, est-il besoin d'une démonstration plus complète?

La seule réponse sérieuse au cri d'indignation poussé par le député du Gard eût été de pratiquer une enquête sur les fortunes personnelles des « honorables » qui en un rien de temps trouvaient moyen de payer des centaines de mille francs de dettes criardes. On aurait vu comment ils auraient justifié d'aussi subits changements de situation.

D'autant que, si les gens dont on signalait les malversations vous défiaient de préciser, dès qu'on menaçait de le faire ils vous traînaient devant les juges pour diffamation, en refusant de vous laisser faire la preuve de vos affirmations.

Cette aventure m'était arrivée à moi aussi, lorsque, afin d'empêcher l'élection présidentielle de Jules Ferry, j'avais, dans l'*Intransigeant*, montré le financier qu'était son frère Charles, ancien administrateur de la Banque franco-égyptienne.

Celui-ci s'était récrié et m'avait envoyé des assignations, mais comme je lui avais donné rendez-vous devant la cour d'assises, où il m'eût été si facile d'établir ma véracité, il avait énergiquement réclamé la police correctionnelle, sous l'étonnant prétexte que c'était comme homme privé et non comme homme politique que je l'avais pris à partie. Et comme j'avais proposé d'administrer la preuve quand même, il s'y était opposé ainsi qu'à l'audition des témoins que j'avais fait citer.

Inquiète tout de même des révélations qui planaient dans l'air, la commission du budget s'était hâtée de proclamer clos l'incident Numa Gilly. Mais l'opinion publique, qu'elle en avait imprudemment saisie, avait fini par demander obstinément à se renseigner sur le désintéressement des mandataires du peuple. Et moi-même je réclamai une enquête sur le nombre vraiment surprenant de députés et de sénateurs qui, dès le lendemain de leur élection par le suffrage universel ou restreint, s'étaient tout à coup trouvés membres de sociétés financières qui leur distribuaient l'argent des actionnaires sous forme d'émoluments et de jetons de présence.

Et, pour aider Gilly dans son travail, j'avais relevé dans l'administration de ces sociétés quelques noms véritablement intéressants :

Crédit mobilier. — Administrateur, E. Cazeaux, député des Hautes-Pyrénées.

Caisse centrale du travail et de l'épargne. — Une vraie dégelée de parlementaires dans le conseil d'administration : Arbel, sénateur; feu Paul Bert, député; feu Claude, des Vosges; Crozet-Fourneyron, député de la Loire; Etienne, député d'Oran; de Hérédia, député de Paris; Labiche, sénateur; feu Lepère, député; Martin Nadaud, député; Frédéric Passy, député; — il y avait aussi M. Cyprien Girerd qui, n'ayant pas été réélu en 1885, s'était fait nommer trésorier-payeur.

Banque centrale du commerce et de l'industrie. — Administrateurs : Marcellin Pellet, ancien député non réélu en 1885, ancien consul à Livourne; puis encore Cyprien Girerd, qui, comme on le voit, administrait à deux rateliers.

Banque parisienne. — Président : Pouyer-Quertier, sénateur.

Crédit foncier. — Administrateurs : Levêque, député ; Guiffrey, sénateur ; Mir, député ; René Brice, député.

Compagnie foncière de France. — Encore Guiffrey, de plus en plus sénateur.

Banque maritime. — Administrateur : Riotteau, député de la Manche.

Banque de Paris et des Pays-Bas. — Administrateur : E. Gouin, sénateur.

Banque franco-égyptienne. — Administrateur : Charles Ferry, sénateur, le même qui avait trouvé des juges pour me condamner à deux mille francs d'amende et quatre mille francs de dommages-intérêts parce que j'avais comparé, moi aussi, le frère de Jules Ferry à Wilson.

Crédit foncier et agricole d'Algérie. — Administrateurs : encore Guiffrey, sénateur ; encore René Brice, député.

Crédit foncier franco-canadien. — Nous trouvions parmi les administrateurs : feu Duclerc, qui avait été sénateur et président du conseil des ministres ; René Brice, député, déjà plusieurs fois nommé, et Léon Renault, sénateur, qui, mêlé autrefois aux affaires de Tunis, se mêlait aujourd'hui de celles du Canada ;

Rouvier, ancien président du conseil, à ce moment même président de la commission du budget, créateur de la *Compagnie auxiliaire des chemins de fer*, tombée en déconfiture.

Hérédia, ancien ministre, fondateur de la société d'assurances la *République*, non moins en faillite ;

Tirard, ancien président du conseil, qui avait été l'un des fondateurs des *Mines d'or de l'Uruguay* ;

Barbe, député, administrateur de la Société des Forges de Liverdun ;

Numa Baragnon, sénateur, administrateur de la société qui a sombré sous le titre de *Crédit de France;*

Etienne, député, ancien sous-secrétaire d'Etat, qui avait administré la *Compagnie des coupons commerciaux.*

Andrieux joua alors à ses collègues de la commission du budget le détestable tour de faire devant la cour d'assises de Nîmes un procès à Numa Gilly. Celui-ci me cita comme témoin, et bien que le magistrat qui présidait les débats, tremblant à l'idée des révélations qui pouvaient se produire, nous fermât la bouche dès que nous émettions la prétention de l'ouvrir, on vit poindre à ce moment un bout de l'immense échafaudage de la corruption panamiste ;

M. Baïhaut, notamment, était cité en témoignage à propos des conventions avec les chemins de fer, de plusieurs coups de Bourse et spécialement de la publication d'une partie d'un rapport sur le Panama.

L'avocat de l'accusé ayant fait allusion à ce rapport que le ministre qui l'avait reçu avait caché à ses collègues, un violent incident éclata à ce sujet. Comme s'ils prévoyaient des complications dangereuses pour ce ministre cachotier, le procureur général et le président essayèrent, par leurs cris et leurs interruptions, de couvrir la voix du défenseur. Mais Baïhaut, qui sans doute craignait quelque attaque, avait pris la précaution d'envoyer à Nîmes un avocat chargé de veiller sur sa considération.

Mᵉ Rousseau se leva alors et prononça ces paroles auxquelles les événements devaient, cinq ans plus tard, donner un si intéressant démenti :

— Le ministre dont on parle est M. Baïhaut. J'ai l'honneur d'intervenir en son nom pour demander acte à la cour des articulations diffamatoires qui viennent d'être produites.

Malgré cette tactique de certains témoins qui, beaucoup plus menacés que ne pouvait l'être Numa Gilly, avaient pris le parti de payer d'audace et de se transformer en accusateurs, la population nîmoise ne se trompa pas sur leur valeur morale, et à chaque sortie d'audience les quinze cents ou deux mille curieux massés sur la place du palais de justice faisaient aux députés et aux sénateurs suspects un accueil inquiétant pour eux.

On les suivait en leur répétant sous le nez : « A bas les voleurs ! »

En revanche, les amis de Gilly, alors maire de Nîmes, étaient l'objet des ovations les plus chaleureuses. Une foule stationnait constamment sous les fenêtres de l'hôtel du Luxembourg où j'étais descendu, et à tout instant me réclamait au balcon, exhibition à laquelle je me refusais nettement.

Rouvier, qui logeait au même hôtel et dont la chambre était contiguë à la mienne, était généralement accompagné par des manifestations en sens inverse lorsqu'il revenait du palais de justice ou qu'il sortait pour s'y rendre et rien n'était plus drôle que nos rencontres à la porte d'une maison où toute une population nous reconduisait sous des clameurs diamétralement différentes.

En présence du parti pris de refuser à Numa Gilly l'audition de ses témoins, Andrieux retira sa plainte et l'accusé fut acquitté, comme il l'eût d'ailleurs été tout de même si elle avait été maintenue, car le plaignant n'avait eu d'autre intention que de mettre sur la sellette quelques opportunistes qui eussent vivement désiré ne pas s'y trouver.

De Nîmes, où je n'avais plus rien à faire, je pris le train pour Marseille, puis pour Nice où je reçus tout à coup de la rédaction de l'*Intransigeant* une dépêche m'invitant à revenir à Paris sans délai.

C'était encore Floquet qui me privait des quelques jours de repos que je m'étais proposé de prendre dans le Midi. Quand je fus de retour à Paris, j'appris que Paul de Cassagnac était venu avertir mes collaborateurs que, ne sachant plus où donner de sa pauvre tête, le président du conseil s'était décidé pour un coup d'Etat calqué sur le 18 Fructidor où Carnot, le grand-père, avait failli être arrêté comme soupçonné de connivence avec les royalistes.

Oui, le terrible Floquet avait préparé, en attendant mieux ou pire, des cellules à Clairvaux à l'intention du général d'abord, puis à la mienne et à celle de quelques réactionnaires qu'il eût décrétés d'arrestation pour faire croire, comme on l'a essayé plus tard, à une conspiration dirigée contre la République.

Cette mèche ayant été éventée, Floquet nia ses projets incarcérateurs et prétendit qu'il avait simplement donné l'ordre aux peintres de recrépir quelques-uns des murs de cette maison centrale. La vérité est qu'au dernier moment il avait reculé devant un acte arbitraire et des arrestations illégales, qui, dans l'état des esprits, lui eussent probablement coûté cher.

D'ailleurs un événement d'une portée immense allait offrir aux plans gouvernementaux un dérivatif imprévu.

Depuis longtemps les membres de la société de la rue Cadet défiaient Boulanger de se présenter à Paris où ils lui prédisaient un écrasement sans précédent. Il est vrai que chaque fois que nous proposions à un député de la Seine de donner sa démission pour nous permettre de tenter l'expérience, cette offre loyale était, dans le camp opportuniste, accueillie par un silence glacial.

La Providence allait enfin obliger Floquet et ses amis à vaincre malgré eux. On apprit tout à coup la mort du député Hudes, qui avait été élu sur notre liste en 1885.

Le général Boulanger accepta le nouveau cartel que lui adressait le chef du ministère et se déclara prêt à opposer sa candidature à celle du candidat ministériel qu'on lui jetterait dans les jambes.

Le journal *Paris*, alors propriété du flétri Raoul Canivet, n'en publia pas moins cette amusante information :

« Les boulangistes accueillent l'oreille basse la nouvelle de la mort de M. Hudes. Il va falloir, en effet, que M. Boulanger se présente devant les électeurs de Paris, et ses amis ne se font aucune illusion sur le sort que les Parisiens ménagent au brav'général. »

Malgré cette feinte assurance, les floquettistes étaient affolés et avaient imaginé cette combinaison confinant à la démence : opposer à Boulanger une quinzaine de candidats dont la multiplicité eût peut-être amené un ballotage et qui, tous, se fussent, au second tour, désistés en faveur de l'opportuniste le plus favorisé.

On avait proposé d'abord Vacquerie, puis Clémenceau, puis, invention curieuse et en apparence contradictoire, un général aussi : le général Février, le même qui avait expulsé Boulanger de l'armée.

Cette dernière combinaison était tellement joyeuse que nous eussions bien volontiers payé sur les ressources du Comité national les affiches de ce nouveau candidat.

Puis, après avoir ainsi « crâné », le gouvernement commença une retraite en bon ordre. Il parlait vaguement d'utiliser les quatre-vingt-dix jours que lui accordait la loi pour retarder jusqu'à l'extrême limite permise le remplacement du député défunt. Bien qu'il se proclamât sûr de nous infliger une sanglante défaite, il se montrait disposé à reculer le plus possible l'heure de la bataille.

Il ne reculait pas: oh non! il voulait seulement, avant de donner le signal du combat, avoir la certitude que les troupes de Grouchy ne s'égareraient pas en route.

Pendant ces trois mois de délai, on aurait eu tout le loisir de lancer contre le général et ses partisans de nouvelles calomnies, vingt jours ne suffisant pas aux journalistes arrosés par Floquet pour inventer des histoires un peu inédites.

Toutefois cette tendance à « flancher » produisit dans la population parisienne un si déplorable effet qu'on n'osa pas, dans les sphères ministérielles, accentuer cette fuite. Quand on a dit aussi formellement à un adversaire:

— Je vous tuerai demain!

On ne manque pas ainsi le rendez-vous pris avec les témoins, sous prétexte qu'on a subitement attrapé un lumbago. Après d'amusantes hésitations, Floquet, piqué au vif par nos railleries, se décida à fixer l'élection au dimanche 27 janvier 1889.

Ses amis avaient déclaré que le nom du candidat à opposer au nôtre n'avait aucune importance et qu'ils choisiraient Pierre, Paul ou Jacques. Ils avaient tenu parole : c'était pour un nommé Jacques qu'ils s'étaient décidés. Ce Jacques, qui était bonhomme, comme son nom l'indiquait, et n'avait aucun rapport avec Jacques l'Éventreur, après lequel court encore la police de Londres, était en même temps conseiller municipal et conseiller général. Les cadettistes avaient voulu, sans doute, avoir aussi un général en face de celui qu'ils s'apprêtaient à combattre.

Il fallait vraiment que ce Jacques-là fût quelque peu descendant de Jacques le Fataliste, pour oser ainsi se risquer dans une aventure où il ne pouvait nourrir d'autre espoir que celui de se faire blaguer.

En effet, pas un des hommes qui avaient joué un rôle dans le parti radical ou opportuniste, pas un de ceux qui avaient le plus contribué à renverser le général Boulanger du ministère et à le faire expulser de l'armée n'avait osé s'offrir au jugement des électeurs de la Seine, pour tâcher d'obtenir d'eux l'absolution qu'ils lui eussent certainement refusée.

Comment ! les Ferry, les Hérédia ou les Rouvier prétendaient avoir sauvé la République en écrasant dans l'œuf les projets dictatoriaux de l'ancien ministre que l'extrême-gauche avait présenté au pays comme un excellent républicain, et aucun n'avait eu l'idée de s'adresser au peuple, dont la reconnaissance ne pouvait cependant être douteuse !

Les plus notoires parmi ceux qui avaient combattu Boulanger auraient dû se placer en face de ce redoutable adversaire et mettre ainsi le corps électoral en mesure de se prononcer entre leur conduite et celle de leur ennemi. Au lieu de cette attitude qui aurait eu au moins le mérite d'une certaine forfanterie, ils se tenaient tapis dans leurs trous comme des belettes et priaient un inconnu aussi ignorant de la politique qu'il en était ignoré, d'aller à leur place recevoir les atouts qui leur étaient destinés.

Et cet obscur, qui se trouvait être en même temps un parfait jocrisse, avait eu l'impertinence de coller sur les murs du département de la Seine des placards où on lisait ces déclarations :

« Pas de dictature ! pas de Sedan ! »

Il ne pouvait être, en effet, question du général Boulanger, qui réclamait la Revision constitutionnelle par une Constituante, les dictateurs ayant l'habitude de supprimer les Constituantes et les Constitutions.

Pour ce qui était de : « Pas de Sedan ! » nous nous perdions en conjectures. Qui diable, en France, désirait un Sedan ? Est-ce que, par hasard, c'était le général Boulanger, alors simple chef de bataillon, qui avait déclaré, en 1870, la guerre à l'Allemagne, sous le pseudonyme de Napoléon III ? Le même Boulanger devait avoir d'autant moins envie d'un Sedan qu'au combat de Champigny, suite de cette capitulation funeste, il avait été grièvement blessé sans que l'effusion de son sang empêchât, hélas ! la reddition de Paris.

Et je disais humoristiquement à ce propos dans l'*Intransigeant* :

« Pas de Sedan ! » restera pour les électeurs une véritable énigme, quelque chose comme un mot carré, un rébus ou une charade de l'*Illustration*.

A moins, et c'est probablement à cette interprétation que le public s'arrêtera, à moins que le mot Sedan n'ait été mis là pour rappeler le drap spécial fabriqué dans cette ville.

Nous avons promis à Jacques non pas seulement une veste, mais une jaquette, et il nous crie :

— Oui, mais pas de Sedan !

S'il l'aime mieux d'Elbeuf, nous déclarons dès aujourd'hui que nous n'avons à cet égard aucune espèce de préférence.

Il m'eût été facile, pendant cette période mouvementée, de réaliser une petite fortune. Par nos agents et au moyen de toutes les complicités qui s'offraient à nous, j'avais calculé que Boulanger aurait au moins les deux tiers des suffrages exprimés. Et lorsque, dans les couloirs du Palais-Bourbon, j'additionnais les chances de notre candidat, vingt députés opportunistes ou radicaux me proposaient immédiatement de parier dix mille ou même vingt mille francs que le liquoriste Jacques battrait à plates coutures l'ancien ministre de la guerre.

Boulanger me demanda s'il ne serait pas utile de répondre au « Pas de Sedan ! » du marchand de prunes et chinois, et je lui rédigeai séance tenante cette déclaration qui, le soir même, fut affichée sur les murs de Paris :

Electeurs de la Seine,

J'aurais laissé sans m'émouvoir retourner à l'égout, d'où elles sortent, les injures et les calomnies des parlementaires exaspérés.

Mais voici que leurs fureurs impuissantes s'attaquent maintenant à la patrie même. Leur candidat a osé placarder dans le département de la Seine cet outrageant appel à la lâcheté :

« Pas de Sedan ! »

Les Sedan, c'est à l'incurie gouvernementale, aux expéditions lointaines et ruineuses que nous les devons. Est-ce donc la peine d'avoir dépensé tant de travail et tant de millions dans la réorganisation de cette armée dont tous les Français font maintenant partie, pour qu'en cas d'attaque celui qui s'intitule « candidat de la République » ne trouve à nous prédire que la défaite ?

La France n'a plus aujourd'hui de Sedan à redouter, car, en même temps qu'elle veut résolument la paix, elle se sent de force à se défendre contre les provocations, comme à subir les assauts dont on la menacerait.

Escompter l'invasion ! c'est à ce degré d'abaissement que sont tombés nos adversaires !

Electeurs de la Seine,

Les Sedan, nous savons mieux qu'eux ce qu'ils coûtent. Où était-il donc pendant la guerre, le candidat qui adresse à notre armée ce suprême outrage ? Nous ne l'avons vu, à Champigny, ni parmi les combattants, ni parmi les blessés.

D'autres que lui faisaient alors leur devoir, comme ils sont prêts à le faire encore si la protection de la patrie l'exigeait. Mais c'est afin d'éviter un nouveau Sedan que nous voulons consacrer à la défense et à la prospérité du pays les trésors qu'on dilapide dans les scandales du favoritisme et dans la création d'injustifiables sinécures.

Vive la France ! vive la République !

Général BOULANGER.

Après un cliquetis d'attaques et de ripostes, le soir de l'élection nous réunit comme d'habitude au restaurant Durand, où je dînai à côté de Boulanger, très calme et très sûr du succès. Par coïncidence ou par défi, les membres du comité Jacques s'étaient installés dans le restaurant situé place de la Madeleine en face du nôtre et semblaient attendre les résultats avec une confiance que nous leur faisions l'honneur de supposer peu sincère ; sans quoi, ils eussent été vraiment trop naïfs.

Les chiffres arrivèrent peu à peu, d'autant plus écrasants pour la bande opportuniste que les immenses majorités obtenues par le général étaient données par les quartiers presque exclusivement habités par les travailleurs. Saint-Denis, par exemple, nous fournit trente-cinq mille voix contre quinze mille à Jacques qui, sous prétexte qu'il avait eu de pénibles débuts dans le liquorisme, s'était présenté comme le candidat de la classe ouvrière.

Dès sept heures du soir, une foule immense et invaluable s'était massée sous les fenêtres de la maison Durand, emplissant toute la place et occupant jusqu'au trottoir opposé, au-dessus duquel les organisateurs de la candidature Jacques essayaient de digérer leur déconvenue.

Mais leurs bravades et leurs lazzis de battus faisant mine de prendre gaiement leur défaite, attirèrent l'attention des manifestants, qui commencèrent par les huer et finirent par les menacer d'envahir les salons de l'établissement.

L'aveuglement gouvernemental avait duré jusqu'au dernier jour, malgré les symptômes éclatants de la victoire boulangiste. Comprend-on que la veille même du scrutin l'officieux *National* avait publié cette prédiction :

Boulanger : cent quatre-vingt mille voix ;

Jacques : deux cent vingt-cinq mille !

C'était le comble de la perspicacité, Boulanger ayant été élu par plus de deux cent quarante-quatre mille voix et Jacques restant sur le carreau avec cent soixante-deux mille environ. Cette différence entre le pronostic et le résultat était une humiliation de plus pour les pronostiqueurs.

Jusqu'à une heure du matin, les boulevards furent envahis par une multitude acclamante, chantante et discutante. On m'a prêté, je ne sais pourquoi, des sentiments que je n'ai jamais eus et un mot que je n'ai jamais prononcé. Quelques journaux ont prétendu que vers onze heures du soir, alors que l'élection était acquise, j'avais tiré ma montre et dit à Boulanger :

— Général, depuis dix minutes votre popularité décroît.

Ce qui eut signifié que aussitôt le résultat connu, le peuple attendait de son élu une marche triomphale sur l'Elysée dont il eut trouvé toutes les portes ouvertes, et où il se fut installé comme chez lui.

Je représentais avec quelques autres l'extrême-gauche du comité national, et je serais sorti de mon rôle de républicain en conseillant ce qu'on n'eût pas manqué d'appeler un coup de force, bien que cette dénomination fût impropre, puisque, selon toute apparence, aucun combat n'eut été livré, tout le monde, ou à peu près, se trouvant d'accord.

Un coup d'Etat est l'acte d'un gouvernement qui emploie l'autorité militaire et civile dont il dispose au renversement d'une Constitution à laquelle il a juré obéissance. Boulanger n'étant plus ministre, plus même soldat, et n'ayant pour lui que sa popularité non seulement à Paris, mais sur tout le territoire français, n'aurait en somme commis aucun délit en se laissant porter au pouvoir par le flot populaire.

Rien d'ailleurs, à cette heure solennelle, ne lui était plus facile. Sûrs, comme nous l'étions depuis longtemps, du résultat de la journée du 27 janvier, nous n'aurions eu qu'à convoquer silencieusement quarante mille des nôtres qui se fussent réunis vers minuit, sur un point fixé d'avance, et à la tête desquels se fût mis le général Boulanger, soutenu moralement par les deux cent quarante-quatre mille voix qui venaient de le sacrer.

Comme au retour de l'île d'Elbe où Louis XVIII sortait des Tuileries par une porte, tandis que Bonaparte y entrait par une autre, Sadi Carnot eut certainement disparu sans risquer la moindre résistance. Le lendemain, on eut convoqué le Congrès de Versailles pour la revision de la Constitution et sans aucun doute, sous la pression des événements, les congressistes nous eussent débarrassés du Sénat.

L'affaire était si tentante qu'elle eût valu la peine d'être tentée, et rien ne manquait au général de ce qu'il fallait pour la faire réussir. Son mépris du danger personnel n'était pas discutable et le mouvement qui l'emportait vers le pouvoir ne l'était pas non plus. Tous les gouvernements, même à la veille de leur chute, se plaisent à répéter :

— Le pays est avec nous.

Boulanger pouvait, la main sur la conscience, affirmer cette fois que le pays était complètement avec lui.

Plusieurs membres du comité national que je pourrais désigner le poussèrent à profiter de l'occasion merveilleuse créée par l'élection du 27 janvier. Il résista résolument, dans la fallacieuse conviction qu'en France il était possible de prendre le pouvoir par des voies légales. Il n'aurait eu cependant qu'à compulser un peu l'histoire pour constater le contraire.

En revanche, l'illégalité à laquelle il se refusait, le ministère la prenait pour son compte et se mettait en révolte ouverte contre le corps électoral.

— Il y a quelqu'un qui a plus d'esprit que moi, disait Voltaire, c'est tout le monde.

— Il y a quelqu'un qui a plus d'intelligence que tout le monde, c'est moi », disait Floquet.

On aurait pu croire que le suffrage universel, base même de nos institutions, ayant prononcé son verdict souverain, il ne restait aux condamnés qu'à s'incliner. Les Jacquistes ne l'entendaient pas ainsi. Le corps électoral ayant formellement demandé la dissolution, la revision et la Constituante, le *Temps* croyait montrer son respect pour la volonté des électeurs en les repoussant plus que jamais.

« La journée de dimanche, disait-il avec un aplomb qui touchait à l'inconscience, nous a suffisamment éclairés sur les beaux effets de cette politique et, si elle devait réunir la majorité à la Chambre, il faudrait désespérer d'elle et de nous. »

Ainsi, on ne cessait de répéter aux électeurs :

« A quoi bon des insurrections et des incendies ? N'avez-vous pas une arme plus puissante que toutes les autres : votre bulletin de vote ? »

Et quand, au moyen de cette fameuse arme, ils avaient exprimé leur volonté avec une netteté qui ne laissait place à aucune équivoque, les journaux qui se prétendaient les défenseurs de la Constitution, de ses pompes et de ses œuvres, déclaraient que, si la Chambre élue obéissait aux injonctions de ses électeurs, il faudrait désespérer d'elle et de nous.

Et ce langage révolutionnaire, c'étaient précisément les modérés qui le tenaient : ce qui prouvait que leur modération cédait toujours le pas à leurs intérêts.

La leçon du 27 janvier n'avait, d'ailleurs, pas mieux profité au ministère qui faisait annoncer par ce même journal le *Temps* qu'il préparait des lois répressives contre la presse. Ça, c'était le mot de la fin. Floquet trouvait à ce moment que la presse était trop libre : le ministre qui était allé recruter dans des bouges des escrocs, mendiants et coupeurs de bourses pour leur confier la rédaction des feuilles qu'ils écrivaient avec leurs excréments, l'inspirateur responsable de toutes les ignominies déversées par ces vidangeurs sur le général Boulanger et ses amis, avait peur de voir la liberté dégénérer en licence !

Ce prévaricateur qui délayait dans ses bureaux les ordures qu'il faisait lancer sur nous par ses aides voulait bien nous insulter à vomissements que veux-tu ; et quand la population parisienne lui faisait rentrer ses expectorations dans la gorge, c'était nous à qui cet « engueuleur » méditait de fermer la bouche !

Mais ces jongleries ministérielles ne pouvaient tenir longtemps la scène. Floquet tomba sur un projet de revision qu'il affectait d'opposer à celui du général, et un cabinet dont mon obligé Tirard ou plutôt Constans était le chef succéda à celui du politicien qui n'avait même pas su justifier son sobriquet de Robespierrot.

Constans était un sacripant qui avait longtemps réussi à cacher les ténèbres du plus fangeux passé. C'était à la suite de révélations absolument intolérables qu'il était une première fois tombé du ministère. Mais quand la coalition opportuniste eut besoin d'un homme capable de tous les attentats, tant contre les lois que contre les personnes, elle jeta les yeux sur ce personnage, quitte à sortir de l'aventure aussi déshonorée que lui.

Je n'avais jamais vu ce Gusman d'Alfarache, et tout ce que je savais de lui, c'est qu'envoyé en Indo-Chine comme gouverneur il en avait rapporté des charretées de marchandises indigènes, principalement d'étoffes, que plusieurs marchands de Paris étaient venus m'offrir.

Quelques années auparavant, comme il avait été question de le faire entrer dans une combinaison ministérielle, Clémenceau s'était écrié :

— Ah! non, par exemple! Cet être-là ne peut plus faire partie d'aucun cabinet!

C'était donc non comme homme politique, mais en qualité de forban qu'il avait été choisi par le président Carnot et accepté par la majorité parlementaire, avec mission spéciale d'attaquer au besoin le général Boulanger sur une grande route, comme Dubosc et Chopart avaient égorgé le courrier de Lyon.

Il accepta naturellement ce rôle et s'attela tout de suite à ce qu'on aurait pu appeler le *Roman d'une conspiration*. Malgré le mystère dont s'enveloppaient les juges de la Haute-Cour spécialement organisée quelques jours auparavant, et bien que les lanternes qui servaient à ces malfaiteurs fussent aussi sourdes que leurs consciences étaient muettes, quelque chose avait transpiré relativement à la manière dont ils se disposaient à crocheter la loi.

Ils s'étaient résolus, disait-on tout bas, à évoquer les événements qui avaient accompagné la chute du père Grévy, et notamment les épisodes de la soirée passée chez Laguerre et qu'ils méditaient de transformer en véritable nuit de Valpurgis, sous le titre à sensation de « nuit historique ».

Cette nuit, historique ou non, avait ressemblé à toutes les autres, attendu qu'on y avait simplement discuté en présence de Lockroy et Clémenceau les moyens d'empêcher l'élection présidentielle de Jules Ferry, laquelle eut fait partir les chassepots tout seuls. Boulanger, qui assistait à nos conversations, était même le seul qui n'eût pas ouvert la bouche.

Il y avait si peu complot que le général Brugère lui-même, alors aide de camp de Grévy et devenu depuis aide de camp de Carnot qui, du reste, n'a jamais eu plus de camp que son prédécesseur, était avec nous en pleine association d'idées contre Jules Ferry. A ce point que, devant moi, un député de l'extrême-gauche, lui avait téléphoné ces mots caractéristiques :

— Il s'agit d'empêcher à tout prix l'élection de Jules Ferry. Rochefort est avec nous. »

Et comme j'avais mis à mon oreille un des entonnoirs du téléphone, j'entendis le général Brugère répondre distinctement :

— C'est bien heureux pour nous !

Et, du moment où nous eussions été traduits devant la Haute-Cour pour cette conjuration, le chef de la maison du président de la République aurait dû comparaître à nos côtés.

Aussi abandonna-t-on ce système d'accusation pour se rabattre sur un autre, n'importe lequel.

Le procureur général Bouchez, chargé par Constans et le ministre de la justice Thévenet qui, depuis, passa comme concussionnaire du Panama et des Chemins de fer du Sud par les cabinets de tous les juges d'instruction, d'établir notre culpabilité, s'y refusa sans hésitation. Il déclara que l'élection du 27 janvier, seule cause de cette tentative de poursuites, ne pouvait en rien se rattacher à un complot contre la République dont le suffrage universel était la base.

Un vaniteux imbécile pourvu de toutes les prétentions, y compris les prétentions littéraires, l'avocat général Quesnay, dont le père avait obtenu de Napoléon III l'autorisation d'ajouter à son nom roturier celui de « de Beaurepaire », se jeta goulûment sur cette occasion de se donner un peu de relief et, une fois que Constans et ses complices eurent sous la main les juges nécessaires à l'opération, ils ne perdirent pas une minute.

Un soir, je reçus par une dame que rien ne m'empêche de nommer, la comtesse de Bari, femme du comte de Bari, frère de l'ancien roi de Naples, l'avis qu'elle avait vu entre les mains d'un haut fonctionnaire de la police des mandats d'amener dressés contre le général Boulanger, Dillon et moi.

La comtesse de Bari avait autrefois demandé, pour un de ses parents, un léger service à Boulanger, lorsqu'il était ministre de la guerre, et elle lui témoignait ainsi sa reconnaissance pour l'empressement qu'il avait mis à le lui rendre.

Traduits devant le jury de la Seine, nous n'aurions pas hésité un instant à nous y présenter, l'inanité de l'accusation étant pour nous on ne peut plus facile à démontrer; mais les Saltabadils du ministère s'étaient bien gardés de nous déférer à nos juges naturels et avaient convoqué à notre intention précisément la magistrature sénatoriale, d'autant plus résolue à nous condamner que le premier article du programme revisionniste était l'abolition du Sénat.

La juridiction à laquelle on nous soumettait était l'effrontée négation du principe en vertu duquel personne ne peut être à la fois juge et partie. Aussi comprîmes-nous que l'autre principe dont les bêtes chauves, transformées en bêtes fauves, entre les pattes desquelles on nous jetait, étaient bien décidées à nous faire l'application, était celui-ci :

« En politique, il n'y a pas de justice. »

Adage d'ailleurs incomplet, attendu qu'en dehors de la politique il n'y a pas de justice non plus.

On avait englobé dans le mot « complot » tous mes articles de l'*Intransigeant* qui, innocents en détail, puisque aucun d'eux n'avait été poursuivi, se trouvaient ainsi en bloc constituer un attentat à la sûreté de l'Etat. Il était clair que ce que Constans tenait à supprimer, c'était encore plus mon journal que moi. Une fois calfeutré dans une prison d'où je ne serais jamais sorti, ma plume se brisait forcément dans mes doigts, ce à quoi le gouvernement tenait avant tout.

En me mettant à l'abri, je sauvais donc mon droit d'écrire et de publier ma pensée. Mais le policier du ministère de l'intérieur avait tout prévu. Le matin du jour où je devais m'embarquer pour la Belgique, je comptai huit agents se croisant devant la porte de l'hôtel que j'occupais boulevard Rochechouart. Pour constater jusqu'où irait leur surveillance, je pris un fiacre et je me fis conduire chez un de mes amis, logé aux environs de l'Arc de Triomphe.

Immédiatement deux des mouchards préposés à ma garde sautèrent chacun dans une voiture et toutes deux suivirent la mienne, de sorte que cette «filature» avait l'air d'une noce.

J'étais heureusement tombé sur un brave cocher qui ne tarda pas à dépister ces chasseurs de chevelures ; il les sema, comme on dit, et me déposa chez mon ami avec qui j'allai au restaurant de la Cascade faire le dernier déjeuner que je pris à Paris, d'où j'allais rester éloigné pendant six ans.

Le cocher reconnu au retour par les agents qui me cherchaient fut soumis de leur part à un interrogatoire menaçant. Ils voulaient absolument lui faire donner la rue et le numéro de la maison où il m'avait conduit. Mais ils n'obtinrent pas la moindre indication de mon conducteur qui les envoya promener et auquel ils dirent en le quittant :

— On vous retrouvera bientôt et on vous forcera bien à parler.

Un peu plus, on aurait mêlé aussi le cocher à la conspiration.

Après le déjeuner je rentrai chez moi et je vis, en longeant l'avenue Trudaine, que la station de fiacres y était gardée par quatre autres gibiers de police qui m'y attendaient, peut-être pour m'y happer.

Heureusement, les fainéants entretenus sur les fonds de la Préfecture pour ces sales besognes y mettent une telle négligence que presque toujours rien n'est facile comme de leur brûler la politesse. Ils ignoraient que l'ancien hôtel de Troyon, où j'habitais, avait deux issues, dont la moins apparente s'ouvrait sur la rue Viollet-le-Duc, que je pouvais gagner par un jardin, et où je débusquais par le couloir d'une maison à quatre étages.

J'envoyai mon domestique me chercher une voiture fermée, qu'il prit non à la station de l'avenue Trudaine, mais sur le boulevard même où elle passait à vide, et qu'il m'amena à la porte de l'immeuble de la rue Viollet-le-Duc.

Ainsi, tandis que les agents de Constans ne quittaient pas de l'œil la porte principale de mon hôtel, je filais par une autre. Par surcroît de précaution, et afin de ne pas me faire arrêter à la gare du Nord, où tous les guichets devaient être en état de siège, l'ordre fut donné à mon cocher d'aller jusqu'à Saint-Denis où j'attendis un train omnibus qui me mena jusqu'à Creil, première station du train express en route pour la Belgique.

J'atteignis Mons sans aucun accroc et il n'était que temps de passer entre les doigts de la police, car le lendemain matin, au petit jour, un commissaire muni d'un mandat de perquisition et d'arrêt envahit mon domicile, flanqué de deux mouchards qui mirent avec d'autant plus de rage la cage sens dessus dessous qu'ils eurent tout de suite la certitude que l'oiseau s'était envolé.

Comme après 1871, tout ce qui chez moi était emportable fut emporté, et les cambrioleurs gouvernementaux apposèrent les scellés sur les meubles trop lourds pour être chargés sur les camions officiels.

Les perquisitionneurs, espérant peut-être découvrir dans les sous-sols les preuves de la conjuration, avaient cacheté des bandelettes jusque sur la porte de ma cave. Mais, effrayés par l'irruption des argousins de Constans, les trois chats qui composaient alors ma ménagerie s'étaient réfugiés dans la soute au charbon et, les scellés ayant été collés sur la porte de la cave, y restèrent prisonniers.

Après un jeûne de quelques heures, les infortunées victimes des rancunes de Constans commencèrent à réclamer désespérément leur nourriture et je reçus de ma cuisinière une dépêche affolée où elle me prévenait de la mort par inanition qui attendait les trois emmurés et me demandait conseil sur les moyens de les nourrir par le trou de la serrure au moyen de la sonde œsophagique.

Je vis dans ce douloureux appel un excellent sujet d'article et j'écrivis le suivant, qui mit tout de suite les rieurs de notre côté, au point qu'un an après son apparition les marchands venaient encore le redemander aux bureaux du journal :

LES TUEURS DE CHATS

Au président de la Société protectrice des animaux.

Monsieur le Président,

J'apprends, par l'agence Havas, qu'on vient de mettre mes trois chats sous scellés comme prévenus de complot, d'embauchage et même d'attentat à la pudeur sur la personne de M. Carnot.

En l'absence de toute justice, c'est à vous que je m'adresse, monsieur le président. Je vous jure que mes chats sont innocents. Ils n'ont jamais commis d'attentat que sur des morceaux de mou. Ils sont restés totalement étrangers à la politique.

Je n'ai pas besoin de vous peindre l'horreur de leur situation. Enfermés dans la cave, sans aucune communication avec la bonne qui les nourrissait, celle-ci ne peut leur faire parvenir leurs aliments sans se rendre coupable de bris de scellés, ce qui entraînerait pour elle une peine de six mois de prison.

D'autre part, les laisser le ventre vide jusqu'à ce que la Haute-Cour ait rendu en leur faveur une ordonnance de non-lieu ou décidé qu'elle les transformerait en gibelotte, c'est les exposer à devenir enragés, ce qui ferait d'eux un danger bien autrement grave pour la société.

Ces animaux inoffensifs ne doivent absolument rien comprendre à la terrible accusation qui pèse sur eux. Je n'ose pas croire qu'eux aussi aient été atteints par la fièvre du boulangisme. Cependant, je dois reconnaître que le plus gros des trois, un beau chat noir que j'avais appelé Moricaud, se perchait souvent sur mon épaule pendant que j'écrivais mes articles. Peut-être, à force de tremper ses pattes dans mon encrier, a-t-il pris aussi les parlementaires en aversion.

Il y a une loi Grammont qui punit les sévices exercés sur les bêtes. Je vous prie, monsieur le président, de vouloir bien en poursuivre l'application contre les assassins de mon pauvre Moricaud. En outre, s'il ne meurt pas de faim dans la prison préventive qu'on lui fait faire, — en vertu d'un mandat d'amener signé « Merlin », — je vous supplie de lui choisir un avocat qui le tire des griffes — bien autrement cruelles que les siennes— des vieux gorilles de la commission des Neuf.

Beaurepaire, ce magistrat dont on ne peut écrire le nom sans friser la pornographie, ne va pas, vous le comprenez, lâcher le seul accusé qui soit aujourd'hui sous sa main. S'il ne peut obtenir sa tête, il réclamera au moins sa peau, — ne fût-ce que pour frotter ses rhumatismes.

Arrachez Moricaud à la guillotine qui l'attend. Je remets son sort entre vos mains.

Le noble Beaurepaire, qui porte, sur fond d'azur, un Q écartelé de gueules, — de très vilaines gueules, — n'aura, je le crains, pitié ni de l'âge ni de la gentillesse de Moricaud. Il me semble entendre d'ici le réquisitoire de cet homme sévère, mais injuste. Ce type de la magistrature debout — et de crachats — le prendra à sa naissance, afin d'établir que, tout jeune, au lieu de s'occuper à manger des souris, il songeait déjà à marcher sur l'Elysée. On lui prouvera que le Chat botté c'est lui, et que le personnage qu'il présentait aux populations comme le marquis de Carabas n'était autre que le général Boulanger.

Or, je vous le jure, monsieur le président de la Société protectrice des animaux, rien n'est moins vrai. Moricaud a ses défauts, j'en conviens : il est gourmand et coureur. Ainsi, l'un des deux autres chats, mis avec lui sous scellés, est son propre enfant—naturel, non reconnu. Mais il faut bien que jeunesse se passe. Le savoir condamné à la déportation perpétuelle, dans une enceinte fortifiée, et penser qu'on frétera tout exprès un navire de guerre pour le transporter en Nouvelle-Calédonie, est une idée qui me navre.

Voilà ma requête. Ce que je ne ferais certainement pas pour moi, je vous prie de le faire pour Moricaud. Allez trouver Constans ; dites-lui que vous le considérez comme un très honnête homme. On peut bien faire un mensonge pour sauver la vie à une victime de l'opportunisme.

Avec tous mes remerciements anticipés, je vous adresse, monsieur le président de la Société protectrice des animaux, l'assurance de ma haute considération.

Henri Rochefort.

Ce qu'on ne saurait trop admirer, c'est que, le matin de l'apparition de cette fantaisie, la Société protectrice des animaux, qui l'avait prise au sérieux, envoya à mon domicile un délégué chargé de s'entendre avec ma bonne sur les procédés à employer pour arracher Moricaud à la mort, et voici celui qu'on adopta :

Avec la lame d'un fort couteau de cuisine, on enleva dans le bas de la porte de la cave un nombre de copeaux suffisant pour permettre par cette ouverture l'introduction des quinze centimes de foie qui composaient l'ordinaire de mes animaux, et ils furent ainsi sustentés artificiellement jusqu'à la levée des scellés, qui eut lieu le surlendemain.

Le jeune socialiste Michel Morphy fut un moment impliqué dans les poursuites entamées contre le général Boulanger, le comte Dillon et moi, et le vieux commissaire de police impérial Clément eut encore la mauvaise chance d'avoir, dans la perquisition qu'il opéra chez Morphy, à instrumenter contre deux spécimens de la race animale. Il se rencontra tout à coup face à bec avec deux aigles que le général Boulanger avait justement donnés à notre co-accusé et qui offrirent au vieil alguazil une si chaleureuse poignée de serres que celui-ci n'insista pas.

Et, par une coïncidence que n'avait pas prévue Buffon, en même temps que mes chats et les aigles de Michel Morphy, la police plaçait sous scellés à l'île de Berder, propriété du comte Dillon, un magnifique lévrier dont je lui avait fait cadeau quelques mois auparavant, des bœufs, des moutons, et toutes sortes de têtes de bétail. Ce qui faisait dire au *Paris* lui-même :

— On trouve trop d'animaux dans cette affaire-là et pas assez de documents.

J'avais, quant à moi, accepté par avance, avec la plus entière bonne humeur, le sort qui m'attendait, et je donnais, sous le titre de : *Guide du perquisitionné dans Paris*, ces conseils à mes concitoyens :

La Haute-Cour d'acclimatation, qui saisit des chats et des oiseaux de proie, continue ses perquisitions. On assure qu'elle a décerné des mandats d'amener contre trois rhinocéros, cinq girafes, deux ours blancs et un kangourou. Le Sénat deviendra ainsi une succursale de la ménagerie Bidel. A huit heures du soir, l'ancien ouvrier balancier Tolain distribuera aux accusés leur nourriture, puis leur dompteur Lucien Herpine entrera dans leur repaire — dans leur Beaurepaire — en leur présentant intrépidement son superbe Q à dévorer.

Cependant, comme les deux cent cinquante mille Parisiens qui ont voté, le 27 janvier dernier, pour le chef du Parti républicain national, sont tous, à cette heure, exposés à voir leur domicile pris d'assaut par des êtres abominables qui laisseraient sur le chambranle de leurs portes l'empreinte de leurs doigts crasseux, il nous a paru nécessaire de rédiger, à l'usage des futures victimes des perquisitions sénatoriales, un petit manuel qui leur permette de parer autant que possible aux désagréments de ces visites à coups de Merlin.

Contraints de nous faire nous-mêmes la justice qu'on nous refuse, nous devons nous considérer comme en état de légitime défense contre nos envahisseurs. Voici donc un aperçu des précautions que fera bien de prendre tout Français menacé d'une perquisition :

1° Inonder de poivre les tiroirs de ses meubles, qu'on aura soin de fermer à double tour et dont on cachera adroitement les clefs. Quand le serrurier requis par le policier Clément sera parvenu à crocheter les serrures, le violent mouvement qu'il exécutera pour amener les tiroirs à lui ne peut manquer de lui faire sauter dans les yeux tout le poivre — qu'on choisira de Cayenne autant que possible, afin que son aveuglement soit plus douloureux ;

2° Offrir ensuite audit Clément toutes les clefs qu'il demandera, mais avoir au préalable fourré des clous dans les serrures, pour l'obliger à y trifouiller inutilement pendant plusieurs heures ;

3° Se placer avec affectation devant un bureau qu'immédiatement il supposera rempli de pièces importantes. Quand il vous aura, au nom de la loi, obligé à l'ouvrir, lui montrer qu'il contient simplement un papier portant ces mots en lettres gigantesques :

Dieu ! que les mouchards sont bêtes !

4° Introduire le Clément susnommé dans un cabinet de toilette, et l'amener tortueusement sous un appareil hydrothérapique ; tourner alors le robinet, et le gratifier d'une douche d'eau glacée qui, tombant à pic sur son crâne entièrement dénudé, provoquera peut-être une bonne fluxion de poitrine, ou tout au moins un fort rhume de cerveau ;

5° Clément ayant l'habitude de perquisitionner dans les caves, parsemer la vôtre de verre cassé et de culs de bouteille susceptibles de lui entamer les jambes et de lui déchirer ses souliers ;

6° S'empresser de lui révéler que vous faites porter au grenier tous vos vieux papiers et, quand il insistera pour y monter, lui apporter une échelle dont la veille vous aurez scié les deux montants. Comme il est gros et remarquablement lourd, à peine aura-t-il gravi les cinq premiers échelons que tout craquera sous lui et qu'il tombera les quatre fers en l'air.

Voilà une légère esquisse des moyens défensifs à employer contre les crocheteurs qui parcourent en ce moment le département de la Seine. Toutefois il est, pour les dégoûter de leur métier, un procédé que nous nous permettons de recommander spécialement au public. Il consiste en ceci :

Vous allez au marché aux chiens acheter un énorme molosse : bouledogue, terre-neuve ou chien des Pyrénées, — la race n'y fait rien. A partir du jour où vous êtes averti que la commission des Neuf projette un perquisition dans votre appartement, vous enfermez le terrible animal dans une chambre obscure, où vous le laissez sans aucune nourriture. Clément arrive avec ses alguazils et s'apprête à visiter cette pièce comme il a visité les autres.

Vous faites alors toutes sortes de difficultés :

— Je vous en prie, monsieur le commissaire de police ! C'est la chambre de ma femme. Je vous jure que vous n'y trouverez rien ! Dispensez-moi de vous ouvrir cette porte.

— Ouvrez-la ! répète l'inflexible Clément.

— Soit ! c'est vous qui l'aurez voulu !

Vous ouvrez : le chien se précipite, empoigne Clément à la gorge et ne le lâche que quand cet ancien bonapartiste a rendu le dernier soupir.

Vous jouez la désolation :

— Quel malheur ! Je ne me doutais pas que le chien était là ; mais c'est cet excellent M. Clément lui-même qui a absolument tenu à pénétrer dans mon cabinet.

On emporte le cadavre, et la commission des Neuf n'a pas le plus petit mot à dire.

Cependant, à la suite d'une déplorable erreur, le molosse pourrait se tromper de policier et se jeter sur un sous-ordre. Aussi est-il indispensable de faire l'acquisition d'un mannequin, de lui donner les traits et la corpulence de Clément, puis d'habituer la bête à le dévorer sur un signe. Accoutumée à ce faux Clément, elle distinguera le vrai entre tous.

Tels sont les conseils utiles que nous prenons la liberté d'offrir à nos lecteurs ; nous espérons qu'ils nous en sauront gré.

Henri Rochefort.

Je m'étais soustrait à l'arrestation, parce que mon instrument d'opposition, c'était ma plume et qu'à l'étranger j'avais toutes mes aises pour continuer à m'en servir. Le cas de Boulanger n'était pas tout à fait le même et beaucoup de ses plus chauds partisans s'étonnèrent qu'il ne se fût pas laissé mettre la main au collet. Un moment, au milieu d'une séance du Comité national, comme on discutait la probabilité de l'adoption par la Chambre de la demande d'autorisation de poursuites fabriquée contre lui, il dit tranquillement :

— Si vous y consentez, je recevrai à coups de revolver les agents qui viendront m'arrêter, attendu qu'on ne peut arguer du flagrant délit et que le Parlement est en session. Le suffrage universel et moi nous nous considérerons alors comme étant en état de légitime défense.

On repoussa ce moyen extrême, devant lequel il n'eût, quant à lui, pas hésité un instant. Mais s'il se décida pour le départ, ce fut surtout, à mon avis, dans l'impossibilité où il se fût trouvé, devant la Haute-Cour, de justifier une démarche en réalité simplement inconséquente, mais très grave au point de vue disciplinaire : la visite qu'il fit au prince Napoléon à Prangins, étant à ce moment commandant du 13e corps.

Cette frasque qu'il m'avait soigneusement dissimulée, et dont il ne me souffla jamais le moindre mot, lui avait été inspirée, comme il l'avoua à l'un de nous, uniquement par l'espèce de magnétisme que le nom de Napoléon exerce sur les professionnels du militarisme. Si peu culotte de peau qu'il fût, Boulanger sortait de cette école de Saint-Cyr où on enseigne aux futurs officiers comment on coupe et comment on enveloppe l'armée ennemie, à moins que ce ne soit l'armée ennemie qui vous enveloppe et qui vous coupe.

Les noms des batailles du premier Empire reviennent naturellement à toute minute dans cette instruction spéciale qui laisse dans les cerveaux où on l'introduit une hantise presque indéracinable.

L'idée de voir de près, de manier peut-être l'épée d'Austerlitz, fut la cause déterminante de ce pèlerinage si compromettant, risqué par un chef de corps à la demeure d'un prince exilé.

Mais, dans son inexpérience des choses politiques, Boulanger s'était évidemment répété à lui-même que le prince Napoléon avait toujours affiché des sentiments républicains et libres-penseurs et qu'une heure de conversation avec lui n'avait aucune importance.

Le récit que me fit plus tard de cette dangereuse entrevue un confident du prince me démontra d'ailleurs nettement que, dans l'esprit de Boulanger, c'était non l'homme politique, mais le soldat, qui rendait visite au neveu du vainqueur d'Austerlitz.

Il fut convenu qu'il se présenterait à Prangins sous le titre et le nom du commandant Solar. Le prince commença par lui faire passer sous les yeux la collection des souvenirs impériaux, aujourd'hui propriété de son fils aîné, et lui dit en lui montrant une des armes de la panoplie :

— Tenez, voici le sabre que le premier consul portait à Marengo.

A quoi Boulanger répondit un peu naïvement :

— Et vous êtes sûr que c'est bien le vrai ?

— Parbleu! fit en riant le prince Napoléon; croyez-vous que je l'ai acheté chez un marchand de bric-à-brac? Je le tiens du roi, mon père.

Puis, voyant l'émotion du général devant cette arme, moins glorieuse pourtant que toute autre, puisque sans l'initiative et la résolution de Desaix, la victoire restait aux Autrichiens, le fils de Jérôme ajouta :

— Eh bien, général, le jour où vous aurez définitivement débarrassé la France de la bande opportuniste qui la déshonore et l'avilit, le sabre de Marengo est à vous.

Quant à un plan quelconque de campagne, à des alliances ou à des subsides pour la propagande, il n'en fut pas un instant question et, après deux heures de conversation, le chef du 13ᵉ corps regagna son commandement.

Cette incartade, bien qu'indiquée dans ce tissu d'imbécillités mensongères qui s'est appelé le réquisitoire de la Haute-Cour, ne fut pas établie et l'opinion publique la rejeta au même tas que les autres chapitres du roman judiciaire machiné entre Quesnay et Joseph Reinach. Le gendre du financier voleur de Nivilliers s'attacha surtout à démontrer que le général Boulanger, la probité et le désintéressement mêmes, avait détourné les fonds du ministère de la guerre. Car, pour ces juifs confits dans l'usure et le vol, la question des fonds prime toutes les autres.

Jamais ce voyage à Prangins, que j'ignorais, ne fut mis sur le tapis entre Boulanger et moi, mais Georges Laguerre, qui en avait par hasard reçu la confidence, ayant un jour interrogé le général sur ce sujet brûlant, celui-ci ne nia pas et se contenta de cette justification qui lui paraissait plus que suffisante :

— Hein ! tout de même, avoir le sabre de Marengo, voilà qui serait chic !

C'est seulement lorsque les responsabilités furent sur le point de s'établir que Boulanger comprit le terrible parti qu'on pourrait tirer contre lui de cette témérité commise sans préméditation ni arrière-pensée. En effet, le prince Napoléon était le plus isolé, sinon le plus oublié des Français. Il ne possédait ni argent ni influence et ses démêlés avec son fils Victor faisaient de l'ancien César déclassé moins un prétendant qu'un paria.

Si Boulanger m'avait confié son projet de passer ainsi clandestinement la frontière, je m'y fusse opposé si nettement que je l'aurais certainement décidé à y renoncer. Mais il ne m'en dit rien ; ce fut à l'heure critique qu'il se rendit compte de l'inutile incorrection de cet acte qui certainement eût été révélé au procès, trop de personnes en France et en Suisse ayant été mises dans le secret.

Il céda également à une autre influence dont je me verrai quelquefois obligé de parler ici et qui finit par l'absorber à peu près totalement, celle de Mme de Bonnemains. Elle crut utile pour lui et, je crois, surtout pour elle, qu'il n'échappât pas, fût-ce pour entrer en prison, à sa domination immédiate et, peut-être afin de le posséder sans partage, l'entraîna-t-elle hors de tout ce qui pouvait, même momentanément, le détourner d'elle.

Au bout de deux semaines de séjour à Bruxelles, les députations qui se succédaient à l'hôtel Mengelle commencèrent à inquiéter le ministère belge sur ses bons rapports avec le gouvernement de Carnot. Des envoyés du ministre de l'intérieur Bernaërt, sans prononcer formellement le mot d'expulsion, nous insinuèrent que, « dans notre intérêt », nous devrions songer à transporter ailleurs le siège de nos opérations. Nous fîmes donc nos préparatifs de départ pour l'Angleterre, seul pays d'Europe où, sans distinction d'opinion, la sécurité des proscrits soit absolue.

CHAPITRE XXXIV

Les arguments de la Haute-Cour. — Les témoins de Constans. — Condamnation. — La vie anglaise. — Londres et Paris. — Les élections de 1889. — L'exil. — Boulanger a Jersey.

Nous abordâmes un matin dans cette grande Londres, que je devais avoir pendant six ans tout le loisir de visiter. Je m'installai provisoirement dans un hôtel français où descendaient beaucoup de nos artistes. J'y retrouvai le violoniste Sarasate qui donnait alors, dans une des grandes salles de Regent's-Street, des concerts excessivement courus.

Je m'y rencontrai avec Strakosch, professeur, beau-frère et premier imprésario d'Adelina Patti. Ce fut sans doute cette facilité de relations avec des Français, ou des étrangers parlant notre langue, qui m'enleva toute envie d'apprendre l'anglais.

Cependant Constans et ses complices s'exténuaient à dénicher soit des faits, soit des documents sur lesquels ils fussent, aux yeux du public, en droit de baser une accusation quelconque. Un sénateur pourtant peu suspect d'intransigeance, l'ancien ministre de l'instruction publique Bardoux, s'écria un jour dans les couloirs du palais du Luxembourg :

— Il n'y a absolument rien dans les papiers saisis chez M. Rochefort. On ne peut cependant pas condamner un homme contre lequel la justice est hors d'état de fournir la plus petite preuve.

Il en était de même pour Boulanger. Mais le falsificateur Constans ne s'embarrassait pas pour si peu et, faute d'arguments politiques, il résolut de se rabattre sur les questions de probité personnelle.

C'est le propre des filles publiques de vilipender les honnêtes femmes comme des femmes laides de diffamer les femmes jolies. Je me rappelle avoir entendu une actrice soutenir qu'une de ses camarades, renommée pour sa beauté, avait une grande tache de vin sur la figure. Et comme tout le monde se récriait, elle ajouta, pour justifier son affirmation :

— On ne s'en aperçoit pas parce que c'est une tache de vin blanc, mais c'est tout de même une tache de vin.

Ainsi les voleurs de profession ont une tendance marquée à accuser d'indélicatesse et même d'escroquerie les gens dont la probité est restée intacte. Constans s'était dit :

— J'ai été atteint et convaincu d'avoir, moyennant un pot-de-vin de dix mille francs et deux cent quarante actions libérées, coopéré à une filouterie dans l'affaire de la Compagnie lyonnaise. Quelle victoire si je pouvais venir faire cette déclaration à la tribune : « Je suis un tire-laine, je l'avoue, mais le général Boulanger en est un autre ! »

Obligé d'abandonner l'attentat, le complot et l'embauchage, qui ne tenaient pas debout ni même couchés, Constans faisait lancer par les feuilles à sa solde ce trait du Parthe contre le chef du parti républicain national :

« Le général Boulanger n'a jamais marché sur

l'Elysée, non plus que comploté le renversement de M. Carnot, mais il a passé des traités de fournitures dans lesquels il a réclamé un intérêt. »

L'ex-associé de l'infortuné Puig y Puig ne se dissimulait pas que cette assertion hasardée était d'une réfutation facile; aussi laissait-il entrevoir qu'une partie des réserves secrètes du ministère de la guerre avait passé dans la poche de l'ancien ministre. Il donnait même un chiffre : soixante mille francs, qui auraient servi à liquider la succession du père du général Boulanger.

Voilà qui était précis. Ou les faits énoncés étaient vrais, ou Constans, qui les racontait dans ses journaux, était le plus lâche des calomniateurs. D'ailleurs, l'accusation était puérile, le général n'ayant personnellement jamais fait de marché et jamais voulu qu'une affaire de ce genre fût traitée dans son cabinet.

Chaque fois qu'un contrat était à conclure, le directeur compétent, directeur de l'artillerie, pour l'artillerie, — directeur du génie, pour les fortifications, — directeur des services administratifs, pour l'habillement, les vivres, etc., — en débattait les conditions avec les fournisseurs; et, lorsque tout était bien arrêté, le marché était encore soumis au directeur du contrôle, qui devait donner son avis. Aucun achat ne fut jamais signé par le général, pendant son passage au ministère, sans que ces conditions eussent été remplies.

Bien plus, pour certains engagements même, le général croyait devoir demander son avis à la commission du budget, avis qui avait toujours été suivi. Jamais aucun marché ne fut passé autrement que par adjudication publique.

Quant aux fonds secrets, la comptabilité de cette caisse avait toujours été tenue au cabinet du ministre;

elle existait encore, et l'officier d'ordonnance qui l'administrait était toujours attaché au ministère de la guerre. Il fut donc très facile de la vérifier et de se rendre compte de l'inanité des accusations portées contre Boulanger.

Pour les sommes prélevées sur les deux millions qui constituaient le fonds de réserve et dont le général pouvait disposer sans aucun contrôle, on se rappelle que les affaires Schnœbelé et autres se produisirent pendant qu'il était ministre de la guerre. Les dépenses sur les fonds secrets durent être alors plus considérables par suite de la nécessité d'entretenir un plus grand nombre d'espions sur les différentes frontières et dans les pays étrangers.

D'ailleurs, à propos de ces fameux deux millions, il avait déjà été victorieusement répondu, lors de la candidature dans le département de la Seine, par la publication du reçu que Boulanger avait eu la précaution de se faire donner par le tortueux Ferron.

Restaient les soixante mille francs que le général avait versés pour liquider la succession de son père. Certainement le général avait payé cette dette, estimant ainsi remplir ses devoirs de fils ; seulement la somme avait été versée chez un notaire qui, lorsqu'il le fallut, en indiqua la provenance.

Tel était le bilan de la gestion de Boulanger.

Ayant ainsi bâti son édifice judiciaire, Merlin, président de la commission d'instruction de la Haute-Cour, nous fit avertir par les feuilles... d'émargement d'avoir à nous choisir des défenseurs. Des hommes s'étaient rués sur nous, avaient envahi nos domiciles, donné l'assaut à nos tiroirs, et, une fois rentrés chez eux chargés de nos dépouilles, ils nous invitaient à faire choix d'un avocat.

Merlin s'imaginait que nous le considérions comme un juge et que nous allions donner à quelqu'un la mission de plaider notre cause devant lui. Il fallait qu'il eût de nous une bien piètre opinion.

Mais cette invitation même était un nouveau piège tendu à notre naïveté. En effet, désigner un avocat, c'est implicitement reconnaître le tribunal devant lequel il doit prendre la parole. Si nous avions donné dans ce traquenard, le romancier Beaurepaire se serait écrié dans son ivresse :

— Vous admettez vous-mêmes que la Haute-Cour est régulièrement constituée, puisque vous déférez à ses ordres!

Il est vrai que, prévoyant notre réponse ou plutôt notre absence de réponse, le même Merlin nous faisait savoir que, faute par nous de nous munir d'un avocat, il nous en nommerait un d'office.

Sans lui demander dans quel office il fut allé chercher ce défenseur malgré nous, nous déclarâmes interdire à qui que ce fût de parler en notre nom et de se permettre de nous représenter vis-à-vis de personnages qui nous étaient inconnus et que nous n'aurions pas voulu toucher avec des pincettes.

Je résumai ainsi dans l'*Intransigeant* ma manière de voir à cet égard :

Cependant si, pour donner la mesure de notre esprit de conciliation, il nous faut absolument nous adresser à un défenseur, nous en connaissons un que nous préférerions à tout autre et que nous prenons la liberté d'indiquer au président Merlin. Ce défenseur, c'est Cambronne.

Nous le prierions de se former en carré, puis, pour toute plaidoirie, de rééditer spécialement à l'adresse de la Haute-Cour le mot qui l'a illustré et qui demeurera bien autrement historique que la nuit à propos de laquelle la commission des Neuf a déjà entendu tant de témoins.

La réponse de Boulanger fut moins brève. Il tint à se laver des inventions du lâche Quesnay qui, en fait de témoignages contre nous, n'avait trouvé que ceux d'un agent de police très connu dans les réunions publiques d'où on le chassait à coups de pied dès qu'il était reconnu, et d'un ami intime et factotum de Constans, nommé Buret, organisateur du complot de Blois sous l'Empire et familier des prisons centrales où il avait été précédemment six fois détenu pour vol.

C'est entouré de cet état-major que le procureur général se présenta à l'audience. Toute l'accusation, en ce qui me concernait, reposait sur une déposition de l'agent Alibert affirmant qu'à « sa connaissance » je m'étais fait remettre cent mille francs pour « vendre ma plume » au boulangisme.

C'était insensé. Et comme l'*Intransigeant* demandait de quelles mains je tenais ces cent mille francs, Alibert donna au hasard le nom d'une maison de banque qui n'existait pas et une vague adresse où on répondit à mes collaborateurs que la prétendue maison de banque était inconnue.

Cette plaisanterie de faussaire me fit rire. Boulanger qui, en qualité de ministre de la guerre, avait eu à tenir une comptabilité, prit la peine de donner, dans une lettre qu'il m'adressa et que je fis publier dans l'*Intransigeant*, des explications au public.

Ma condamnation était naturellement acquise d'avance, mais les considérants en furent joyeux. Qu'on en juge :

Attendu qu'il résulte des pièces de l'instruction écrite que M. Rochefort a, aux mêmes époques et aux mêmes lieux, par machinations ou artifices coupables, provoqué au crime d'attentat ou donné des instructions pour le commettre ;

Qu'il a, avec connaissance, aidé ou assisté Boulanger dans les faits qui ont préparé et facilité l'action, et qu'il s'est ainsi rendu complice du crime commis par ledit Boulanger...

Et c'était tout. Quelles étaient ces machinations, quels étaient ces artifices ? Tout le monde l'ignorait et j'étais moi-même à cent lieues de m'en douter. J'étais ainsi condamné à la déportation perpétuelle pour une espèce de crime moyen âge basé sur une sorte d'accusation de magie blanche ou noire, le mot « artifices » sous-entendant celui de maléfices.

Au moment où quelques sénateurs avaient cru devoir expliquer leur vote, M. Bardoux s'était honoré en s'écriant, lorsque mon nom fut prononcé :

— Mais on n'a absolument rien établi contre M. Rochefort !

Un sénateur nommé Maze, opportuniste indécrottable et qui avait fait autrefois partie de la domesticité du prince Napoléon, s'écria alors d'une voix furieuse :

— C'est le plus coupable de tous !

Cet enragé de modéré eut été très embarrassé de dire en quoi j'étais coupable, mais il affirmait tout de même que je l'étais.

Nous étions donc, Boulanger, Dillon et moi, condamnés à la peine de la déportation perpétuelle, mais uniquement parce que la peine de mort en matière politique avait été abolie par la Révolution de 1848.

Toutefois si Constans nous eût tenus entre ses dents de requin, il est bien certain qu'il eût trouvé moyen de combler cette lacune de la loi. Il nous eut certainement traités comme l'opinion publique l'accusait d'avoir traité le banquier Puig y Puig, disparu subitement dans les flots, et aussi le gouverneur général d'Indo-Chine Richaud, qui mourut tout à coup sur le bateau qui le ramenait en France et fut immergé dans l'Océan avec tous les papiers dont la publication eut été si intéressante.

Il n'y a aucun doute que nous ne fussions pas arrivés vivants en Nouvelle-Calédonie, d'où il était possible de revenir, puisque j'en étais déjà revenu, et que tout fût préparé pour quelques noyades calquées sur celles de Nantes.

A moins qu'on ne nous eût purement et simplement brûlé la cervelle dans la cale du navire transportateur, sous prétexte de rébellion ou de tentative d'évasion.

Pour toute riposte à cette farce judiciaire, nous publiâmes ce court manifeste qui parut dans l'*Intransigeant* sous forme de placard :

AUX HONNÊTES GENS !

L'exécution sommaire que les adversaires du Parti républicain national qualifient de jugement de la Haute-Cour est, personne ne l'ignore, le résultat d'un pacte conclu entre la majorité d'une Chambre déshonorée et celle d'un Sénat à jamais condamné par le pays.

La première a dit au second :

— Débarrassez-nous des hommes qui nous menacent dans notre réélection, moyennant quoi nous vous laisserons vivre.

Et les fougueux revisionnistes qui, en tête de leurs programmes électoraux, avaient inscrit la suppression du Sénat, déclarent aujourd'hui qu'il a sauvé la République.

Le peuple ne se trompera pas aux motifs qui ont dicté ce marché honteux. Le suffrage universel actuellement à plat ventre devant le suffrage restreint, la sécurité des citoyens, l'honneur de la nation tombés entre les mains des complices de Ferry, tel est le résultat de la monstrueuse iniquité commise à notre égard.

Les véritables chefs de la République sénatoriale sont, à cette heure, le faux témoin Alibert et l'escroc Buret.

Mais cette orgie d'arbitraire, de calomnies et de forfaiture touche heureusement à sa fin. Malgré les nouveaux coups d'État qui s'élaborent dans l'ombre, nous avons confiance dans la fermeté du corps électoral. Nous en appelons donc du mensonge à la vérité et de la dictature de la boue à la République honnête.

Vive la France!

Vive la République!

Général Boulanger,
Arthur Dillon,
Henri Rochefort.

Londres, 16 août 1889.

Après cette protestation platonique, je ne songeai plus qu'à m'installer dans un exil que je prévoyais devoir durer longtemps. Voir et connaître Londres sont deux choses on ne peut plus différentes. L'étranger qui y débarque s'y sent d'abord noyé dans la foule autant que dans le brouillard. Tous les Français qu'on y rencontre, et dont aucun n'y est venu pour son plaisir, ressemblent à des vaisseaux échoués.

— Vous connaissez Paris; eh bien! Londres, c'est tout le contraire, me disait un jour un touriste. Ce jugement sommaire est bien près de la vérité. Le détroit que les bateaux traversent quelquefois en moins d'une heure semble mesurer des milliers de kilomètres, tant le ciel sous lequel il vous mène a peu l'aspect du nôtre.

Tout vous surprend dans cette rapidité de marche de passants toujours pressés et allongeant le pas comme s'ils couraient éteindre un incendie. Les cochers, qui prennent leur gauche, tandis que les nôtres prennent leur droite, ne s'injurient pas comme dans nos rues, ce qui leur ferait perdre inutilement leur temps.

A votre entrée dans un des grands magasins de Regent's Street ou d'Oxford-Street, vous n'êtes pas assailli par des demoiselles de magasin ou des commis qui vous invitent à toutes sortes de déballages. C'est vous qui devez savoir ce que vous avez l'intention d'acheter et à qui revient l'initiative de la demande, sans que vous ayez à solliciter ou à subir l'offre.

Cette régie accaparante et ce monopole à outrance qui ont peu à peu transformé la France en un vaste magasin de fournitures officielles, ne font pas de vous un perpétuel tributaire du gouvernement. Il vous est loisible de fonder demain, dans Londres, une ligne d'omnibus, sans vous préoccuper d'autre chose que d'acheter des voitures et des chevaux pour la desservir.

S'il vous plaît de vous improviser commissionnaire au Mont-de-Piété, vous ouvrez sans la permission de personne une boutique au-dessus de laquelle vous arborez comme enseigne trois boules, et vous prêtez à l'intérêt qu'il vous convient à qui vous emprunte; la liberté des conventions étant en Angleterre considérée comme aussi respectable que les autres.

Le champ de l'emprunt y est illimité et le même prêteur qui aura avancé cent mille francs sur un tableau de Turner donnera un penny sur une paire de chaussettes. L'intérêt de la somme versée peut être également fixé entre lui et son client à dix, vingt, trente ou quarante pour cent, le délit d'usure n'étant pas reconnu chez nos voisins, chacun ayant le droit de proposer un contrat et chacun celui de l'accepter.

Tout ce que la loi exige, c'est le respect intégral des engagements consentis. Un tenancier du Mont-de-Piété qui s'aviserait de vendre avant l'heure stipulée l'objet mis en gage serait condamné pour abus de confiance à des peines d'une sévérité inconnue chez nous.

Un des caractères du négociant anglais, c'est la défiance, et rien ne m'étonnait plus que de voir les caissiers des magasins où j'entrais examiner d'abord avec une attention presque blessante, puis faire sonner sur leur comptoir non seulement les livres sterling, mais les simples shillings qui servaient à payer mes achats. Par contre, ces excès de précaution vis-à-vis des acheteurs sur lesquels ils sont insuffisamment renseignés font place à une confiance absolue à l'égard de ceux dont ils ont éprouvé la probité.

En Angleterre, on est gentleman ou on ne l'est pas. Dès qu'il est établi que vous l'êtes, les relations commerciales ou autres se modifient immédiatement. J'ai souvent acheté aux enchères soit chez Fisher et Robinson, soit à la salle Christie, des tableaux d'un prix quelquefois très élevé que les garçons de la maison me portaient à domicile avant que je les eusse payés.

Les principaux marchands de tableaux de Londres m'auraient confié leurs toiles les plus rares et les plus cotées sans la moindre garantie de ma part et sans exiger aucun reçu.

D'ailleurs, la question de bonne foi joue en Angleterre un rôle prépondérant, et rien n'y est plus durement puni que ce qu'on appelle le « parjure », c'est-à-dire le faux témoignage ou le manquement à des promesses qui, pour être valables, ne doivent pas nécessairement être écrites. De cette entente réciproque naissent souvent des procès basés sur des ruptures d'engagements matrimoniaux.

La chasse aux époux est à Londres remarquablement plus fructueuse que chez nous, puisqu'il suffit là-bas de quelques témoins affirmant vous avoir vu tenir à une jeune fille des propos impliquant l'intention de l'épouser pour qu'elle se considère comme fondée à vous réclamer soit l'exécution du contrat, soit une indemnité que la perspicacité du juge a seule qualité pour réglementer.

Dès mon arrivée en Angleterre, un jeune membre socialiste de la Chambre des Communes, avec lequel je m'étais rencontré en France, m'avertit de ne jamais monter dans un compartiment de chemin de fer où se trouverait une dame seule. Et il m'expliqua comment se faire violenter dans un wagon était devenu presque une industrie.

Votre compagne de route se lève tout à coup et fait mine de se jeter par la portière. Vous la retenez par ses jupes, qui se déchirent, et en arrivant à la plus prochaine station elle dépose une plainte contre vous en montrant ses accrocs et en répétant :

— Voyez dans quel état il m'a mise.

Ou c'est un an de prison, comme pour le colonel Backer, ou c'est plus ordinairement le versement d'une grosse somme, moyennant laquelle la prétendue molestée retire son assignation.

De là l'extrême circonspection des Anglais pour qui

l'amour et quelquefois même le mariage peuvent toujours cacher un piège. J'ai vu danser dans un music-hall une ballerine qui, quelques mois plus tard, était pairesse d'Angleterre. Le jeune lord chez lequel elle se dégourdissait les jambes s'étant un soir enivré en sa société à ne plus se rendre qu'imparfaitement compte de ses actes, elle lui avait proposé de régulariser sur-le-champ leur situation et ils étaient allés réveiller un chapelain qui s'était levé tout exprès pour les unir.

La famille de l'incohérent gentilhomme invoqua, pour faire délégitimer cette union, l'état d'inconscience où il se trouvait au moment où il l'avait conclue. Rien n'y fit et, chose curieuse, le pavillon, en Angleterre encore plus facilement qu'en France, couvrant la marchandise, la petite danseuse ne tarda pas à voir s'ouvrir devant elle toutes les portes de cette aristocratie londonienne si jalouse de ses privilèges, mais en même temps on ne peut plus hospitalière et cordiale envers ceux qu'elle a une fois acceptés.

Car la noblesse anglaise ne ressemble en quoi que ce soit à la nôtre qui, abolie à chacune de nos révolutions, essaie, sans y parvenir, de se reconstituer, quelquefois à l'aide des plus audacieuses falsifications d'état civil. Sur vingt de nos gentilshommes, il ne s'en trouverait peut-être pas trois capables de justifier les noms sous lesquels ils se présentent, ou qui oseraient montrer leurs actes de naissance.

Chez nos voisins, l'usurpation de titres est à la fois inconnue et impraticable. Le Stud-Book relatant les origines y est établi pour les nobles comme en France pour les pur-sang, et personne ne songe à tricher sur la qualité de ses ancêtres.

Là-bas, on est noble ou on ne l'est pas. Ici on ne l'est pas, mais on l'est tout de même.

Il en résulte, pour la gentilhommerie anglaise, une sorte d'auréole devant laquelle s'inclinent très sincèrement les gens de la bourgeoisie et du peuple. Un domestique, par exemple, croit fermement que son maître, dont les quartiers remontent parfois à cinq et six siècles, appartient à une autre race que lui, et qu'il est né dans une autre planète.

Cette acceptation d'infériorité de la part de toute une classe vis-à-vis d'une autre est peut-être ce que, dès mon installation à Londres, j'ai relevé de plus frappant. Mais cette situation anormale et, il faut le reconnaître, monstrueuse, si elle crée des privilèges à ceux qui en jouissent, leur impose aussi des devoirs.

Pendant mon exil, j'ai vu juger un membre de la haute noblesse qui, ayant cruellement frappé son valet de pied, fut poursuivi par celui-ci et condamné à trois mois de *hard labour* par le juge qui dit sévèrement au prévenu :

— Je me fusse montré plus indulgent pour un autre, mais votre situation vous oblige à donner l'exemple de la modération et du respect de vous-même.

Les tribunaux français eussent très probablement acquitté le maître et admonesté sévèrement le valet de pied.

Boulanger fut tout de suite à la mode et accueilli comme ancien ministre et pour beaucoup comme futur chef d'Etat, dans la plus luxueuse société. Fils d'une Américaine et d'un Français, il savait assez l'anglais pour se débrouiller et recevait de tous côtés des invitations pour des garden party souvent données en son honneur. Son affabilité, ses façons anti-soldatesques, contribuèrent beaucoup à le faire bienvenir partout, car l'Angleterre a au suprême degré le mépris du militarisme.

Jamais un officier n'oserait, soit dans un dîner, soit au contrôle d'un théâtre, se présenter dans son uniforme. Il ne l'endosse que pour le temps du service, après quoi il se rhabille immédiatement en civil. Cette infériorité attribuée à la classe militaire tient pour une forte part au système de recrutement qui règne actuellement en Angleterre, comme il se pratiquait en France sous Louis XV.

Rien ne m'étonna plus à mon débarquement que le spectacle de ces sergents recruteurs, à la face avinée ou inquiétante, battant leur quart sur le trottoir qui borde la *National Gallery*, et attendant les propositions des jeunes ouvriers sans ouvrage ou des déclassés sans profession qui viennent s'adresser à ces embaucheurs pour contracter un engagement.

Le traité se signe sur le comptoir d'un *public house*, et, par une fiction de la loi, dès que le conscrit volontaire a absorbé le verre de pale-ale que lui fait verser le recruteur, il est déclaré engagé. Si, au dernier moment, il refuse d'apposer sa signature au bas du papier qu'on lui présente, il est déféré aux tribunaux sous prévention d'escroquerie.

Et voici le subtil raisonnement que lui tient le juge :

— Quand vous avez accepté la chope de bière du sergent, vous saviez évidemment qu'il vous l'offrait comme conclusion du marché débattu entre vous. Sans quoi il serait loisible à vous et à beaucoup d'autres de vous faire payer toute la journée par le recruteur des verres de pale-ale, quitte à renoncer ensuite à vous engager. Il y a donc là une filouterie d'aliments pour laquelle je me vois obligé de prononcer contre vous une peine afflictive.

Car toute la législation anglaise, qui étonne au premier abord par son originalité, mais dont on reconnaît bientôt la loyauté et la précision, semble avoir été établie sur ces deux points capitaux : le respect de la liberté individuelle et l'observation des contrats.

Cet hommage rendu au droit des gens s'étend jusque sur la dignité des femmes qui l'ont le plus notoirement perdue. Légalement et textuellement, la fille publique n'existe pas à Londres, bien que Regent's-Street, Oxford-Street et Haymarket soient encombrés de baladeuses en quête d'aventures.

Vous leur demandez à les accompagner à leur domicile. Elles acceptent, mais ce peut être aussi bien pour vous conter leurs malheurs que pour vous faire cadeau de leurs charmes. Toute la différence que l'usage établit entre les femmes honnêtes et elles, c'est que celles-ci sont généralement appelées des « désespérées », bien que leur désespoir se révèle à leurs consolateurs d'une façon toute spéciale.

Londres est une ville magnifique, trois fois plus étendue et deux fois plus habitée que Paris. Elle n'a contre elle que les brumes de son atmosphère et ces trombes de brouillards qui, tout à coup, fondent comme des aérolithes sur un quartier, entrant dans les maisons et y faisant instantanément la nuit que la lumière la plus intense n'arrive pas toujours à percer.

A un certain mois de mars 1891, je crois, j'ai dû laisser chez moi le gaz allumé pendant trois semaines consécutives.

Mais, par un phénomène atmosphérique dont je suis tout à fait incapable de fournir l'explication, les nuits sont presque toujours aussi claires que les journées ont été noires ou pluvieuses. Les Français sont volontiers noctambules. Quelquefois je veillais jusqu'à deux heures du matin et j'étais tout surpris de voir briller des étoiles dans un ciel aussi balayé et aussi pur que celui de la Nouvelle-Calédonie.

Je ne voudrais rien écrire de blessant pour l'amour-propre de mes compatriotes, mais d'ordinaire tout ce qu'ils rêvent d'étudier en débarquant à la gare de Charing-Cross, ce sont les bouges de Whitechapel, où ils se font conduire par quelques policemen qui leur désignent ou feignent de leur désigner les principaux Jacques Sheppard de la capitale.

Elle contient, je puis l'assurer à mes lecteurs, d'autres curiosités autrement intéressantes, et, pour un fureteur comme je l'ai toujours été, Londres devenait un véritable nid à surprises. Paris, cité de plaisirs, transformée peu à peu en une sorte de bateau de fleurs, a été depuis longtemps écumé dans ses moindres bibelots.

On a commencé par y vendre des tableaux vrais; puis des copies; puis des copies des copies. Tous les étrangers se sont jetés sur nos prétendus trésors, et à cette heure, comme depuis longtemps Rome, Florence et Venise, Paris n'a plus de marché artistique.

Par contre, on ne va pas à Londres pour y mener la vie belle et joyeuse, mais pour y faire des affaires, à moins que ce ne soit pour s'y soustraire à des condamnations. Depuis des siècles, les chefs-d'œuvre s'y sont ainsi accumulés, augmentés de tous ceux que les premiers émigrés y transportèrent pendant la Révolution. C'est ainsi qu'en peu de temps le *Kensington Museum*, fondé avec les souscriptions des marchands de la Cité, devint, par les achats ou les dons particuliers, un capharnaüm d'incomparables merveilles.

Quelques jours à peine après mon arrivée, je me

rencontrai dans un magasin de curiosités avec un de nos compatriotes, installé depuis vingt-cinq ans en Angleterre, et faisant la navette entre Londres et Paris, où il est très connu comme expert en bijoux et en objets d'art.

Le bon Coureau, que nous prîmes l'habitude, mes amis et moi, d'appeler « l'infâme Coureau », bien qu'il n'ait jamais eu la moindre infamie à se reprocher, me pilota chez les principaux marchands et chez nombre d'amateurs qui, à leur tour, me menèrent chez d'autres, si bien que j'ai, pendant mon long exil, fouillé des yeux et quelquefois des mains presque toutes les collections.

Ce fut ma grande consolation et le plus puissant des dérivatifs à l'ennui qui menaçait de me dévorer dans un pays dont j'ignorais la langue au point de ne rien comprendre aux pièces qu'on y jouait. Presque tous les matins, je partais à la chasse aux tableaux et il était assez rare que même dans les ventes publiques les plus infimes je ne dénichasse pas quelque bonne toile que je me faisais adjuger à des prix souvent dérisoires.

Mes amis admirent chez moi un superbe cheval anglais peint par Géricault qui passa deux ans à Londres où il était allé exposer son *Naufrage de la Méduse*, proscrit en France. J'étais étonné de ne pas avoir découvert une de ses œuvres, quand, par une après-midi brouillageuse, j'aperçus, accrochée à une grande hauteur, dans une des salles de Christie, une toile qui m'intrigua. Je me rappelle m'être fait apporter une échelle et une bougie à la clarté de laquelle je reconnus tout de suite un échantillon du maître.

Le tableau passa inaperçu à la vente et je le payai deux cent cinquante francs, un peu plus que le prix du cadre.

Ces amusantes trouvailles me dédommageaient des déboires de la politique, car les élections générales de 1889 avaient été, à trente ou trente-cinq élections près, un désastre pour le parti boulangiste.

— Nous sommes foutus!.. me dit le général quand j'allai, le matin, à la maison qu'il avait louée à Portland-Place, lui demander le résultat définitif du scrutin.

Il fut, tout en faisant bonne contenance, profondément affecté de cette défaite dans laquelle les grattoirs du falsificateur Constans avaient joué un rôle prépondérant, et se décida à quitter Londres où sa situation devenait assez embarrassée.

Fêté, invité dans les plus grandes maisons, il lui était désormais difficile de continuer à y tenir la place qu'on lui avait d'abord accordée. Je lui conseillai, puisqu'il était résolu au départ, d'aller habiter soit Douvres, soit Folkestone, d'où, en une heure de traversée, il abordait en France. Il aima mieux s'isoler à Jersey et par une mer horrible, où un coup de roulis jeta, en la blessant grièvement, Mme de Bonnemains contre une des parois du navire, il mit le cap sur l'île que Victor Hugo avait déjà, après le 2 décembre, choisie comme lieu d'exil.

Au moment des élections municipales, dont les résultats ne furent pour nous pas plus brillants que ceux des élections législatives, j'allai lui rendre visite à Jersey où il logeait encore à l'hôtel, en attendant la mise en état du domaine de Saint-Brelade. Ce fut là que j'entrai pour la première fois en relations avec son amie que j'avais seulement aperçue de loin à Londres, soit au théâtre, soit à Hyde-Park, dans sa voiture.

Elle était alors plantureuse et presque trop grasse. Je la retrouvai sensiblement amaigrie et amincie. Elle était en outre en proie à une toux qui dégénérait presque en hoquet et n'annonçait rien de bon. Boulanger aimait à s'illusionner et semblait ne pas s'apercevoir de cet état maladif.

Est-ce à la suite de la perte de ses espérances que la phtisie s'était ainsi abattue sur elle ? On me donna sur cette rapide altération de sa santé une explication qu'il m'eût été à peu près impossible de vérifier. Mme de Bonnemains était affligée, m'assura-t-on, d'une dentition assez mauvaise, les deux palettes de devant avançant en outre disgracieusement au point de sortir presque complètement de la bouche.

Elle se serait décidée à faire le sacrifice d'un certain nombre de ces vilaines dents et celles qui les avaient remplacées fonctionnant mal, elle éprouvait à mastiquer les aliments une grande difficulté. Elle en avait pris l'habitude de manger à peine, et cette abstinence presque complète avait insensiblement amené un rétrécissement de l'estomac qui finit par devenir mortel.

Et, en effet, dans les nombreux repas que nous prenions souvent ensemble, je l'ai toujours vue faisant semblant de porter à sa bouche d'imperceptibles morceaux de viande qu'elle n'y introduisait même pas. C'est tout au plus si elle avalait une ou deux cuillerées de potage et goûtait à un fruit. Ce régime ne pouvait évidemment la mener bien loin.

L'apparition des *Coulisses du boulangisme*, que le *Figaro* publia vers le milieu de 1890, indigna Boulanger sans le décider à sortir de son dédaigneux silence. Il m'écrivit à ce sujet une lettre amère et douloureuse, que je retrouve dans mes papiers et que je demande la permission de placer sous les yeux du public, car elle constitue une réponse catégorique à ceux qui l'accusaient de travailler pour la réaction et même pour la monarchie :

Jersey, Saint-Brelade villa,
1er septembre.

Mon bien cher ami,

Ainsi que je l'ai dit à Vervoort, je vous remercie beaucoup d'avoir mis l'*Intransigeant* à ma disposition dans le cas où j'aurais voulu répondre aux jolis messieurs qui font les *Coulisses du boulangisme*.

J'ai préféré, et vous le comprendrez, j'en suis sûr, ne pas m'abaisser jusqu'à cette boue et laisser l'opinion publique juge de cette ordure politique, comme je l'ai appelée dans votre journal.

Je ne crois pas, en effet, que des gens que l'on pouvait jusqu'à présent considérer comme intelligents aient jamais commis un acte à la fois aussi ignoble et aussi bête, qui va leur retomber sur le nez, car personne ne peut douter aujourd'hui que ce syndicat ne soit institué d'une part pour faire risette à l'argent orléaniste, d'autre part pour rentrer en grâce auprès de Constans et des opportunistes.

Cela ne fait rien, je considère en somme comme un bienfait de n'avoir pas réussi avec de semblables polichinelles, qui se foutaient pas mal de la République et qui ne cherchaient que la satisfaction de leurs sales appétits et de leurs mesquines ambitions.

Votre article « Invraisemblance » était parfait. Que ne le complétez-vous en montrant dans toute sa hideur, comme vous savez le faire, le rôle que jouent en ce moment nos anciens amis, qui voudraient bien faire de moi un mort ; mais j'ai la vie dure !

Quant au boulangisme, lui qu'on a si souvent enterré, il faut avouer qu'il fait bigrement parler de lui. Tous les journaux français et étrangers en sont pleins.

Au revoir, mon cher ami, vous, à peu près le seul vraiment honnête et franchement républicain. Avec votre aide, nous tiendrons tête à toute cette franche canaille, car le peuple est avec nous et bien avec nous.

Je vous dis à bientôt, car je crois que la santé de Mme de Bonnemains, à qui le beau temps a fait cependant beaucoup de bien, m'obligera à aller passer l'hiver dans le Midi, et en passant à Londres, nous resterons quelques jours auprès de vous.

Je vous serre les mains de toute la force de ma reconnaissante affection.

Général BOULANGER.

La question des subsides au moyen desquels le comité national avait paré aux dépenses des élections n'avait à aucun moment été posée devant moi. Je n'ai jamais été un homme d'argent, si ce n'est pour le jeter par la fenêtre. Aussi, dans mon entourage personnel, étions-nous tout particulièrement à notre aise pour parler des sommes employées par le parti avant, pendant et après la défaite.

Personne à l'*Intransigeant* n'avait, soit comme candidat, soit comme journaliste, touché un centime de cet argent; l'élection de Granger, porté sur notre liste, avait été intégralement payée de sa poche; les frais de celle d'Ernest Roche lui avaient été avancés par la caisse du journal; nous avions dépensé, pour le succès des candidatures du général et pour la propagande revisionniste, des sommes considérables, dont le compte figurait sur les livres de notre administration, et dont nous avions toujours refusé d'accepter le remboursement.

Notre politique, qui nous avait coûté si cher à nous, n'avait jamais, heureusement, rien coûté à personne autre. C'est ce qui nous avait laissés assez indifférents aux questions matérielles dans lesquelles nous n'avions rien à voir. M. Dillon s'était présenté à nous comme plusieurs fois millionnaire. Il répétait souvent que ses deux cent mille livres de rentes y passeraient. Nous n'avions donc pas à nous préoccuper de l'origine des ressources sur lesquelles nous n'avions, quant à nous, opéré aucun prélèvement.

M. Dillon, interviewé par un de nos confrères, avait affirmé de nouveau que le boulangisme l'avait ruiné de fond en comble, à ce point qu'il ne lui restait d'autre parti que de s'embarquer pour le Canada où il espérait, à force de travail, refaire la grosse fortune qu'il avait sacrifiée à la cause de la République nationale.

Entre les affirmations, très nettes à ce sujet, de l'ami intime du général Boulanger et le récit de l'auteur des *Coulisses du boulangisme*, racontant que l'argent dépensé venait de la duchesse d'Uzès et même des d'Orléans, nous n'avions pas à nous prononcer. Il y avait un des deux narrateurs qui se trompait ou qui trompait le public.

Quant aux promesses que le général aurait faites aux orléanistes, aux légitimistes et aux bonapartistes, ceux-ci auraient été véritablement par trop simples de les prendre au sérieux, en présence des déclarations mille fois répétées où Boulanger, dans tous les banquets, à Tours, à Nevers, à La Rochelle, à Amiens, ne manquait pas une occasion d'affirmer sa foi républicaine.

Comme les femmes qui s'imaginent volontiers qu'on est amoureux d'elles pour peu qu'on leur fasse compliment sur la façon de leurs robes, les hommes politiques ont une tendance à prendre pour des promesses et à considérer comme des engagements un simple mot de politesse ou un insignifiant échange de vues.

Des promesses à la Droite, aux orléanistes et aux

bonapartistes, Rouvier en avait fait autant qu'ils lui en avaient demandé et Constans était alors en train de négocier à peu près publiquement avec eux, ce qui n'eût pas empêché le ministre de l'Intérieur de jeter au panier ces alliés éphémères le jour où son intérêt le lui eût commandé.

De tout temps, un homme qui aspire à jouer un rôle prépondérant dans l'État s'est attaché à ménager les partis, afin de grouper autour de lui le plus possible de sympathies. Ce qu'aurait fait le général Boulanger, partisan d'une République ouverte à tous, Grévy, Carnot, Ferry le firent avant lui, l'eussent fait hier et le recommenceraient demain.

M. Clémenceau et ses amis avaient poussé Boulanger au ministère comme radical et c'était comme radical qu'il avait été renversé.

Jamais, depuis lors, il n'avait abandonné, devant nous, son programme. Jamais ce prétendu homme-lige des cléricaux n'avait renoncé à imposer aux séminaristes le service militaire, auquel ils étaient et sont encore astreints, grâce à lui.

S'il avait accepté des services de la réaction, comme le prétendaient les auteurs des *Coulisses du boulangisme*, il fallait reconnaître qu'il se montrait bien ingrat envers elle. Et on doit convenir en même temps qu'elle se serait montrée bien naïve en plaçant sa confiance précisément dans le seul ministre de la guerre qui l'ait, depuis l'avènement de la République, aussi énergiquement combattue.

La révélation de la visite du général au prince Napoléon avait été pour moi un coup de foudre et, dans un article d'ailleurs modéré, je m'en prenais moins à Boulanger, qui s'était laissé circonvenir, qu'aux imprudents politiciens qui l'avaient poussé à cette démarche absolument folle. M. Georges Thiébaud, je ne sais pourquoi, voulut absolument se considérer comme touché par mes réflexions qui ne le visaient en rien, puisque j'ignorais absolument qu'il eût joué un rôle dans cette fâcheuse affaire.

Il m'adressa deux témoins qui s'efforcèrent de me prouver que je l'avais offensé, et comme je compris que cet ancien ami du général, qui s'était aux élections présenté contre lui, tenait à un de ces duels dont la propriété est de mettre fin aux polémiques, je me décidai à le lui accorder.

J'avertis seulement les deux amis de M. Thiébaud du danger qu'il couraient en venant m'apporter sa provocation en Angleterre où le duel est assimilé à l'assassinat pour les combattants et à la complicité d'assassinat pour les témoins.

Un colonel attaché à la maison de la reine ayant, quelques années auparavant, tué son adversaire dans une rencontre, avait été condamné à mort et impitoyablement pendu.

Je conseillai donc aux deux envoyés de M. Thiébaud de reprendre le train pour Paris, tandis que je prendrais le bateau pour la Belgique où nous aurions toute facilité pour traiter l'affaire.

On se battit en Hollande et, comme je l'ai déjà fait remarquer, à l'endroit même où, vingt-deux ans auparavant, j'avais ferraillé avec M. Ernest Baroche, le fils du ministre de l'Empire.

Mais que de peines, d'allées, de venues et de mystère pour nous faufiler à travers l'armée du reportage dont les escadrons serrés nous barraient la route !

On aurait pu donner un pendant au *Voyage de M. Perrichon* sous ce titre compliqué : « De l'abus du reportage, ou de la difficulté d'aller se battre à l'étranger ».

En effet, grâce à la chasse que nous avaient donnée trois jours durant les correspondants de journaux de toute nuance, notre présence avait été signalée partout et les deux nations, la Belge et Hollandaise, avaient mobilisé leur gendarmerie en notre honneur. On nous avait cherchés à Selzaete, sur la frontière, où notre poursuite avait donné lieu à un sport inconnu jusque-là dans ces contrées pacifiques.

Notre capture avait été mise à prix, à raison de cinquante francs par tête, celles des deux médecins exceptées; si bien que six gendarmes à cheval, quatre à pied et un nombre incalculable d'agents de police, les uns en uniforme, les autres en bourgeois, avaient passé la nuit à nous guetter sur toutes les routes, dans l'espoir de gagner cet étrange derby.

Cinquante francs pour un condamné de la Haute Cour, ce n'était évidemment pas énorme; mais, en Hollande, on ne fait pas comme en France: on ménage les finances du pays. Du reste la prime n'avait été acquise à aucun des jockeys à tricorne qui avaient pris part à la course, car, pendant qu'ils fouillaient l'horizon, ils pouvaient se « fouiller » également, attendu que nous étions tranquillement à la Clinge, autre point de la frontière, à fourbir nos armes.

Les reporters nous avaient d'ailleurs si bruyamment annoncés, que tous les hôtels nous attendaient. Dans le premier où personnellement je m'étais présenté — car nous en avions fait plusieurs, dans le vain espoir de dépister nos limiers — mon incognito n'avait pas été longtemps à s'éventer. Comme je m'inscrivais sur le registre de la maison, sous le nom de M. Coureau :

— Très bien ! dit la dame au garçon ; préparez vite une bonne chambre pour M. Rochefort.

Il me semble que j'entends marcher dans mon mur,

dit un personnage de Victor Hugo. Nous rencontrâmes, nous, des reporters dans tous nos escaliers. Ils s'emparaient de force de nos voitures. Vaughan, qui nous accompagnait, en avait découvert un dans son lit.

Dans un village moitié hollandais, moitié belge, nous demandâmes un landau pour nous rendre où nous appelait le devoir.

— Il n'y en a qu'un dans le pays, nous répond un aubergiste, et il paraît qu'il a été pris par des journalistes venus dans le dernier train ; mais si vous voulez, messieurs, je peux vous avoir la charrette de la laitière d'à côté ; elle a six chiens qu'elle y attellera et vous arriverez aussi vite qu'avec un cheval.

Se présenter sur le terrain dans une charrette traînée par six chiens, c'était nous livrer vivants à des plaisanteries intolérables ; aussi étions-nous décidés à risquer la route à pied, quand on nous amena enfin un landau qui avait échappé aux recherches de nos tortionnaires.

Je ne crois pas qu'il y ait de supplice plus chinois que de se voir, depuis le lever du soleil jusqu'à son déclin, exposé aux horribles investigations d'un inconnu devant lequel vous n'ouvrez pas la bouche sans qu'il vous couche immédiatement sur son calepin. D'autant que, ce qu'on refusait de lui raconter, il l'inventait.

On m'avait depuis longtemps parlé de deux magnifiques tableaux de Van Eyck exposés dans une église de Gand ; mais si je m'étais permis d'y entrer pour les voir, toutes les feuilles locales auraient affirmé que je m'étais rendu dans le lieu saint pour recommander mon âme à Dieu avant la rencontre. Et je m'étais privé d'aller contempler les Van Eyck.

Les bons gendarmes, eux-mêmes, ne nous avaient pas caché à quelle source ils s'alimentaient de renseignements.

— Je sais ce que vous venez faire ici, nous a crié l'un d'eux en mettant la main sur la bride de notre cheval. Je l'ai lu dans les journaux.

Dans ces conditions, les affaires d'honneur devenaient des questions de jambes. Tandis qu'on se défendait par devant, on s'attendait toujours à se sentir saisi par derrière, et on restait comme une sandwich entre un coup d'épée et un coup de baïonnette.

Les témoins étaient chargés d'arrêter le combat, mais les reporters faisaient arrêter les combattants. C'était là un surcroît de danger que M. de Châteauvillard, en écrivant son Code du duel, n'avait certainement pas prévu.

Je rentrai à Londres au moment où le jeune duc d'Orléans y arrivait après les quatre mois de Clairvaux qu'il venait de subir sur les deux ans auxquels il avait été condamné pour contravention à l'arrêté qui l'avait expulsé de France.

Le lendemain même de sa libération, je l'aperçus au théâtre de Covent-Garden où j'assistais à je ne sais plus quel opéra. Le petit prince était alors à peu près imberbe, grand, blond, avec des yeux plissés et des joues roses que la captivité ne paraissait pas avoir sensiblement pâlies.

Il était assis dans sa loge à côté de sa sœur, mariée

l'année dernière au duc d'Aoste et dont la beauté de Gretchen était vraiment impressionnante.

J'étais à deux mille lieues de penser qu'il y eût dans la vie du duc d'Orléans un secret que j'appellerai de famille, et que j'allais en devenir le dépositaire.

A quelques jours de là, en effet, je reçus la visite d'une jeune fille remarquablement jolie, qui, élevée au couvent des Dames de Sion, en compagnie d'une de mes parentes, s'était, à la suite de la mort de sa mère, trouvée dans une situation pécuniaire plus qu'embarrassée.

Les bonnes sœurs de l'établissement, embaucheuses par nature, avaient tenté de la déterminer à prendre le voile, mais elle avait préféré le leur laisser et, comme il fallait vivre, s'était mise au théâtre.

Après quelques mois des leçons indispensables, elle avait été trop heureuse d'accepter un emploi dans une troupe en partance pour une tournée artistique à l'étranger et nous nous étions par hasard rencontrés à Bruxelles, à l'Hôtel Central où j'étais descendu lorsque, avec Boulanger, nous nous étions soustraits aux menottes de Constans.

Puis la jeune comédienne avait continué sa route par Bucarest, Vienne et avait terminé sa saison théâtrale en Suisse. Elle me confia alors le motif de son voyage en Angleterre. Elle avait connu à Lausanne le petit duc d'Orléans qui y achevait ou faisait semblant d'y achever ses études sous la direction du colonel de Parseval. Ce prince mal gardé ne se contentait pas de sa place au théâtre et s'égarait souvent dans les coulisses.

C'est là que la liaison s'était établie. Ils se voyaient à Ouchy dans un modeste pavillon bâti sur les bords du Léman, et dont le loyer mensuel était de quarante francs, car à ce moment le comte de Paris vivait et la pension du fils n'avait rien de princier.

Tout à coup, sans lui souffler mot de ses projets, il avait disparu, et c'est en lisant les journaux qu'elle avait appris son escapade et son arrestation à Paris. Elle rompit tous ses engagements pour y courir et passa plusieurs jours à se promener mélancoliquement devant les grilles de la Conciergerie, à travers lesquelles elle espérait toujours apercevoir le prisonnier.

Mais, en la quittant, il lui avait laissé un souvenir qui augmentait tous les jours de volume, si bien qu'elle était grosse de six mois quand le jeune homme, à sa sortie de Clairvaux, avait débarqué à Londres.

Elle était sans ressource aucune, très malheureuse, très amoureuse aussi je crois, et venait me faire part de sa détresse morale, mais non de sa misère; car elle refusa obstinément le léger prêt que je lui aurais si volontiers consenti.

Elle adressa au représentant de la « maison de France » des lettres dans lesquelles elle lui assignait un rendez-vous où il finit par se rendre, mais plutôt pour lui signifier qu'elle n'eût pas à compter sur lui. Quant à l'enfant, on verrait plus tard, puisqu'il était encore à venir.

La pauvre fille, ne sachant comment se débrouiller dans le désert londonien, entra en qualité de demoiselle de comptoir chez une Française qui avait installé un magasin de parfumerie dans une des travées de l'exposition franco-anglaise ouverte à ce moment à Londres. Elle y restait debout pendant sept heures d'horloge pour le plus bas des salaires. On devine ce qu'elle souffrait dans cet état de grossesse avancée et qui avançait de plus en plus.

Quand toute espérance de rapprochement entre le prince et elle fut à vau-l'eau, elle reprit le bateau pour Paris où le petit vint au monde. A ce moment pourtant, la famille se décida à faire tenir à la mère cinq ou six mille francs qui l'aidèrent à doubler ce terrible cap.

Dès qu'elle se vit en état d'opérer sa rentrée au théâtre, je la recommandai à Victor Koning, alors directeur du Gymnase, et qui lui signa tout de suite un engagement. Mais dès qu'elle avait quelques jours à dépenser elle accourait à Londres et elle y tomba un jour tellement malade que ses voisins de chambre au petit hôtel où elle logeait la crurent perdue et m'écrivirent de sa part un mot dans lequel elle me suppliait de ne pas abandonner son enfant, au cas où elle ne se relèverait pas.

Je le lui promis, et j'aurais certainement tenu parole, mais ma voiture croisait souvent dans Hyde-Park celle du duc d'Orléans, et c'eût été un spectacle au moins curieux que de me voir tenant sur mes genoux ce rejeton royal que son père eût regardé passer et que j'eusse élevé à ma façon et sur le produit de mon travail.

Par la suite, l'un des familiers du prince fut chargé du règlement des mois à payer à la nourrice et le cher petit enfant, aujourd'hui âgé de cinq ans et demi, a grandi en gentillesse et en vivacité d'esprit. Sa ressemblance physique avec son père est saisissante, au point que la mère du petit, qu'elle a appelé Philippe, m'ayant mis sous les yeux une photographie du prince prise à l'âge qu'a aujourd'hui son fils, je ne doutai pas un instant que ce ne fût celle de ce dernier.

Il y a un an, au moment d'aller en Suisse passer quelques semaines avec mes enfants, je demandai à la mère de Philippe la permission de le prendre sous ma protection. Puis, des bords du lac de Genève, je partis pour Ostende avec ce charmant petit bonhomme qui, pendant trois mois, ne me quitta pas et, tout en m'aimant beaucoup, me soumettait à un despotisme peu en harmonie avec les théories constitutionnelles du roi dont il descend.

Mais le hasard, probablement dans le but d'établir qu'il est un grand maître, fit que le duc d'Orléans, revenant de Marienbad en Angleterre, s'arrêta à Ostende où il apprit par une célèbre comédienne allemande qui y faisait une saison, que j'y villégiaturais aussi en compagnie d'un bébé de quatre ans et demi à propos duquel on racontait dans la ville des tas d'histoires.

Puis, comme elle dînait le soir même à l'hôtel de la Plage à une table voisine de celle du jeune d'Orléans, elle me fit prier de lui envoyer le petit qui alla s'asseoir à côté d'elle au restaurant.

Elle le fit monter sur une table, afin que son père, assis en face du comte de Gramont, eût tout le loisir d'examiner sa progéniture, et Philippe, qui a la parole facile, se mit tout de suite à dire :

— Je suis venu avec la bonne, parce que mon ami n'a pas fini son article.

— Qui est-ce, ton ami ? lui demanda la comédienne.

— C'est M. Rochefort.

— Est-ce que tu l'aimes bien ?

— Oui, après maman, c'est lui que j'aime le mieux.

— Et après lui ?

— Après lui, je n'aime plus personne.

Il paraît que, malgré cette déclaration de principes, le duc d'Orléans trouva très gentil son garçon que la présence d'étrangers dans la salle du restaurant l'empêcha seule d'embrasser, me conta la jeune comédienne en revenant de l'embarcadère où elle l'avait accompagné. Cependant je n'ai pas appris que depuis lors ce père peu prodigue se soit inquiété de son enfant.

Mais le coup de tête du conscrit princier, qui était venu au bureau de recrutement soi-disant pour y demander s'il avait droit de prendre part au tirage au sort, question qu'il lui eût été facile de poser de Lausanne par lettre ou par télégramme, avait mis en émoi toute la jeunesse royaliste. L'attitude qu'avait prise l'*Intransigeant*, dans lequel on imprimait les succulents menus du prisonnier de Clairvaux, avait froissé les orléanistes qui ripostèrent en attribuant à la duchesse d'Uzès divers propos où elle aurait donné à entendre que j'avais, dans cette circonstance solennelle, manqué à tous les devoirs de la plus vulgaire reconnaissance : celle de l'estomac.

Et le journal opportuniste, c'est-à-dire monarchiste, le *Siècle*, dirigé alors par le député du centre François Deloncle, publia, évidemment sur des notes qui lui avaient été remises et parurent sous ce titre :

L'argent boulaugiste

une correspondance dont il avait, disait-il, « vérifié la pleine certitude », et où on lisait, entre autres choses, ceci :

C'est par la duchesse d'Uzès que Boulanger a eu les sommes suffisantes pour effectuer à Rochefort ce versement de cent mille francs sans lequel l'*Intransigeant* « n'allait pas » et cet autre, moins connu, auquel il est fait également allusion dans le réquisitoire de la Haute-Cour, à propos d'un fonctionnaire.

Dès que j'eus connaissance de cet article, j'adressai à la duchesse d'Uzès la dépêche suivante :

Ostende, 12 septembre 1890.

Madame,

Je lis dans le *Siècle* une correspondance où il est dit que j'ai reçu du général Boulanger deux cent mille francs que vous lui aviez remis pour moi. Voilà deux fois que cette calomnie idiote m'arrive aux oreilles. Je n'ai pas l'honneur de vous connaître, et, si vous me connaissiez, vous sauriez que je ne reçois d'argent de personne. Ni moi ni l'*Intransigeant* n'avons touché un sou, pas même le remboursement des dépenses considérables faites pour les élections du général et la propagande revisionniste, pas même le prix d'un billet de chemin de fer ou d'une course de fiacre.

Je sais que, par dépit de l'attitude que nous avons prise à propos de l'escapade de votre ami le duc d'Orléans, — que j'ai croisé quelquefois dans les rues de Londres et qui m'a l'air bien bêta pour gouverner la France, — vous avez tenu à mon sujet des propos sur lesquels le directeur de l'*Intransigeant*, M. Vaughan, vous a demandé, madame, de vouloir bien vous expliquer.

Si vous avez remis quoi que ce soit pour moi à quelqu'un, nommez votre mandataire ; mais il me faut de votre part soit un démenti catégorique, soit un document établissant que j'ai été mêlé, fût-ce pour un centime, à une question d'argent. Si vous avez été mystifiée et dévalisée par des gens de votre entourage, je n'y puis rien ; mais je suis obligé, dans l'intérêt de mon honneur et de ma probité, de vous prier de vouloir bien déclarer que je n'étais pas de ceux-là.

Agréez, madame, tous mes hommages.

HENRI ROCHEFORT.

J'envoyai en outre deux de mes amis à ce M. Deloncle, pour lui demander la communication des sources où il avait vérifié la « pleine certitude » de ses imputations. Naturellement, il balbutia et rectifia. Mais plus tard, au moment où le pot-aux-roses connu sous le titre d' « Affaire des Chemins de fer du Sud » se découvrit, comme s'était découvert celui du Panama, provoquant à la Chambre une interpellation écrasante pour les sudistes, le nom de ce même François Deloncle se trouva sur la liste où figuraient ceux de Jules Roche, de Rouvier, de Thévenet et de quelques autres.

Car il est remarquable que presque tous ceux qui m'accusaient volontiers d'avoir « vendu » ma plume furent, à quelque temps de là, dénoncés comme ayant vendu leurs votes. Rejeter sur d'autres les soupçons qui menacent de vous atteindre est, paraît-il, un sentiment tout à fait humain.

Mme d'Uzès répondit à ma mise en demeure par la communication ci-dessous :

13 septembre 1890.

Monsieur,

C'est dans les journaux du soir que je lis la lettre que vous dites m'avoir envoyée d'Ostende ; elle ne m'est pas parvenue.

Je n'hésite pas cependant à répéter ce que j'ai dit à M. Vaughan, administrateur de l'*Intransigeant* en même temps qu'ancien directeur du *Petit Lyonnais*, lorsqu'il est venu me montrer des documents établissant que l'*Intransigeant* n'avait touché aucune somme pendant la campagne parallèle.

Cette exhibition était parfaitement inutile d'ailleurs. JE N'AI JAMAIS RIEN DONNÉ A L'*Intransigeant*, NI POUR L'*Intransigeant*.

Vous n'avez donc rien reçu, comme l'a déclaré spontanément M. Arthur Meyer dans le *Figaro* du lundi 8 septembre.

Je saisis cette occasion pour protester énergiquement contre le rôle que me prête votre imagination dans la démarche de Mgr le duc d'Orléans.

Je n'étais même pas à Paris quand le prince y est arrivé.

Si j'ai trouvé extraordinaire l'attitude de l'*Intransigeant* à son égard, si j'ai manifesté ce sentiment par le téléphone, c'est qu'ayant défendu contre mes meilleurs amis le général Boulanger, auquel ils ne pardonnaient pas d'être parti, je croyais avoir le droit de défendre contre les amis du général Boulanger un jeune prince dont le seul crime était d'être venu.

Il paraît que je n'avais pas ce droit.

Veuillez croire, monsieur, à mes sentiments distingués.

Duchesse D'UZÈS.

Mais tout ça, c'est de la politique, et je continue à aimer énormément le petit Philippe, qui lui-même continue à m'aimer beaucoup, ce qui ne l'empêche pas de me flanquer de bons coups de pied dans les jambes dès que je fais mine de le contrecarrer le moins du monde.

Les lettres que je recevais de Boulanger se terminaient presque toutes par des nouvelles de plus en plus inquiétantes touchant la santé de Mme de Bonnemains.

Il lui fallut se dérober à l'humidité de Jersey, mais ce fut pour se réfugier dans les froidures de Bruxelles. Comme il me l'avait promis, mon coproscrit vint passer quelques jours à Londres où nous dînions souvent ensemble, après quoi nous allions finir la soirée à l'Opéra de Covent-Garden. Mais sa pensée, ses oreilles et ses yeux étaient ailleurs. On devinait qu'il tuait le temps, en attendant que, comme on dit, le temps le tuât.

De Bruxelles où il s'installa dans un grand hôtel sombre et glacial comme une crypte funéraire, il me tenait au courant des consultations médicales avec des flux et reflux d'espérances qui aboutirent à cette dépêche à laquelle je m'attendais tous les jours :

« Tout est fini. Je suis bien malheureux. »

Ce fut sur lui que je m'apitoyai. Non pas seulement parce qu'il est convenu que ceux qui restent sont plus à plaindre que ceux qui s'en vont, mais parce que, dans ce roman de l'exil, il avait, beaucoup plus qu'elle, mis toute sa vie. Il n'y avait de lui rien qui ne fût à elle. Je n'oserais pas affirmer qu'il n'y eût d'elle rien qui ne fût à lui.

A partir de ce deuil qui était en même temps celui de ses derniers rêves d'avenir et de ses suprêmes illusions, Boulanger vécut végétativement. Il passa les deux mois et demi qui séparèrent cette mort de la sienne dans une sorte d'état de somnambulisme. Mlle Griffith, sa nièce, qui s'était chargée de sa surveillance et ne le perdait pas de vue, m'a raconté sur les derniers jours de ce cadavre vivant des détails anecdotiques à fendre l'âme.

De peur d'inquiéter sa famille qui ne devinait que trop ses projets, il affectait parfois une gaieté navrante, disant à son retour du cimetière d'Ixelles où il se rendait toutes les après-midi et quelquefois le matin :

— Mettons-nous à table, le grand air m'a creusé. J'ai une faim atroce.

Puis il s'asseyait devant son assiette dans laquelle il piquait bruyamment sa fourchette, et tout son repas se bornait à cette démonstration à l'aide de laquelle il espérait donner le change à son entourage. Dès qu'il passait d'une pièce dans une autre, Mlle Griffith s'attendait toujours à entendre une détonation lui annonçant le dénouement du drame.

L'incessante préoccupation de Boulanger était si visiblement tournée vers le suicide que sa nièce se décida à porter la conversation sur cette lugubre éventualité, suppliant son oncle de renoncer à son projet et de chercher ailleurs, sinon des consolations, tout au moins des dérivatifs.

On était alors au 28 septembre 1891. Boulanger lui fit le serment de ne pas se tuer dans le courant d'octobre. Mlle Griffith se sentit rassurée, un mois de délai pouvant, devant même amener un changement de direction dans les idées du malade.

Elle n'avait pas songé que, du 28 septembre au 1er octobre, on avait encore quarante-huit heures devant soi. Et, en effet, c'est le 30, au matin, qu'il se brûla la cervelle. Il avait tenu parole à la fois à sa nièce et à son amie.

Bien que la veille il eût rédigé lui-même à mon adresse une dépêche qu'il avait placée sur son bureau sous un serre-papier et qui contenait cette mention laconique :

« Le général Boulanger vient de se tuer »,

Je ne la reçus que le lendemain, et c'est par les journaux anglais de l'après-midi du 30 que j'appris la catastrophe. Je crus d'abord à quelque invention d'un reporter aux abois : mais la confirmation de l'affreuse nouvelle ne tarda pas à me parvenir.

Une copie de son testament politique m'arriva presque en même temps par les soins de son dévoué secrétaire Mouton-Dufraisse, qui entra aussitôt à l'*Intransigeant* et, à son tour, mourut prématurément.

Les quelques lignes que renferment les dernières

déclarations du général Boulanger sont empreintes du plus admirable stoïcisme en même temps que de la plus entière sincérité. C'est le langage des intrépides de la première Révolution allant à l'échafaud :

Ceci est mon testament politique. Je désire qu'il soit publié après ma mort. Je me tuerai demain : non pas que je désespère de l'avenir du parti auquel j'ai donné mon nom, mais parce que je ne puis supporter l'affreux malheur qui m'a frappé il y a deux mois et demi. Depuis deux mois et demi j'ai lutté, j'ai essayé de prendre le dessus ; je n'ai pu y parvenir.

Je suis convaincu que mes partisans si dévoués, si nombreux, ne m'en voudront pas de disparaître, en raison d'une douleur telle que tout travail m'est devenu impossible. D'ailleurs, *uno avulso, non deficit alter*.

Qu'ils continuent donc la lutte contre ceux qui, au mépris de toute légalité, me font mourir loin de ma patrie. Je serai mort demain. Aujourd'hui, je dis bien haut que je n'ai jamais rien eu à me reprocher. Toute ma vie j'ai fait mon devoir, rien que mon devoir.

L'histoire ne sera pas sévère pour moi ; elle sera sévère pour les proscripteurs, pour ceux qui ont essayé de flétrir un loyal soldat par un jugement politique. Je me plais, d'ailleurs, à rappeler ici que maintes fois j'ai offert de me constituer prisonnier, si l'on voulait me donner des juges de droit commun, mais que toujours ceux qui détenaient le pouvoir ont refusé, sachant bien que mon acquittement était certain.

En quittant la vie, je n'ai qu'un regret : ne pas mourir sur le champ de bataille, en soldat, pour mon pays. Le pays permettra bien du moins à l'un de ses enfants, au moment de rentrer dans le néant, de proférer ces deux cris de ralliement de tous ceux qui aiment notre chère patrie : Vive la France ! Vive la République !

Ceci est écrit en entier de ma main, à Bruxelles, 79, rue Montoyer, le 29 septembre 1891, veille de ma mort.

Signé : Général BOULANGER.

On pouvait dire qu'aucune douleur n'avait été épargnée à ce proscrit.

Les policiers, les repris de justice, les faussaires, les procureurs généraux, les poussahs du Luxembourg et les voraces du Palais-Bourbon sonnaient chaque jour l'hallali contre cet exilé dont le crime était d'avoir menacé la gamelle de ces gloutons.

Ils ne l'avaient pas lâché, car il servait de prétexte tant à leurs trahisons qu'à leurs lâchetés. La fameuse « concentration » contre le boulangisme avait autorisé l'abandon de toutes les réformes et l'ajournement de toutes les interpellations. La prétendue peur d'une dictature, que cet élu de six départements avait toujours et invariablement repoussée, permettait aux coalisés d'aller dans les escaliers de l'hôtel Beauvau tendre leur sébilles où Constans faisait jeter son aumône par les garçons de bureau.

Ces gens ne disaient pas :

— Nous sommes vendus!

Ils criaient :

— Nous sommes concentrés!

En même temps que mon chagrin, j'exprimais ainsi mon dégoût dans *l'Intransigeant* du 1er octobre :

Si quelque chose pouvait combattre ma profonde douleur, c'est l'excès de colère où me jette le souvenir des ignominies déversées sur notre cher et digne ami par les êtres crapuleux qui ont fait de la France leur proie et leur victime.

Annibal se tua, vaincu au moins par un Scipion. C'est sous les coups des juifs allemands et voleurs et des routiers que Boulanger succombe. Tous les lâches s'étaient cotisés pour l'appeler « le général La Venette » et le

« brave concussionnaire ». Ce concussionnaire avait emporté du ministère juste la somme suffisante pour s'acheter un revolver, et ce « général La Venette » est allé volontairement au devant de la mort, abreuvé de dégoût, abandonné presque par tous, insulté dans des publications ignobles par plusieurs de ceux qu'il avait sauvés de la misère et aussi de la faillite. Il meurt sur la tombe de la femme qui lui avait sacrifié sa vie.

Cet homme qui tombait à Champigny, l'épaule fracassée, tandis que ses accusateurs et ses juges d'hier se calfeutraient dans leurs caves ; cet homme qui fut le maître de la République et que ses scrupules seuls empêchèrent de la saisir quand elle s'offrait à lui, aura sa légende et entrera dans l'histoire, malgré les ordures et les déjections que les entretenus de la presse fangeuse vont une dernière fois vomir sur lui.

Constans doit être ravi : son vaste cimetière s'enrichit d'un nouveau cadavre. Nous lui conseillons pourtant de ne pas trop s'abandonner à sa joie : ce mort-là est de ceux qui reviennent.

Henri Rochefort.

Cette mort antique fut saluée par les croassements des corbeaux de l'opportunisme, exercés au déchiquetage des cadavres, mais aussi par de vraies larmes et de bien touchantes émotions. Les femmes autant que les hommes pleurèrent cette fin romanesque d'un soldat dont l'épée et le cœur avaient été brisés en même temps. Je m'embarquai immédiatement pour Bruxelles et, en me rendant sur la tombe où mon pauvre ami venait de s'abattre, je vis la route du cimetière d'Ixelles littéralement obstruée par une théorie de jeunes gens, garçons et filles, qui avaient organisé un véritable pèlerinage au monument de Mme de Bonnemains.

L'enterrement de cet homme qui s'était suicidé ou plutôt qu'on avait suicidé fut celui d'un souverain.

Les membres du Comité national conduisaient le deuil. A vrai dire, le deuil se conduisait lui-même, l'immensité de la foule et l'encombrement de la voie publique s'opposant à toute réglementation.

Les centaines d'agents de haute et basse police que la Préfecture avait mobilisés pour la cérémonie des funérailles auraient pu faire à leur patron un intéressant rapport. Ils lui eussent raconté comment quatre cent mille hommes, femmes et enfants pouvaient, dans un pays monarchique, sans être assommés, arrêtés et traînés au poste, suivre le convoi d'un patriote républicain.

Ce fut sans doute pour ces hommes des brigades centrales un spectacle d'autant plus palpitant qu'il était plus nouveau, et ils éprouvèrent probablement une difficulté sérieuse à garder inactifs leurs casse-tête qui frémissaient dans leurs poches.

On pouvait dire que tout Bruxelles était là, derrière le char, sur les trottoirs, aux fenêtres et presque sur les toits.

On n'aurait pourtant pas osé affirmer que nous avions amené autant de camelots de Paris, — car il était convenu que nous n'avions pour nous que les camelots.

Il était donc démontré que quatre cent mille citoyens libres, tant de France que de l'étranger, avaient annulé par leur présence, leurs sympathies et leurs acclamations l'arrêt rendu par deux cents sénateurs dont l'un au moins, le nommé Pauliat, avait été condamné pour désertion devant l'ennemi.

Et, dans cette incalculable foule, combien pleuraient en se retraçant les étapes du calvaire que la calomnie des lâches et la lâcheté des calomniateurs avaient fait gravir à mon intrépide et malheureux co-proscrit!

Le frisson de cette mort douloureuse semblait avoir passé dans tous les rangs. Bien que la distance de l'hôtel du général au cimetière d'Ixelles fût considérable, tout le monde avait suivi et aucun de nous n'avait senti la fatigue.

Il semblait qu'on eût désiré que la course fût encore plus longue, pour retarder d'autant le moment de l'éternelle séparation.

On constatait que, dans son touchant testament politique, le général n'avait que des paroles d'amour pour cette France qui l'avait banni et pour cette République qui l'envoyait à la mort.

Ce clérical s'en allait sans prêtre. Ce futur restaurateur de la monarchie avait laissé pour héritage à son pays la plus catégorique des professions de foi républicaines.

Je terminais ainsi l'article que je consacrais dans l'*Intransigeant* au récit des funérailles :

Que Constans, qui aime tant à brûler la cervelle aux autres, ait un jour l'idée — qu'il n'aura certainement pas — de se brûler la sienne : on verra, en dehors des souteneurs de profession, des évadés de Mazas, des juifs allemands et des argousins de Lozé, combien de Français se dérangeront pour assister à son encrottement.

Cette vision anticipée des obsèques probables du vieux pandour fut peu de son goût et il essaya de se venger de mon pronostic par les procédés qui lui étaient habituels, c'est-à-dire le mensonge et la fausse nouvelle. Depuis 1868, au moment de la *Lanterne*, jusqu'à l'année dernière avant l'amnistie, j'ai souvent porté ma proscription en Belgique, où j'ai beaucoup d'amis et, je crois, bien peu d'ennemis.

La condamnation monstrueusement inique que j'avais partagée avec Boulanger, mon amitié d'autant plus fidèle qu'il était de jour en jour plus malheureux, faisaient de moi comme le dépositaire de toutes les espérances qu'il avait données et des innombrables sympathies qui, pendant un moment, avaient fait de lui le plus populaire des patriotes.

Il n'était donc pas surprenant que j'eusse été sur tout le parcours de Bruxelles à Ixelles le prétexte et l'objet de manifestations qui, en s'adressant à moi, s'adressaient également à lui.

Elles avaient été grandioses au point que comme, après la cérémonie, je remontais dans ma voiture, j'avais eu toutes les peines du monde à empêcher la foule d'en dételer les chevaux pour me conduire ensuite à force de bras jusqu'à mon hôtel.

Des journalistes de tous les pays avaient assisté à cette ovation. Eh bien, l'*Agence Havas* n'avait-elle pas adressé aux journaux de Paris et de province cette courte note :

« M. Henri Rochefort a été hué à sa sortie du cimetière d'Ixelles ? »

Seulement, l'information envoyée de la place Beauvau l'avait été trop tard pour empêcher le journal le *Soir*, alors ministériel, de publier cette information de son correspondant bruxellois :

M. Rochefort, à la sortie du cimetière, ne peut retrouver sa voiture, *qui est entourée par une foule enthousiaste.*

Son retour à la ville est une marche triomphale. Sa

voiture est constamment cahotée. On crie : « Vive Rochefort! vive le chef du Parti national! »

Mes amis de Bruxelles tinrent à savoir le mot de ces deux versions si différentes. Ils se rendirent chez le correspondant de l'*Agence Havas* à Bruxelles et, de la bouche même de celui-ci, apprirent qu'il était bien l'auteur de la note communiquée au *Soir*, mais que l'autre, dont s'étaient emparés les journaux gouvernementaux, avait été fabriquée de toutes pièces au ministère de l'intérieur.

Telle était la bonne foi du tenancier de tripot que, à quelques mois de là, j'allais, du reste, contribuer de toutes mes forces à faire rentrer dans un néant autrement profond que celui où venait de se réfugier Boulanger, sa victime.

S'il est vrai qu'un homme politique ne peut être vraiment populaire qu'à la condition d'avoir les femmes avec lui, nous avions pu constater que la mémoire du général n'était pas près de s'éteindre. L'affluence des Bruxelloises de toutes classes qui s'acheminaient, bouquets à la main, vers sa tombe, ne fit qu'augmenter pendant plus d'un mois.

Les hommes politiques objectaient que sa mort à la Werther le transformait tout bonnement en héros de roman. Ça valait toujours mieux que d'être, comme le ministre de l'intérieur d'alors, un héros du bagne. D'ailleurs, je savais, moi, toute la part qu'il fallait accorder dans ce triste dénouement aux insultes des uns et à la trahison des autres.

Mais en admettant que Boulanger eût été, en effet, un « emballé », comme affectaient de l'appeler les gens sages à qui la vue d'une arme à feu donne des attaques de nerfs, cet emballé formait un bien émouvant contraste avec les « déballés » de cette répugnante fin de siècle, et quel déballage!

La splendeur des obsèques que le peuple auquel il avait demandé asile avait tenu à lui faire, était certainement l'effet de la réaction qui se produisait contre les mensonges sous lesquels il avait succombé.

Les panamistes, dont la honte allait bientôt éclater à tous les yeux, l'avaient portraituré comme un ambitieux avide, escomptant son avènement possible au point de vue de ses besoins d'autorité personnelle et de la satisfaction de ses cupidités. Il se trouvait que sa mort cruelle et volontaire le révélait comme un loyal républicain dont le désintéressement allait jusqu'au sacrifice de sa vie que l'ingratitude des uns et la perte d'une affection tenace lui avaient rendue insupportable.

Mentir, pour un gouvernement dont Constans était le véritable chef, était une nécessité évidente. S'il eut étalé franchement ses ulcères devant la nation, il est clair que tout le monde se fût sauvé en se bouchant les narines. Mais, quand on a passé la limite de l'imposture raisonnable, les contre-coups de l'honnêteté publique sont quelquefois dangereux à recevoir. A ce moment, Constans eut sans doute donné beaucoup de l'argent qu'il avait tant de plaisir à nous prendre pour que le général n'eût pas rompu, par ce brusque départ, le réseau d'accusations infâmes dans lequel il s'était efforcé de l'enfermer.

L'affreux témoin du procès Grazidou tenta encore de se défendre, mais quelle confiance était-il possible d'accorder à un saltimbanque qui prétendait qu'aucune couronne n'avait été accrochée au corbillard derrière lequel marchaient à peine quelques personnes, quand cette cérémonie funèbre, qui est restée légendaire en Belgique, avait été célébrée par une affluence de quatre cent'mille âmes?

Il fallait être réellement bien peu fort pour ne pas trouver autre chose contre un adversaire politique.

Rien ne serait facile comme de raconter que nous avons gagné la bataille de Sedan et que l'Himalaya est un des plus grands fleuves du monde. Seulement, ce n'est pas vrai, attendu que l'Himalaya est une chaîne de montagnes. Quant à la bataille de Sedan, nous l'avons perdue.

Au surplus, moi qui ai reçu les confidences de Boulanger et devant lequel il s'épanchait d'autant plus sincèrement qu'il me savait incapable de le trahir ou de chercher à l'exploiter, je me vois obligé de déclarer que tous les jugements portés sur lui, même les plus favorables, sont presque complètement erronés. La politique était pour lui un instrument indispensable, mais secondaire. Le but, le seul qu'il ait obstinément poursuivi, était la revanche de nos désastres et la reprise de nos deux provinces perdues.

Il n'aspirait qu'au moment où, ayant totalement réorganisé l'armée, il trouverait l'occasion de se mettre à sa tête pour marcher contre l'ennemi.

Lors de l'affaire Schnœbelé, et bien que la réfection de nos armes et de nos corps de troupes fût loin d'être ce qu'il rêvait, il aurait accepté d'entrer immédiatement en campagne contre la puissance allemande. Au diapason où la colère publique était montée chez nous, il pensait très sincèrement entraîner les masses par la confiance qu'elles avaient dans son patriotisme et dans sa bravoure.

Il me le confia, à moi et à quelques amis, et, comme nous insistions sur l'effrayante responsabilité qu'une première défaite lui eût fait encourir, il nous répondit du ton d'un homme dont la résolution est prise d'avance :

— Eh bien, mais c'est tout simple : en cas de défaite, je me serais fait sauter la cervelle.

A quoi Laguerre, qui, je me le rappelle, assistait à l'entretien, riposta par cette réflexion :

— Vous vous seriez brûlé la cervelle, mais cette solution ne nous eut pas empêchés de perdre de nouvelles provinces et de cracher de nouveaux milliards.

C'est donc dans le plus généreux des sentiments et pour les résultats les plus nobles et les plus dégagés d'intérêts personnels qu'il aspirait à la présidence de la République, présidence que tout citoyen français a droit de rêver et qui, depuis vingt-cinq ans, est échue à des personnages parfois bien peu désignés pour l'occuper.

Une phrase du testament que j'ai transcrit plus haut jeta le parti opportuniste dans un grand embarras : c'est celle où le testateur faisait allusion au « néant » dans lequel il rentrait, indiquant ainsi qu'il n'avait pas la moindre foi dans cette seconde vie que les prêtres avaient inventée pour nous faire patienter dans la première.

Floquet, qui était allé sur le terrain avec lui pour lui avoir reproché d'avoir fréquenté les sacristies, aurait dû au moins rendre hommage à ce libre-penseur, comme il se vantait de l'être lui-même. Mais Floquet, tout entier dans les bras de Constans qui, sous le procureur impérial Gastambide, suivait les processions un cierge à la main, se garda bien d'aucune rétractation à l'égard de son ancien adversaire,

Et il se mêlait très volontiers aux capucinades du

gouvernement d'alors qui faisait presque un reproche au cadavre de Boulanger d'avoir été enfoui civilement.

Convaincu qu'en enterrant Boulanger, il avait décapité le boulangisme, Constans résolut de promener sa victoire jusque dans le Midi et organisa avec ses collègues du ministère une tournée triomphale à Marseille.

Ce fut un désastre et surtout une déroute. Constans, Rouvier, Jules Roche, Yves Guyot furent accueillis par des huées auxquelles se substituèrent bientôt les plus inconvenants projectiles. On riait volontiers de la formule : « Si le Midi se lève ! » Eh bien, il s'était levé pour se rasseoir ensuite sur les ministres effondrés et pantelants.

Les Marseillais donnaient même là une sévère leçon aux Parisiens qui, à la première de *Lohengrin*, s'étaient laissé arrêter au nombre de quatorze cents par quelques agents de la police et... de la Prusse.

Le lendemain même du suicide du général Boulanger, je prédisais que ce mort là reviendrait. Il était en effet revenu, car, dans l'exaspération de la foule, le souvenir des ignominies et des mensonges lancés sur l'honneur d'un général républicain et patriote entrait certainement pour une forte part.

Ce qui, du reste, ajoutait à l'éclat de cette brillante réception, c'était la façon fantaisiste dont les feuilles constansistes essayaient de l'expliquer. C'était littéralement à se tordre. Le *Radical* nous servait cette solution :

« Autant qu'on peut en juger par les premiers renseignements, les faits déplorables qui viennent de se passer sont l'œuvre d'une bande d'anarchistes appuyée par le parti réactionnaire. »

Jusqu'à présent, nous avions toujours supposé que le parti qui possède, c'est-à-dire le parti réactionnaire, était l'ennemi invétéré de celui dont le programme était précisément la négation de la propriété ; on se représentait difficilement le compagnon Leboucher fraternisant avec le compagnon La Rochefoucauld-Bisaccia. Il était à croire que la haine qu'inspirait Constans avait, comme l'amour, le pouvoir de rapprocher toutes les distances.

Mais l'*Agence Havas* repoussait ces conclusions. Pour elle, les sifflets avaient été lancés par des « bourgeois ».

Un autre journal accusait formellement les « boulangistes », bien que les organes du pouvoir affirmassent depuis huit jours qu'il n'y en avait plus.

Mais, en ce cas, c'était l'opinion publique tout entière — laquelle ne se composait guère que de ces quatre partis — qui avait fait explosion sur le passage de la voiture que nos ministres, si convaincus de leur popularité, avaient fait entourer par des escadrons de hussards.

Toutefois, ce qui étonnait un peu, c'était d'apprendre par des feuilles gouvernementales qu'en même temps qu'elle criait sur toute la longueur de la rue Saint-Ferréol :

« A bas Constans ! Mort à l'assassin de Fourmies ! Retrousseur ! Saucissonnier ! Au-dessous de huit ans ! » la population marseillaise s'époumonnait, sur le passage de M. de Freycinet, à crier :

« Vive l'armée ! »

Tout le monde sait que si les anarchistes ne veulent pas de la propriété, ils ne veulent pas de l'armée non plus. Si l'on avait crié : « Vive l'armée! » la manifestation n'était donc pas l'œuvre des anarchistes. Et s'il n'y avait pas d'anarchistes rue Saint-Férréol, ils n'avaient pu être appuyés par les réactionnaires.

Les ministres bafoués ont la manie de se demander pourquoi on leur a envoyé des bilboquets à la tête. Cette recherche de la paternité est absolument superflue. C'est comme les maris qui s'ingénient à découvrir pourquoi leurs femmes les trompent. Le jour où ils l'ont trouvé, ils n'en sont pas moins refaits pour cela.

Mais le *Figaro* prêtait à Constans un mot que notre confrère avait la bonté de qualifier de « spirituel » et qui démontrait le peu d'illusion que se faisait le vieux cynique sur la tendresse du peuple français à son égard :

— Je sais maintenant ce qui manque à la ville de Marseille : c'est une police. Elle en aura une.

Il était impossible d'avouer plus bêtement que les membres de ce gouvernement ne pouvaient être acclamés que par des mouchards.

Mais cette exécution sonna le glas de celui qu'on appela désormais « l'embrené de Marseille ». Je résolus quant à moi, d'en finir avec ce tombeur du boulangisme, qui prêtait sur gages à Madrid, dans des magasins borgnes, tandis que Boulanger tombait à la bataille de Champigny, l'épaule brisée par une balle prussienne.

Ce Constans, né policier, ne dépassait pas d'ailleurs en capacité un vulgaire chef de la Sûreté générale. Ses façons de gardien de prison et son outrecuidance de trabucaire avaient fini par humilier profondément les autres ministres, si peu recommandables qu'ils fussent pour la plupart.

La principale préoccupation de Constans était de se faire représenter, dans les journaux à images et dans les gravures d'Epinal, debout au premier plan dans la salle du conseil des ministres qui, groupés dans le fond, étaient à peine visibles et qu'il dominait de toute son importance.

Cette goujaterie officielle ajoutée à ses allures satrapiques lui avait aliéné ses collègues et même le président Carnot, presque menacé dans son palais de l'Elysée par ce gentilhomme de grande route. Bien que je n'eusse de ma vie adressé la parole à M. de Freycinet, à cette époque président du conseil et ministre des affaires étrangères, il me dépêcha un de ses subordonnés, consul de deuxième classe, qui fit tout exprès le voyage de Londres pour me demander de ne pas englober dans mes attaques contre le ministre de l'intérieur le cabinet tout entier qui, m'assura-t-il, ne cherchait qu'une occasion de se débarrasser de ce personnage aussi compromettant qu'envahisseur.

Le plan était celui-ci : faire tomber en minorité sur une question peu importante le ministère qui démissionnerait, puis se reconstituerait sur les mêmes bases en ayant soin d'éliminer Constans.

Tout ce que je répondis à mon visiteur, que j'avais beaucoup connu autrefois et qui me devait un peu sa rentrée dans la diplomatie, fut que je continuerais à fouiller sans relâche le répugnant passé du locataire momentané de la place Beauvau, ce à quoi je me remis activement.

On m'avait fait parvenir à Londres, car les renseignements m'arrivaient de toutes parts, des informations révélatrices sur le mariage du monsieur dont le beau-père, un certain banquier agent d'affaires, nommé Masbou, avait été condamné pour banqueroute. J'accrochai ma vengeance à ce nouveau clou, et, sous ce titre mondain : *Les Grands Mariages*, l'*Intransigeant* publia cet article qui jeta, m'assure-t-on, l'affreux Constans dans une prostration totale :

On sait que beaucoup de journaux parisiens comprennent sous cette rubrique l'annonce des unions plus ou moins assorties qui défraient les conversations de la haute société. Nous ne cacherons pas au public, généralement gobeur, que la plupart des comptes rendus de ces cérémonies nuptiales ne sont que des réclames payées sur le pied de trente ou quarante francs la ligne par les familles des conjoints.

On a ainsi la faculté d'énumérer ses alliances et de décrire ses armoiries. Ça coûte un peu cher, mais ça vous a une odeur de croisades on ne peut plus flatteuse.

L'*Intransigeant*, qui ne veut pas rester en arrière, inaugure aujourd'hui ce système de chronique. Seulement, c'est gratuitement que nous donnerons la description des toilettes des invités des deux sexes qui assistent à ces fêtes de l'hyménée.

Nous commençons par :

LE MARIAGE CONSTANS - MASBOU

Dès le matin une foule nombreuse, composée en grande partie de cette population spéciale et élégante qui assiste d'ordinaire aux exécutions capitales, se pressait aux portes de la prison de Villefranche, où le banquier Masbou était détenu pour banqueroute frauduleuse et où le mariage devait avoir lieu.

Huit jours auparavant, M. Constans, un jeune magistrat impérial du plus grand avenir, était allé demander au détenu, dans le parloir de la maison centrale, la main de sa fille, et c'est dans la chapelle de la prison que la consécration officielle avait lieu.

Les témoins de la mariée étaient un des gardiens de l'établissement, et le jeune Buret, qui purgeait alors sa troisième condamnation. C'est de ce moment, à la fois délicieux et solennel, que date entre M. Constans et lui cette amitié touchante qui devait porter plus tard des fruits si heureux pour la paix de l'Europe et le relèvement de la République.

Le père de la mariée, désireux de faire honneur à sa nouvelle famille, avait sollicité du directeur l'autorisation de se faire pour la circonstance broder au plumetis dans le dos son numéro d'écrou. Les espadrilles réglementaires avaient été gracieusement remplacées par des godillots tout neufs, avec lesquels ce financier se faisait une joie de mener sa fille à l'autel.

Le marié, rayonnant sous son frac noir, donnait le bras à la « fouilleuse » de la prison, qui avait bien voulu lui servir de mère. L'aumônier attaché au service des prisonniers, et qui devait officier, s'était fait un peu attendre, parce qu'il avait eu à accompagner le matin même à l'échafaud un condamné à mort, guillotiné pour parricide ; mais ce léger retard n'avait troublé en rien la bonne humeur des assistants.

Le « oui » sacramentel prononcé et la messe écoutée avec le plus profond recueillement, le père Masbou conduisit toute la noce dans sa cellule, où un déjeuner modeste avait été préparé. Chaque convive avait à côté de sa gamelle cinq cents grammes de la boule de son règlementaire. De temps à autre ils se levaient de table pour aller boire de l'eau fraîche à même une belle cruche de grès déposée au fond de la pièce.

Le repas, surveillé par un porte-clefs à travers un guichet, fut plein d'entrain. On but d'abord à Napoléon III, sur la clémence duquel on comptait sérieusement pour obtenir la grâce de l'excellent beau-père. Le marié promit d'intéresser le procureur général Gastambide au sort de cette victime des hasards des jeux de Bourse. On but aussi à l'avènement du jeune Constans qui, chassé pour faux du collège Henri IV dès l'âge de quinze ans, s'annonçait comme devant être un jour un homme réellement extraordinaire.

Au dessert, le père Masbou bénit les deux enfants et leur adressa, en argot, une petite allocution qui tira les larmes de tous les yeux. Le guichetier lui-même se mouchait bruyamment pour dissimuler son émotion.

La « fouilleuse » qui, comme on sait, est chargée d'explorer les poches des visiteuses pour constater qu'elle n'apportent pas aux détenus des objets interdits, accepta la mission délicate de faire à la mariée les dernières recommandations. Son *daron* (son père) reconduisit ensuite tout son monde jusqu'au couloir circulaire où se promènent les gardiens et, la petite fête terminée, tous sortirent de prison. Cinq voitures cellulaires que le directeur, toujours paternel, avait mises à la disposition des invités, les attendaient à la porte.

La foule, qui avait encore grossi, accueillit les jeunes et heureux époux par de nombreux vivats, et chacun s'écriait en voyant passer ce joli couple :

— Vivent les aminches !

HENRI ROCHEFORT.

Le ministère feignit une grande indignation et plusieurs de ses membres, pour l'honneur du pays, insistèrent auprès de Constans afin qu'il m'assignât devant les tribunaux pour imputation calomnieuse.

Il s'y refusa obstinément et un de ses collègues lui lança cette ruade :

— Mais si vous ne protestez pas, on va croire que tout cela est vrai.

Constans persista à se renfermer dans un dédaigneux silence, devinant qu'un procès était tout ce que nous demandions.

Alors le ministre de la justice rédigea cette note, qui parut dans plusieurs journaux et notamment dans la *Patrie*, où nous la relevâmes :

Nous croyons savoir que l'article publié ce matin par l'*Intransigeant* contre M. Constans a été déféré au parquet, non par le ministre de l'intérieur, mais par le ministre de la justice, qui a voulu prendre lui-même l'initiative de cette poursuite.

Constans entra en furieux au conseil, demandant de quel droit on se mêlait de ses affaires et donnant nettement à entendre qu'il ne se trompait pas sur les motifs de la sollicitude que lui témoignaient, malgré lui, ses collègues. Le massacreur de Fourmies eut même des attendrissements, répétant que le scandale d'un procès à propos de la condamnation de son beau-père troublerait encore son ménage déjà suffisamment troublé.

Enfin il s'emporta jusqu'à la menace — pas la menace de donner sa démission, bien entendu — si les assignations déjà prêtes étaient lancées, et elles ne le furent pas.

Cette lutte et ces représailles contre l'être déshonoré qui avait acculé Boulanger au suicide occupaient assez mon exil pour que j'en sentisse rarement la tristesse. Je le peuplais aussi par l'étude de la peinture anglaise que je ne connaissais guère que de réputation et qui jusque-là n'avait eu en France que des amateurs choisis.

Je courais les ventes et les magasins, où je fus bientôt sollicité à des visites où, avec beaucoup de déférence, les plus grands seigneurs d'Angleterre me consultaient sur des attributions de tableaux douteux. Un jour, à la mort d'un ami du grand peintre d'animaux Landseer, M. Woods, le successeur de Christie, et dont les appréciations dans les questions d'art font autorité à Londres, mit sur la table un portrait du peintre, représenté debout, caressant de la main un gros chien noir.

Le maître était peint par le directeur de l'Académie

de peinture, et le chien par Landseer lui-même. Et, comme je poussais le portrait, M. Woods dit d'un ton de regret :

— Il serait bien fâcheux que cette œuvre, qui reproduit les traits de notre plus grand peintre, ne restât pas à la nation anglaise.

Je saisis la balle au bond et répondis à Woods :

— Permettez-moi de lui offrir le tableau.

En effet, il me fut adjugé sous les bravos de l'assistance, car les Anglais sont extrêmement sensibles à nos bons procédés à leur égard, et je fis don du portrait de Landseer à la ville de Londres.

Il est aujourd'hui accroché dans une des nouvelles annexes de la *National Gallery* et une mention inscrite sur le cadre indique que l'Angleterre m'est redevable de cet intéressant spécimen.

Landseer, dont la gravure a popularisé les belles chasses au cerf dans les glaciers d'Écosse, représente un des plus extraordinaires exemples de l'irrésistibilité de la vocation artistique. J'ai vu de lui un magnifique chien attaché sur sa niche emportée par une inondation.

Le jour où, absolument inconnu, il l'exposa à l'Académie royale, la sensation fut grande et un amateur se précipita chez le peintre pour lui en proposer l'achat. Il sonna à la porte d'un petit jardin où, en entrant, il vit un garçonnet qui jouait au cerceau avec d'autres petits camarades, et, s'avançant, il leur demanda :

— N'est-ce pas ici que demeure M. Landseer ?

— Oui, dit un des enfants.

— Et quand pourrai-je lui parler ?

— A l'instant même : M. Landseer, c'est moi.

— Mais, fit l'amateur, c'est à votre père que je désire m'adresser. Il s'agit du tableau qu'il a exposé à l'Académie.

— Eh bien, dit l'adolescent, celui qui a exposé le tableau, c'est moi !

Il avait alors quatorze ans et demi.

CHAPITRE XXXV

La vie a Londres. — L'art. — Le théatre. — Anglais et Français. — L'exposition de peinture. — L'histoire d'Angleterre et l'histoire de France. — Sympathies et rivalités.

Une légende veut que la vie soit hors de prix à Londres. Je n'hésite pas à la proclamer deux ou trois fois moins dispendieuse qu'à Paris.

Ce qu'on paie là-bas plus cher qu'ici, c'est le luxe; mais le nécessaire y est très au-dessous de nos cours. Après les proscriptions de 1871, les réfugiés seraient, partout ailleurs qu'en Angleterre, morts littéralement de faim. Plusieurs y ont vécu avec cinquante et quarante francs par mois.

Ces ressources que la grande ville offre aux plus pauvres proviennent en majeure partie de la coutume qu'ont adoptée les bouchers et les poissonniers d'écouler dans la journée toutes les marchandises dont ils ont fait provision le matin. Ils respectent trop leur clientèle pour lui servir de la viande ou du poisson de la veille.

Aussi, entre six heures et demi et huit heures du soir, donnent-ils ordinairement pour quelques pence les morceaux qui leur sont restés pour compte. Je m'étonnais de voir, à la tombée de la nuit, des files de femmes et d'enfants faisant queue devant chaque étal. C'étaient non des mendiants ni des pauvres, mais des gens économes qui venaient s'approvisionner à l'heure où la tranche de saumon et le quartier de bœuf ont baissé, de deux shellings qu'ils coûtaient à midi, à quelques fardings.

Les proscrits de la Commune se cotisaient et des délégués allaient à ce marché du soir d'où ils rapportaient pour des prix invraisemblables de modicité une nourriture exactement de même qualité que celle des plus riches Londoniens qui, le matin, l'avaient payée au prix fort.

Bien que commerçants dans l'âme et réputés pour les plus madrés négociants du globe, les Anglais aiment à faire grand. C'est un spectacle merveilleux, auquel j'aurais voulu voir assister des peintres comme Vollon ou Ribot, que ces immenses devantures encombrées de truites saumonées, de sterlets, de carpes, de turbots, parfois gigantesques, étalés sur des blocs de glace gros comme de petits rochers et dégageant une fraîcheur qui vient vous atteindre jusqu'au milieu de la rue.

Une des séductions de Londres, c'est cette largeur des horizons où l'œil n'est jamais, comme chez nous, obstrué par des maisons à sept étages entre lesquelles on marche comme entre des falaises. Sauf dans les faubourgs, tous les habitants y ont leur *home* qui est inviolable et où personne ne pénètre, ni indiscret, ni police.

Quand un agent chargé d'y opérer une perquisition ou une arrestation veut s'y introduire, il est obligé d'attendre que la porte s'ouvre et d'y entrer vivement avant qu'elle se referme. Si elle persistait à rester close, je ne sais pas trop comment les détectives ayant mission de la visiter parviendraient à remplir leur mandat.

Un entrepreneur voulant, rompre avec ses habitudes d'intimité familiale imagina de construire un jour un immeuble calqué sur les grands bâtiments de rapport où le ménage du premier a chez nous tous les respects et celui du sixième tous les dédains du concierge. Une interpellation se produisit à la Chambre des communes au sujet de cette innovation. Le Parlement déclara que des édifices de cette hauteur offraient de très grands dangers au point de vue de la circulation de l'air, plus nécessaire à Londres que partout ailleurs, et la maison à sept étages resta seule de son espèce.

Souvent mes regards de Français étaient désagréablement frappés par des archaïsmes dont je ne m'expliquais pas le maintien. Ainsi la plupart des fenêtres des maisons sont encore ce qu'on appelle à guillotine, se soulevant de bas en haut, au lieu de s'ouvrir par le milieu.

Un architecte me donna les motifs de la persistance de ce système. A Londres, les vents de mer atteignent parfois une extrême violence et les fenêtres à guillotine servent à les modérer, attendu qu'on est libre de les lever peu ou beaucoup, tandis que nos croisées ou s'ouvrent tout entières ou restent hermétiquement closes. En France, il faut qu'une fenêtre soit ouverte ou fermée. En Angleterre, elle l'est plus ou moins.

Le samedi soir, jusqu'à minuit, les boutiques et les échoppes d'approvisionnement obstruent la plupart des rues, car, tout étant calfeutré le dimanche, il est indispensable de se prémunir dès la veille contre la famine. On traverse des voies éclairées et débordantes de victuailles. Puis, au coup de minuit, tout disparaît en un tour de main et l'Angleterre entre dans le repos dominical.

Ce repos fastidieux offre le désagrément de commencer parfois, pour les grandes fêtes religieuses ou autres, le samedi à deux heures et de ne cesser que le mardi suivant, quand il ne dure pas jusqu'au mercredi. La difficulté à se nourrir devient alors sérieuse.

Pendant les jours fériés de Bank-Holiday, qui sont les vacances des banques, tout Londres émigre aux alentours, sur les bords de la Tamise, et moi qui n'y émigrais pas, je croyais demeurer seul dans une immense ville dont tous les habitants auraient été emportés par une épidémie foudroyante. Bien que la grande cité soit la plus peuplée du globe, la liberté de la rue y est très grande. Souvent j'étais attiré par un attroupement : c'était un bal improvisé sur la chaussée même par des petites filles qui dansaient des gigues à la musique d'un orgue. Quelquefois, après s'être désarticulées avec une souplesse de femmes-serpents, elles font la quête et, avec la recette, vont acheter des chaussons aux pommes.

Londres est plein de vieux cimetières où j'ai remarqué beaucoup de tombes entourées avec des coquilles d'huîtres. Et, ce que j'ai remarqué aussi, c'est le peu de respect qu'inspirent les morts. Près de mon joli petit hôtel de Clarence-Terrace, donnant en plein sur Regent's-Park, s'ouvrait une nécropole, où j'entrais quelquefois pour m'y asseoir, car ces champs de repos n'affichent pas du tout le même aspect lugubre que chez nous. Ce sont presque des jardins.

Eh bien, j'y regardais des enfants jouer à cache-cache à travers les pierres tombales, sur lesquelles ils sautaient sans la moindre peur de sentir le mort les tirer tout à coup par les pieds. Et ils tournaient autour des colonnes funéraires aussi insouciamment qu'autour des arbres. D'ailleurs, sauf pour des personnages de grande marque, les corbillards traversent la ville au grand trot, à ce point qu'il serait impossible aux familles de les suivre à pied. C'est à la lenteur de la marche et à la foule groupée derrière le char qu'on reconnaît les obsèques d'un Français.

Le peuple anglais, essentiellement pratique et n'aimant pas à perdre son temps, a l'air de dire à ses décédés :

— Maintenant que ça y est et que toutes les larmes du monde ne te ressusciteraient pas, finissons-en avec toi le plus promptement possible.

Je ne connais pas de pays où les morts aillent plus vite.

Je ne crois pas que les Anglais aient, comme on l'a prétendu, la haine de l'étranger : ils se contentent d'en avoir le mépris. Aussi tiennent-ils pardessus tout à leur autonomie de race et ne redoutent-ils rien tant qu'une fusion avec les autres peuples. C'est pourquoi je me permets de conseiller à mes compatriotes de ne pas risquer leurs capitaux dans une affaire soit de tunnel sous-marin, soit de pont sur la Manche. Jamais, retenez-le bien, le Parlement britannique n'autorisera des travaux susceptibles de relier l'Angleterre au continent.

Cavendish Bentick, ancien ministre et membre du conseil privé de la reine, me l'a souvent répété :

— Nous sommes défendus par notre ceinture d'argent. Nous n'avons aucune envie de la dénouer.

La ceinture d'argent, c'est le détroit. A l'égard de la France, le sentiment anglais est bizarrement partagé entre le souvenir de nos vieilles luttes maritimes ou militaires et de très sérieuses sympathies pour notre entrain, notre bonne humeur et notre génie artistique. Les Anglais reconnaissent très loyalement notre supériorité dans la connaissance des tableaux et l'expertise des vieux maîtres. Ils rendent hommage à notre instinct du théâtre et à l'imagination de nos auteurs.

En revanche, ils nous considèrent politiquement comme des ahuris ou, plus réellement, comme des gâteux. Notre diplomatie les fait rire presque au même titre qu'une représentation de guignol. C'est au point que, dans la faveur dont j'ai joui auprès de la nation anglaise pendant mon exil, entrait certainement cette pensée que je répudiais à mon tour les insanités douloureuses composant les différents systèmes suivis par nos gouvernants.

— En attaquant tous les ministères, vous êtes bien sûr de ne pas vous tromper, me disait le duc de Marlborough, frère de sir Randolp Churchill. Il est en effet impossible de gouverner plus à tort et à travers.

Van Beers ayant envoyé à l'Exposition annuelle de peinture un portrait de moi, qui avait eu en 1889 un vrai succès au Salon des Champs-Elysées, tous les journaux anglais s'extasièrent et lord Salisbury qui en qualité de premier ministre présidait le grand banquet des exposants, introduisit cette phrase dans son discours :

— Certes, je suis bien loin de partager les idées révolutionnaires de M. Rochefort ; mais, quand je le vois si magistralement peint par M. Van Beers, je ne puis m'empêcher de sympathiser avec lui.

Très cher aux premières places, presque pour rien aux dernières, le théâtre joue à Londres un rôle exagérément développé. L'ouverture de Covent-Garden marque le début de la *season*, et cette représentation constitue une solennité quasi officielle. Ce qu'on voit ruisseler ce soir-là de diamants au cou, aux bras et sur la tête des dames de l'aristocratie londonienne est inénarrable et inappréciable. Toutes, de l'orchestre aux troisièmes loges, sont dans des toilettes de bal, qu'elles arborent du reste presque tous les soirs à partir de huit heures, fut-ce pour aller dîner au restaurant.

Ce repas spécial affecte dans la vie anglaise une importance qui en fait une espèce de communion. Même dans les ménages, la femme descend en robe décolletée pour dîner dans sa salle à manger avec son mari qui lui-même a endossé le frac et s'est cravaté de blanc. Et, après le dessert, le couple remonte quelquefois se coucher à neuf heures et demie, dépouillant, une heure et demie après l'avoir mise, une toilette que la femme avait quelquefois passé deux heures à organiser.

Nous ne connaissons qu'approximativement l'histoire d'Angleterre, qui d'ailleurs se résume, comme la nôtre, par d'incessantes guerres de religion, car il est incroyable que depuis des siècles et des siècles l'Europe se soit battue et se batte encore pour un Dieu qui n'existe pas.

Mais je suis fondé à croire que les habitants de la Grande-Bretagne connaissent aussi peu que possible l'histoire de France. J'ai vu représenter, dans une salle louée tout exprès, le *Thermidor* de Sardou. Personne, en dehors des quelques Français disséminés dans les stalles, n'y parut rien comprendre. Bien que le rôle de Labussière fût joué par Coquelin, la location donna si peu le lendemain que le théâtre n'ouvrit pas et que la pièce eut une seule et unique représentation.

Monarchistes de tradition, les Anglais ne s'intéressent qu'à ceux qui ont occupé le trône. Robespierre, Danton, Mirabeau même n'ont pas pris place dans leur chronologie. Toute leur curiosité paraît s'être concentrée sur Napoléon dont on voit le portrait partout et pour lequel ils professent une admiration profonde où entre quelque peu l'orgueil de l'avoir définitivement vaincu.

Mes pérégrinations dans Londres furent interrompues par une entreprise politique dont le magnifique résultat fut réellement inespéré. En prévision de quelque procès possible que Constans, poussé à bout, se déciderait à m'intenter dans la personne de l'*Intransigeant*, j'avais résolu de me documenter de telle façon que devant les assises l'accusateur devînt l'accusé.

Montégut, un de mes amis et collaborateur, partit pour Toulouse où on lui avait indiqué les bons endroits qui recélaient en partie le passé du vieux massacreur. Il nous rapporta de son voyage nombre de pièces d'un si haut intérêt que, au lieu de les garder, en cas de besoin, pour ma défense, je résolus de m'en servir pour l'attaque.

Je commençai dès le lendemain sous ce titre : *Quarante Ans ou la vie d'un ministre*, une série d'articles où je déballais tout le dossier du criminel.

Je racontais comment, à la suite de ses violences sur une enfant vendue — pas cher — par sa mère, la femme Grazidou, Constans avait dû abandonner la magistrature pour émigrer en Espagne. Le fait s'était passé en 1855. Alors âgé de vingt-deux ans, il était entré au parquet et avait prêté serment à l'Empire comme attaché au cabinet de M. Gastambide, procureur général impérial.

Celui-ci avait chassé de son cabinet son indigne

subordonné et l'affaire fut portée devant le tribunal correctionnel de Toulouse le 12 décembre 1855.

Grâce à des démarches actives et à la peur qu'avait le gouvernement impérial de déshonorer ceux de ses fonctionnaires qui avaient adhéré au 2 Décembre, Constans ne comparut que comme témoin. Seulement le président, qui était M. Gaubet, et le substitut, M. Auzier, le traitèrent avec le dernier mépris, et le président lui dit avant de lui faire prêter serment :

— Votre véritable place, ici, devrait être à côté des prévenus.

Les accusés, Elisa Jalabert, épouse Grazidou, et Victor Boisset, un cocher qui avait servi de rabatteur, furent condamnés tous deux à deux ans de prison. A la suite de quoi, Constans fila sur Barcelone, où il exerça à peu près tous les métiers dont le plus prospère et le plus honorable pour lui fut celui de fabricant de pompes à vidanges.

Le lendemain, dans un nouvel article, je le présentais, avec preuve à l'appui, non pas seulement comme croupier et directeur de cercle, mais comme tenancier de jeux de hasard dans d'ignobles caboulots dont, au moment où j'écrivais, il était encore propriétaire en vertu d'actes notariés passés chez Mᵉ Latou, notaire à Toulouse, 15, place Lafayette, et que je citais tout au long.

Et pour comble d'ignominie, ce tripot, intitulé le café Divan et situé place du Capitole, à Toulouse, avait été peu de temps auparavant fermé par la police comme constituant une maison de jeu clandestine. Cette dernière révélation fut décisive. La presse anglaise qui jusque-là s'était tenue sur la réserve, se mit à commenter mes effrayantes révélations et le *Daily Telegraph*, journal cependant modéré et plutôt hostile aux révolutionnaires de mon acabit, publia une correspondance où je remarquai ces mots qui m'encouragèrent à pousser ma campagne :

« Cette fois, nous croyons que le pamphlétaire aura raison du ministre. »

Or j'avais observé que les feuilles politiques d'outre-Manche sont douées d'une extrême perspicacité et se trompent rarement dans leurs pronostics.

Constans n'aurait pas mieux demandé que de se dérober. Je ne le lui permis pas. Je reçus à Londres la visite de notre ami le député Le Senne, avec qui je m'entendis pour une interpellation dans laquelle il demanderait, de l'air le plus innocent, ce que comptait faire M. Constans en présence des indignes calomnies publiées contre lui par un homme que la justice sénatoriale, la plus haute du pays, avait condamné à la déportation pour complot contre la sûreté de l'Etat.

Francis Laur déposa de son côté une demande d'interpellation sur le même sujet.

Averti de la double tuile qui menaçait un de ses membres, M. de Freycinet avait, au conseil des ministres tenu avant la séance, interrogé Constans sur ses projets à mon égard, en l'invitant de nouveau à nous poursuivre en cour d'assises, moi et le gérant du journal.

Et, comme le ministre de l'intérieur persistait à déclarer qu'il n'en ferait rien, M. de Freycinet essaya de lui faire comprendre, vainement d'ailleurs, qu'il compromettait par son abstention non seulement son honneur, mais celui du ministère tout entier, cette interpellation devant inévitablement provoquer un épouvantable scandale.

A quoi Constans se contenta de répondre :

— Vous verrez que l'interpellation n'aura pas lieu.

Afin de remplir jusqu'au bout son devoir de solidarité ministérielle, M. de Freycinet demanda à la Chambre de repousser, par la question préalable, la demande déposée par M. Le Senne.

Francis Laur monta alors à la tribune pour s'opposer à cette motion et termina sa démonstration par ces mots :

— Notre collègue a à développer une théorie de dignité gouvernementale. Si vous ne faisiez pas droit à notre demande, on verrait que cette Chambre n'a pas hésité à sacrifier la liberté d'interpellation pour couvrir un membre du gouvernement qui est flétri par l'opinion publique.

A ces mots, Constans qui avait écouté, l'écume aux lèvres, jugea le moment venu de tenir sa promesse d'empêcher l'interpellation par tous les moyens ; et, comme Francis Laur descendait les marches de la tribune, le vieux tenancier se jeta sur lui et le bouscula violemment.

Laur, frappé par derrière, essaya de riposter à son agresseur ; mais tous les majoritards s'interposèrent, protégeant de leur corps celui du dispensateur des fonds secrets.

Le soir même je reçus de Laur une dépêche me demandant s'il lui était permis d'adresser des témoins au directeur du tripot de Toulouse. Je lui envoyai immédiatement un télégramme ainsi conçu :

« *Francis Laur, député, Paris,*

« On ne se bat pas avec un violateur d'enfants et un joueur de bonneteau.

« HENRI ROCHEFORT. »

Malgré ce conseil, Francis Laur jugea à propos d'envoyer deux amis au vieux pandour, qui prétendit que les délais pendant lesquels il les avait attendus étant épuisés, il se refusait à toute réparation.

Mais, selon le plan préparé depuis déjà plusieurs mois, le ministère se fit renverser, et Constans, définitivement éliminé, fut remplacé à l'intérieur par M. Loubet. Tout le monde m'attribua cette victoire de la morale publique et depuis, l'homme de Fourmies, malgré ses efforts désespérés, n'a jamais pu sortir de sa bauge où j'avais tant aidé à le faire rentrer.

Je repris, à Londres, ma vie tout artistique, et je me rappelle, comme démonstration de l'ignorance où sont encore les Anglais de notre histoire, même la plus rapprochée, avoir assisté à un incroyable drame qui faisait courir toute la ville et qui s'intitulait : *Un Divorce royal*.

Bien que la pièce fut larmoyante au possible, j'ai rarement passé une soirée plus gaie. Ce divorce était celui de Napoléon et de Joséphine. Pourquoi royal et non impérial ? Un employé du théâtre que j'interrogeai me répondit que Napoléon était empereur et que Joséphine était reine. C'est tout ce que je pus en tirer.

Le rôle du queue-rouge de la pièce était joué par le maréchal Augereau qui, tout le temps, prenait la taille à la duchesse Stéphanie de Bade, après laquelle il courait constamment avec des lazzis et des contorsions qui faisaient mourir de rire le gros public.

La même duchesse Stéphanie Tascher de la Pagerie, le jour de la bataille de Waterloo où elle était revenue retrouver l'empereur en compagnie de Joséphine, s'habillait en jeune officier, toujours pour intriguer

Augereau qui avait passé aux Bourbons et n'assistait pas à cette célèbre journée.

Le dramaturge semblait, en outre, avoir confondu Marie-Louise avec Marie-Antoinette. On voyait dans le jardin des Tuileries des femmes armées de haches courir après l'impératrice en criant : « A bas l'Autrichienne ! » Elle allait être atteinte et massacrée quand Joséphine, le bon génie du drame, se précipitait entre elle et le peuple, et sauvait ainsi sa rivale, ce qui faisait couler des yeux bleus des jeunes misses des cascades de larmes.

Je les aurais bien étonnées en leur apprenant que le 5 septembre 1870 j'avais trouvé dans un carton, sur le bureau de Napoléon III, ce billet que j'ai cité plus haut et portant ces mots significatifs :

« Dites à Barras qu'il me sera impossible de venir souper ce soir ; Bonaparte revient cette nuit. »

C'était encore Augereau, devenu un peu plus sérieux, qui accompagnait à Sainte-Hélène, Napoléon, lequel l'avait flétri comme traître et transfuge dans sa première proclamation écrite après le retour de l'île d'Elbe.

Joséphine était également au bas de l'échelle du *Northumberland* où son divorcé de mari lui adressait des adieux d'une extrême tendresse. Joséphine était morte un an avant Waterloo, mais ça ne faisait rien.

Napoléon était représenté dans cette œuvre informe comme le type du général impeccable, comme le courage et la magnanimité mêmes. De ses violences, de sa fourberie et de son despotisme il n'était pas un instant question.

Pour comble de comique, l'auteur chargé du rôle

de Bonaparte le jouait presque continuellement les mains derrière le dos, dans l'espoir évident de rappeler son modèle. A la Malmaison, aux Tuileries et jusque sur l'escalier du *Northumberland*, il avait toujours les mêmes mains derrière le même dos, ce qui finissait par pousser à un irrésistible rire.

J'étais un jour à rêver dans le petit hôtel de Clarence-Terrace quand je reçus la visite inopinée d'Andrieux, mon ancien collègue à la Chambre de 1885. Il m'expliqua que beaucoup de nos amis communs pensaient qu'après la mort de Boulanger les malentendus devaient cesser entre les républicains avancés de toutes nuances qui s'intitulaient : socialistes-boulangistes ou socialistes-radicaux.

Qu'en conséquence, Clémenceau, alors chef incontesté de l'extrême-gauche, serait disposé à venir jusqu'à Londres, afin d'y délibérer avec moi sur les moyens de composer, en vue des prochaines élections, une liste commune.

Bien que Clémenceau eût pris une certaine part à tous les malheurs qui avaient fondu sur moi, je ne demandais pas mieux que d'oublier mes griefs personnels dans l'intérêt du parti. Je répondis donc à Andrieux que je consentais très volontiers à traiter avec lui la question des élections prochaines.

Andrieux envoya immédiatement à Clémenceau une dépêche lui indiquant qu'il était attendu; et en effet, le lendemain, vers sept heures du soir, Andrieux vint avec Louis Guillot, ancien député de l'Isère, me chercher pour aller dîner avec Clémenceau qui était en train de faire sa toilette à l'hôtel.

Mais comme il eut été peut-être gênant pour nous deux qu'il me fît ou que je lui fisse la première visite, Louis Guillot m'avertit que nous nous verrions dans une maison tierce, chez un ami qui nous invitait à dîner pour faciliter notre entrevue.

Du moment où nous nous rencontrions chez une tierce personne, toutes les formes et toutes les susceptibilités étaient sauvegardées.

Je demandai quel était notre amphitryon et je fus extrêmement surpris lorsque Louis Guillot me répondit :

— C'est Cornélius Herz.

Je connaissais à peine ce nom et je n'avais jamais vu celui qui le portait, bien que dans l'*Intransigeant* nous l'eussions souvent assez malmené à propos de l'importance que cet étranger se donnait et des prétendues découvertes scientifiques qu'il avait essayé de nous imposer.

Je fis à Andrieux et à Guillot cette observation que j'allais me trouver un peu embarrassé devant cet homme que mon journal avait si peu ménagé.

— N'importe, me dit Guillot, il a oublié toutes ces polémiques et il tient beaucoup à vous connaître.

Je me rendis donc chez Cornélius Herz, qui habitait un hôtel de famille dans les environs de Regent's-Street et j'y vis pour la première fois l'étrange aventurier qui, à quelques mois de là, allait occuper du bruit de son nom tudesque toute la France et même l'Europe.

J'étais à ce moment à cent lieues de me douter qu'un prochain scandale dût éclater à propos du Panama et de ceux qu'on a appelés les panamistes. Mais je fus plus tard parfaitement convaincu que Cornélius Herz flairait déjà la catastrophe et avait tenu non à se concilier, au moins à désarmer un journaliste dont il pouvait avoir à redouter les assauts.

La conversation entre Clémenceau et moi porta sur des questions de tactique électorale. Nous déjeunâmes le lendemain ensemble, et, comme il n'était venu que pour me voir, il prit à trois heures de l'après-midi le train-club fonctionnant à cette époque entre Londres et Paris.

Mais je m'aperçus que Cornélius Herz avait prêté ses appartements à notre entrevue pour des motifs qui n'avaient pas été mis sur le tapis. Il vint à son tour dîner chez moi et, presque à brûle-pourpoint, me demanda pourquoi j'attaquais Constans avec cet acharnement. Je lui répondis que je faisais mon métier qui était de m'acharner en effet sur les coquins et de défendre obstinément leurs victimes.

Alors, démasquant presque ses batteries :

— Si vous vouliez rester seulement quinze jours sans l'insulter, me dit Cornélius Herz, je me ferais fort d'obtenir de lui qu'il montât à la tribune pour demander lui-même l'amnistie en votre faveur.

Je ripostai en riant, comme si je n'attachais aucune importance à cette proposition fantaisiste :

— Si je savais qu'un ministre eût l'intention de demander ma grâce sous une forme quelconque, soit à la Chambre, soit au président de la République, je le traiterais dans mes articles de façon à lui en ôter l'envie.

Cornélius Herz n'insista pas, mais au dessert il me posa négligemment cette question :

— Comprenez-vous que des gens m'ont affirmé que vous étiez très riche ? N'est-ce pas que vous n'avez pas de fortune ?

— Moi, fis-je, je n'ai pas seulement un sou. J'ai toujours dépensé tout ce que je gagnais.

Il feignit alors de s'indigner devant tant d'insouciance :

— C'est absurde, à votre âge, de n'avoir jamais rien mis de côté ; il serait temps, cependant, de penser, sinon à vous, du moins à vos enfants.

Puis il ajouta :

— Eh bien, moi, je vais vous ~~intéresser~~ à une magnifique affaire que j'ai entre les mains : je viens d'obtenir du gouvernement français la concession du tunnel sous la Manche. Je suis en Angleterre précisément pour tâcher de faire voter cette admirable entreprise par le Parlement britannique. Il y a là, vous comprenez, une énorme fortune à faire.

Et, prenant sans doute mon silence pour un acquiescement, il continua :

— Vous comprenez : le tunnel devant s'ouvrir à une certaine distance de la mer du côté de la France et de l'Angleterre, il se créera aux deux embarcadères un centre considérable de commerce et d'affaires. Il s'y construira des hôtels ; il s'y fondera des industries. Les terrains qui, aujourd'hui, n'ont dans ces parages aucune espèce de valeur, en acquerront subitement beaucoup. Une fois mes deux concessions en poche, nous achetons, des deux côtés du détroit, de nombreux hectares de terre à des prix minimes. Puis je fais publier mes autorisations et commencer les travaux. Vous devinez l'énorme plus-value dont bénéficieraient nos acquisitions. Eh bien, avant deux mois, l'affaire sera probablement conclue.

Mieux que personne, je savais à quel point les Chambres des Communes et des Lords étaient peu disposées à se prêter à cette entreprise internationale. Je vis donc immédiatement que Cornélius Herz me fabriquait de toutes pièces un joli conte de fées. Néanmoins, je me bornai à cette observation :

— Mais pour acquérir tous ces terrains il faut de l'argent et je n'en ai pas.

— Ah! vraiment, me dit-il comme en riant de mon innocence, on voit bien que vous n'êtes pas homme d'affaires. Nous n'aurons pas besoin de verser un sou pour cette opération. Vous ne savez donc pas qu'il faut quatre mois pour la purge des hypothèques. C'est-à-dire que nous aurons vendu notre terrain mille fois le prix de notre argent avant de l'avoir versé.

Et, pour achever de me convaincre, il conclut brusquement :

— Tenez, l'affaire est tellement belle que je suis tout prêt à vous avancer dès maintenant trois cent mille francs sur votre part.

Et il fit, pour tirer de sa poche son carnet de chèques, un geste que, d'ailleurs, j'arrêtai tout de suite :

— Oh! pardon, fis-je gaiement, je ne m'engage pas dans des opérations de trois cent mille francs sans avoir pris un peu le temps de réfléchir.

Il vit certainement que le coup était manqué et ne me reparla plus de son tunnel. Mais, dans ma conviction, Constans se voyant au bord du fossé où j'étais en train de le précipiter, avait confié à Cornélius Herz le soin d'un sauvetage selon lui probablement encore possible. Les trois cent mille francs d'avances sur ces terrains imaginaires eussent été pris sur les fonds secrets et, une fois passés dans ma poche, j'aurais eu beau expliquer que j'avais été victime d'un guet-apens, personne n'aurait pris au sérieux ma justification.

De ce que j'avance-là, je n'ai jamais eu la preuve ; mais je serais bien surpris si je me trompais.

Au moment où survint l'effrayante catastrophe panamiste, je crus devoir raconter à un rédacteur du *Figaro* venu à Londres pour m'interviewer, une partie de ce qui précède. Quelques confrères en journalisme m'ont même reproché d'avoir ainsi révélé l'entrevue ménagée entre Clémenceau et moi et qui devait rester secrète.

Je répondrai pour ma justification : d'abord que plusieurs personnes en étaient instruites ; en second lieu, que mon droit était, pour la sauvegarde de mon honneur, de mettre le public au courant d'une aventure que je n'avais cherchée en quoi que ce soit et qui avait été pour moi une surprise. Je ne tenais pas, on le comprendra, à ce qu'un journal du genre de ceux qui nous avaient quotidiennement vilipendés, Boulanger et moi, pût un beau jour insérer un entrefilet de ce genre :

« Est-ce que quelques mois avant la découverte des corruptions du Panama, M. Henri Rochefort n'a pas eu à Londres plusieurs conférences avec Cornélius Herz, le complice et l'associé du corrupteur Jacques de Reinach ? »

J'ai donc tenu, dès le premier jour et avant d'en avoir été prié, à faire moi-même le récit des rapports essentiellement fugitifs que j'avais eus, par le plus grand des hasards, avec celui qu'on devait appeler si longtemps le moribond de Bornemouth.

Pendant les périodes où les salles de ventes restaient fermées, je passais quelquefois d'affilée cinq ou six jours sans sortir, jouant aux cartes avec Coureau ou Léopold Wenzel, le compositeur qui dirigeait l'orchestre de l'Empire-Théâtre où ses ballets faisaient généralement salle comble. Nous étions là comme des provinciaux de petite ville qui vont faire leur partie au café de la gare.

Et, les idées s'élargissant ou se rétrécissant selon l'emploi qu'on en fait, j'en étais arrivé à attacher une certaine importance à la perte ou au gain de six pence qui équivalent à douze sous et demi de notre monnaie.

Depuis mon arrivée à Londres, je faisais parvenir à l'*Intransigeant* mon article quotidien par l'intermédiaire des interprètes du train, qui partaient à dix heures du matin de Charing-Cross pour arriver à Paris vers six heures du soir. Je leur remettais avec ma copie quatre shellings, c'est-à-dire cinq francs. On leur en versait autant au journal, et jamais le service n'a manqué un jour, sauf quand la mer démontée s'opposait au départ de la malle.

Cependant, un de mes porteurs habituels ayant été un jour surpris nanti d'un stock de photographies du jeune duc d'Orléans destinées à la propagande, il n'osa plus se charger de mes articles, et je fus, de deux jours l'un, obligé de les jeter à la poste, où ils étaient, du reste, distribués avec une régularité parfaite.

A force de rechercher et de flâner par la ville, j'avais fini par me composer une assez brillante collection, choisie surtout dans cette admirable école anglaise si mal connue ou plutôt si complètement ignorée en France, et qui, sauf pour deux ou trois peintres, n'était encore que fort peu appréciée dans le pays même. J'étonnai tous les amateurs de Londres en poussant jusqu'à dix mille francs, pour le compte d'un de mes amis qui m'en avait prié, un admirable portrait de jeune femme, mistress Howard, mère, je crois, de la miss Howard qui a joué dans la vie de

Louis Bonaparte un rôle assez étrange de commanditaire et de bailleuse de fonds.

Cette toile charmante avait été peinte par Thomas Lawrence, et, sans l'obstination du propriétaire qui enchérit sur moi, elle m'eût été certainement adjugée pour deux mille ou deux mille cinq cents francs.

Mais il n'en fallut pas plus pour éveiller l'attention des Anglais, et le prix des Thomas Lawrence, alors assez dédaignés, augmenta subitement dans des proportions qui, depuis mon retour en France, se sont encore développées. L'exemple suivant donnera une idée de l'écart extraordinaire qui, en deux ou trois ans, s'est produit dans la cote de certains maîtres anglais :

Je reçus un jour de M. Mac-Lean, l'important marchand de tableaux de Haymarket, une invitation à aller visiter une exposition de plusieurs Thomas Lawrence qu'il tenait de M. Hainguerstein, fils du fondateur de la *National Gallery*. L'une des toiles représentait quatre enfants de grandeur naturelle, jouant dans un jardin. Jamais rien de plus exquis ne m'était passé sous les yeux. J'en rêvai immédiatement l'achat, mais M. Mac-Lean me prévint qu'il ne lui était pas permis de vendre ce délicieux Lawrence avant d'avoir reçu la réponse d'un amateur qui venait de le lui marchander quelques instants auparavant.

La réponse fut qu'il le prenait pour deux cents livres, ce qui fait cinq mille francs, et le chef-d'œuvre m'échappa. Or, l'année dernière, après l'amnistie, étant retourné à Londres pour y passer quelques jours, je m'informai des moyens de retrouver le tableau.

On m'en indiqua le détenteur. Seulement, ce n'était

plus cinq mille, mais cinquante mille francs qu'il en exigeait. Et, après m'être violemment récrié, je dus m'incliner devant cette observation plutôt flatteuse pour moi :

— De quoi vous plaignez-vous ? C'est vous-même qui, à force de vanter dans les journaux les peintres de notre pays, en avez fait ainsi monter les prix. Toutes nos gazettes ont reproduit vos articles, et l'école anglaise est maintenant à la mode partout, notamment en France et en Amérique. Nous vous en gardons même une vive reconnaissance.

Plus homme d'affaires, j'aurais d'abord raflé le plus possible de tableaux anglais, et c'est seulement quand j'en aurais eu ma maison pleine que j'en aurais dénoncé les beautés.

Vers cette époque, j'appris avec un véritable chagrin la mort de Renan, qui fut non pas seulement un merveilleux écrivain, mais un des grands émancipateurs de la pensée humaine.

Je l'avais connu dans une maison amie où nous dînions assez souvent ensemble et où sa parole, pour être conciliatrice et pleine de mansuétude, n'en était pas moins celle d'un homme profondément convaincu des impostures dont est formé le catholicisme.

— Je lui dois beaucoup, me disait-il, puisque c'est lui qui, en somme, m'a fait ce que je suis.

Mais, au fond de cette déclaration d'ancien séminariste, il y avait cette pensée que c'était pour l'avoir combattu que Renan était devenu ce qu'il était. C'était à peu près comme si j'avais prétendu que je devais beaucoup à l'Empire, puisque sans lui je n'aurais eu aucun motif d'écrire la *Lanterne*.

On comprend que Renan ait été si longtemps considéré comme l'antechrist par tous ceux qui vivent de la religion. Le bon sens de Voltaire, les horreurs de l'Inquisition, la Saint-Barthélemy et les massacres de la Terreur blanche de 1815 ont certainement moins fait pour l'écrasement définitif du christianisme que le simple récit intitulé : *Vie de Jésus*.

D'autant que, seul, Renan était en état de l'écrire, ayant vécu en Judée dans l'intimité du souvenir de son héros et parcouru les chemins par où celui-ci avait passé, suivi de quelques bateliers égarés et séduits par ses visions.

En sa qualité d'élève de diverses institutions congréganistes, Renan avait fouillé et comparé les textes, pesé les arguments, scruté les contradictions ; et, comme il était incontestablement d'une intelligence très supérieure à celle de ses professeurs, il était allé les trouver un matin pour leur dire :

— Votre Jésus n'est pas plus Dieu que vous et moi. J'ai bien l'honneur de vous saluer.

Les mensonges séculaires dont on nous a tous plus ou moins bercés, il les réfute dans son livre avec une clarté merveilleuse. Débarrassée de toutes les auréoles, de toutes les gerbes d'étoiles et de tous les rois mages dont on l'a entourée, la légende chrétienne se réduit à un jeune halluciné, ignoré et ignorant, qui, après avoir fatigué sa mère et ses sœurs par ses rêveries, était allé, faute d'auditoire, les exposer à quelques douzaines de pauvres pêcheurs du lac de Génésareth.

Si, comme l'établit surabondamment Renan, l'ambition n'avait pas pris le fils de Marie d'aller polémiquer à Jérusalem, ville relativement importante, avec des prêtres à qui les Romains avaient abandonné l'application de la loi juive, il n'eût jamais été condamné ni crucifié et il aurait vieilli inconnu comme un guérisseur de village.

Supposez un Arabe des tribus du Sud-Oranais, discutant au milieu de ses amis la loi mahométane sous la surveillance des baïonnettes françaises, et vous avez Jésus dont les miracles, exactement aussi authentiques que ceux de Lourdes, ont trouvé, après des siècles, des quantités de Zola pour les célébrer sans plus de contrôle.

L'apparition de la *Vie de Jésus* n'a pas été seulement le coup de foudre sous lequel s'écroule la maison : elle a marqué une date dans l'histoire de la pensée humaine. Les pharisiens du catholicisme l'ont si bien compris qu'ils en ont perdu la tête. Sa mort fut le signal de nouvelles bordées d'invectives. Je me rappelle avoir lu, dans un journal ultramontain belge, les épithètes de « traître », de « renégat » et de « blasphémateur » tombant dru comme grêle sur son cadavre. Car le clergé, actuellement hors d'état de répondre à la contradiction par des autodafés, y répond par des vomissements.

Je demandai formellement le Panthéon pour ce grand moraliste. Les cléricaux du gouvernement le lui refusèrent. Je n'ai pas à apprécier ici la valeur de son républicanisme. Il était de l'Académie française, ce qui pouvait indiquer des tendances orléanistes. Mais ce n'est pas au politicien que la postérité aura à faire.

Il avait d'ailleurs adopté un système de scepticisme qui le tenait au-dessus des partis. La familiarité de sa conversation de curé de campagne affectait une note d'une douceur spéciale, bien que quelquefois le polémiste se réveillât. Il avait alors des ripostes écrasantes à l'adresse des imprudents qui l'avaient provoqué; comme, par exemple, ce mot ravissant qu'il prohonça négligemment à propos de M. de Goncourt qui s'était cru de force à le malmener dans son *Journal* :

— Je n'ai rien à lui répondre : nous ne vivons pas dans le même milieu intellectuel.

Je ne connus de la bombe du Panama, qui éclata à cette époque, que ce que Cornélius Hertz m'avait, à table, dit du beau-père de Joseph Reinach :

— Si je voulais, je pourrais le faire envoyer à l'échafaud, ou tout au moins au bagne à perpétuité.

Et il m'expliqua que Jacques de Reinach avait empoisonné un employé de banque, garçon de bureau et encaisseur au Crédit mobilier, autant que je me le rappelle. Il ajouta que ledit Reinach avait essayé de l'empoisonner aussi. Sans attacher beaucoup d'importance à cette accusation, dont il m'offrait pourtant de m'apporter les preuves. Je lui demandai quels motifs ce Jacques de Reinach, que je ne connaissais pas du tout d'ailleurs, pouvait avoir de se défaire de lui, Cornélius Herz me répondit :

— Un motif très sérieux, qui était de ne pas me rendre les millions qu'il me devait.

Cette bribe de conversation m'était revenue en mémoire au moment de l'explosion qui mit sens dessus dessous la Chambre et le Sénat. Je fus frappé de la coïncidence qui se révélait entre les tentatives d'empoisonnement auxquelles avait fait allusion Cornélius Hertz et le poison auquel avait eu recours pour se suicider le banquier corrupteur.

Je suis convaincu que c'est dans l'impossibilité où il se trouvait de satisfaire aux exigences toujours croissantes de Cornélius Herz et surtout aux menaces dont celui-ci l'accablait que le baron allemand s'était décidé à en finir avec une existence devenue intolérable.

C'est là tout ce que je sus des mystères du Panama, et au moment où ils me furent révélés, c'est-à-dire plusieurs mois avant le scandale, je n'y prêtai qu'une très médiocre attention.

Plus tard, lorsque Cornélius Herz, sous le coup d'un mandat d'arrêt, prit le parti de faire le malade, il m'adressa de Bornemouth l'institutrice de ses enfants, Mlle Turner, qui m'invita à aller passer quelques jours à Tankerville-Hôtel où une chambre toute préparée m'attendait. Le moribond retirerait de la tombe, tout exprès pour moi, le pied qu'il y avait déjà, et me déballerait le contenu de deux malles qu'il avait fait revenir d'Amérique.

J'y fouillerais à mon aise et, après une perquisition minutieuse, le Panama n'aurait plus de secrets pour moi. L'offre était tentante, mais elle était suspecte. Il me parut de toute évidence que cette perquisition me fournirait des documents sans valeur, et que le but de Cornélius Herz était simplement d'effrayer le gouvernement français par l'annonce de mon arrivée à Bornemouth.

Je me serais ainsi fait le complice inconscient, mais réel, d'un chantage dont Cornélius Herz aurait seul profité. Je fis donc observer à Mlle Turner, que si son patron tenait à éclairer pour moi les ténèbres du Panama, il n'avait qu'à lui confier un certain nombre de pièces plus ou moins probantes, que j'examinerais à loisir devant elle et que je lui restituerais aussitôt.

En effet, la jeune institutrice revint, mais avec une simple lettre portant *quitus* à Cornélius Herz de toutes les sommes qu'il avait pu devoir à la Société Kohn-Reinach.

Si peu intéressant que fût ce papier, je le publiai dans l'*Intransigeant*, en l'accompagnant d'une note où j'annonçais d'autres révélations, et l'effet de cette menace fut foudroyant, au point que la déléguée de l'alité de Tankerville-Hôtel me fit parvenir une dépêche émanée de son chargé d'affaires à Paris et portant ces mots significatifs :

« Je viens de voir J. R. (Joseph Reinach). Il me charge de vous dire que si vous pouvez arrêter la publication des documents annoncés par l'*Intransigeant*, la demande d'extradition sera immédiatement retirée ; vous serez mis en liberté et **un arrangement interviendra entre la succession Jacques Reinach et vous.** »

Cette dépêche, que j'ai eue entre les mains, suait l'affolement et démontrait l'importance des dossiers renfermés dans l'armoire de fer dont Cornélius Herz feignait de m'offrir la clé.

Mais j'avais compris qu'il désirait faire de moi beaucoup moins un confident qu'un épouvantail et, tout bête que je suis, je refusai de donner dans ce panneau.

Tout ce que me rapportèrent ces négociations, ce fut la certitude de la parfaite inanité de sa maladie, un moribond étant hors d'état de déployer une pareille activité d'esprit. Il n'est pas admissible que M. Brouardel, quelque ignorant qu'il puisse être, y ait été plus trompé que moi. Aussi dus-je conclure du rapport où il vouait Cornélius Herz à la mort dans le délai de huit jours que ce médecin-légiste était un imposteur et un malhonnête homme.

On voit que mon diagnostic était le bon, puisque l'alité que M. Brouardel présentait comme absolument hors d'état de comparaître devant les juges anglais a pu récemment s'embarquer allègrement sur un vaisseau en partance pour l'Amérique. Il a joué pendant plus d'un an, avec une patience de juif, une comédie à laquelle le doyen de notre Faculté de médecine s'est associé. Voilà tout.

Je savais d'autant mieux à quoi m'en tenir sur son véritable état morbide qu'un soir à Londres, au Criterion-Théâtre, où j'étais dans une loge avec MM. de La Feuillade et Aymery de La Rochefoucauld, un rédacteur du *Gallignani Messenger* vint m'assurer avoir vu, de la fenêtre d'une maison voisine de Tankerville-Hôtel, l'homme que venait de condamner M. Brouardel jouer gaiement au crocket avec ses enfants.

Très vexé d'avoir été ainsi pris en flagrant délit de mauvaise foi, l'expert-juré près les cours et tribunaux essaya de contester la possibilité d'établir un jeu de crocket dans le jardin de la maison du faux malade; mais l'*Illustration* publia, d'après une photographie, un dessin qui ne laissait aucun doute sur la réalité de mon affimation.

Conspué par l'Académie de médecine tout entière, qui s'opposa violemment à la lecture de son rapport où le mensonge sautait aux yeux, M. Brouardel eut été, dans tout autre pays, immédiatement révoqué de ses fonctions officielles. Il continue, comme par le passé, à faire quotidiennement condamner, sur les premières présomptions venues, des innocents qui, à l'heure où j'écris, expient au bagne et dans les maisons centrales son insouciance ou sa déloyauté.

Mais, en dehors de l'amusante maladie de Cornélius Herz, les circonstances atténuantes qu'invoquaient les députés convaincus de concussion panamiste, offraient des côtés non moins réjouissants. Il était notamment une guitare dont ils pinçaient tous avec une égale virtuosité. Chaque fois que l'un d'eux était pris la main dans le sac, il s'écriait non sans orgueil :

— J'ai dévalisé la caisse du Panama, rien de plus exact. Mais c'était pour combattre le boulangisme.

On comprend toute la force de cet argument. Boulanger, paraît-il, menaçait l'existence de la République. Alors de vrais républicains étaient allés trouver M. Charles de Lesseps, pour l'inviter à verser d'abord trois cent mille francs à Floquet, trois ou quatre fois plus à Rouvier, puis douze millions à un juif allemand nommé Jacques Reinach, afin qu'à son tour il les reversât à un juif américain nommé Cornélius Herz.

Voilà comment on s'y prend pour défendre la République quand on l'aime véritablement.

Or, même en supposant que le général Boulanger fût un aspirant dictateur, c'était précisément à Floquet, Rouvier et autres républicains d'expliquer à Cornélius et à Jacques à quel point, dans les circonstances pénibles que traversait la République, un procès intenté à la Compagnie de Panama pouvait jeter du discrédit sur le régime de leur choix.

Mais l'idée de demander à Cornélius et à Jacques, aussi antiboulangistes l'un que l'autre, de sacrifier leurs millions et leurs querelles au salut de la France ne vint à personne. Et à quelle porte était-on allé frapper pour donner satisfaction à ces vampires ? A la porte de M. Charles de Lesseps, à propos duquel un des concussionnaires de la majorité venait de s'écrier en pleine Chambre :

— Les directeurs du Panama étaient des boulangistes !

Ainsi ces mêmes politiciens qui accusaient M. Charles de Lesseps de favoriser Boulanger n'hésitaient pas à aller réclamer au directeur de la Compagnie douze millions, nécessaires, prétendaient-ils, pour combattre le boulangisme!

Quand les étrangleurs de Ferdinand et Charles de Lesseps nous rabâchaient le péril boulangiste pour excuser leurs escroqueries, ils nous tenaient pour plus naïfs que nous n'avions la conscience de l'être : aller exiger des Lesseps, qu'on accusait de ne pas être républicains, douze millions destinés à empêcher la chute de la République, c'était à peu près comme si je fusse allé à Bruxelles emprunter de l'argent au prince Victor pour combattre le bonapartisme.

Par une coïncidence douloureuse, — pour sa famille, — au moment où le Panama jetait Floquet à bas de son fauteuil présidentiel, la mort précipitait aussi du sien Ferry, son neveu, qui venait de monter à la présidence du Sénat. J'aurais eu là une superbe occasion de faire payer aux ferrystes toutes les ordures qu'ils avaient répandues avec une généreuse profusion sur la tombe du général Boulanger et aussi sur la mienne, car ils m'avaient bien cru mort.

Mais Ferry valait tout au plus un article nécrologique, étant décédé depuis environ huit ans. A partir de Langson, il n'avait fait que promener son cadavre et on aurait pu dire de lui ce que nous disions autrefois sur le boulevard du vieil auteur dramatique Dupin, alors quasi-centenaire : « qu'il était mort dequis quinze ans et que c'étaient les vers qui le faisaient marcher ».

En vain les chéquards du Sénat avaient essayé d'exhumer ce squelette de la réaction opportuniste, en qui ils voyaient un protecteur naturel. Cet ex-représentant de ce que lui-même appelait modestement « les races supérieures » n'était plus en réalité qu'un capitaine d'invalides.

Il avait pour ainsi dire abdiqué en entrant dans la nécropole du suffrage restreint, après avoir été rayé du nombre des vivants par le suffrage universel.

J'ajouterai que ses anciens affidés eux-mêmes avaient paru quelque peu gênés de sa rentrée. Depuis sa disparition, ils étaient allés à d'autres, et, en France, la bassesse et l'intrigue ne restant pas longtemps inoccupées, on n'aime pas beaucoup les colonels Chabert politiques qui ressuscitent alors que tout le monde les croyait irrémédiablement défunts.

Aussi l'enterrement définitif du Tonkinois ne fut-il même pas suivi d'un deuil de cour; d'un deuil de basse-cour tout au plus. Le seul acte dont la République aurait eu lieu de lui tenir compte eut été l'article 7 et l'expulsion des congréganistes, si cette fausse manœuvre anticléricale n'avait pas été imaginée uniquement pour la galerie. Les expulsés sortis par la porte nord étaient rentrés par la porte sud, plus nombreux, plus insolents, plus dominateurs qu'auparavant, et avec « l'auréole de la persécution » dont ils se parent avec autant d'ostentation que de mauvaise foi. Car, selon le mot de Proudhon, après les bourreaux, il n'y a rien de plus insupportable que les victimes.

J'allais pourtant en devenir une, à la suite d'une stupéfiante accusation qui indigna tout le monde et dont je me bornai à me tordre. J'étais en train de lire dans mon salon lorsqu'un correspondant du *Temps*, M. Milles, que je voyais quelquefois au théâtre, sonna à ma porte sur les trois heures et demie de l'après-midi.

— J'arrive du téléphone, me dit-il en entrant.

Savez-vous qu'il se passe à la Chambre des choses excessivement graves ?

— Non !

— Eh bien ! M. Millevoye est monté à la tribune au début de la séance et vient de lire une liste d'écrivains et de députés subventionnés par l'ambassade anglaise. L'émotion est considérable au Palais-Bourbon.

— C'est épouvantable ! répondis-je naïvement. Et d'où vient cette liste ?

— De l'ambassade d'Angleterre même. Elle a été communiquée à Déroulède par un employé.

— Et quels sont les personnages qui touchent de l'argent de l'étranger ? demandai-je intrigué.

— Burdeau, Henry Maret, Clémenceau, Adrien Hébrard, mon patron...

Puis, après un moment d'hésitation :

— C'est que, se décida-t-il, vous êtes aussi sur la liste.

— Moi ! m'écriai-je en riant ; celle-là est bonne, par exemple ! En ce cas, vous pouvez affirmer que les révélateurs se sont moqués du public. D'autant qu'il n'y a aucune raison pour que je me fasse subventionner par l'ambassade à Paris, puisque je suis à Londres et à deux pas du Foreing-Office, à la caisse duquel je n'aurais qu'à aller toucher directement mes subsides.

Loin de me répandre en protestations indignées contre cette accusation révoltante, je la pris tout à fait gaiement, car je devinai immédiatement d'une part, que le coup venait de Constans, d'autre part, que la preuve de ma parfaite innocence devant facilement s'établir, ma bonne renommée bénéficierait largement de cette invention si facile à réduire à néant.

Précisément, j'avais été, pour le soir même, choisi comme président d'honneur d'une réunion publique dont le produit était destiné aux familles des condamnés politiques. Je saisis la balle au bond et adressai au président effectif du meeting cette dépêche humoristique :

J'aurais été heureux de distribuer aux familles des condamnés politiques les quatre-vingt-dix mille francs que vient de m'allouer l'ambassade anglaise. Malheureusement ils ne me sont pas encore parvenus. Peut-être Constans les a-t-il étouffés en route.

Cependant je voulus avoir le mot de cette criminelle plaisanterie et j'allai chercher des renseignements au Foreing-Office, où j'eus la chance de rencontrer sir Th.-W. Lister, à qui on attribuait les lettres lues à la tribune et publiées au nombre de quinze par le *Figaro*.

M. Lister, qui s'était arraché à une conversation avec lord Rosebery pour nous recevoir, — car j'avais tenu à amener un témoin à cette entrevue, — était un homme d'environ quarante-cinq ans, à la barbe blonde grisonnante, et qui paraissait occuper une assez haute position au ministère des affaires étrangères. Il parlait le meilleur français, et même le parisien.

— Je n'ai pas lu, me dit-il, les lettres en question ; mais on m'assure qu'elles fourmillent de fautes d'orthographe. Je puis donc vous affirmer qu'elles sont apocryphes.

— Et la plus importante, lui fis-je observer, celle où je

suis désigné comme ayant touché de l'Angleterre 3,600 livres sterling, vous l'a-t-on mise sous les yeux ?

— Oui, dit-il en riant ; mais je cherche pourquoi on a choisi mon nom plutôt qu'un autre pour le mêler à cette abominable mystification.

Et il résuma ainsi sa pensée :

— C'est une bande d'escrocs qui aura voulu exploiter une bande d'imbéciles.

— En effet, répondis-je, car on m'assure que Constans a payé cinquante mille francs ces faux en écriture privée.

— En ce cas, ce n'est pas le dossier qui a été volé, c'est M. Constans.

— Ce n'est pourtant pas son habitude, au contraire ! ajoutai-je.

M. Lister me tendit la main qui, j'en donne ma parole d'honneur, était absolument vide, et nous nous retirâmes.

Bien qu'on les cherchât à Londres comme à Paris, les escrocs, on ne les connaissait pas encore. Quant aux imbéciles, leurs noms étaient dans toutes les bouches. Je me demandai même comment la police avait consenti à paraître donner dans le panneau en perquisitionnant à la *Cocarde*, dont le directeur avait uniquement cherché à vendre son papier, fût-ce pendant deux ou trois jours.

Mais rien n'était plus joyeux que le souvenir de ces justiciers traversant les groupes d'un pas rigide, prenant des attitudes méditatives comme s'ils eussent ignoré s'ils devaient se taire ou livrer au public ce secret plein d'horreur.

Et ces anabaptistes qui tenaient ainsi entre leurs

mains l'honneur de la patrie et même de l'exil se lançaient des regards interrogateurs où ils semblaient se répéter, comme dans la pièce de Labiche :

— Doit-on le dire ?

Après quoi, ils rentraient chez un ministre ou chez un autre, trimballant leurs dossiers avec les précautions ordinairement usitées pour le transport des engins les plus explosibles.

Il y aurait eu cependant un moyen on ne peut plus simple de contrôler l'authenticité de ces papiers. C'était de me montrer préalablement la liste de haute trahison où j'étais inscrit pour une somme de quatre-vingt-dix mille francs. J'aurais immédiatement répondu à mes anciens amis devenus mes accusateurs :

— Prenez garde ! on veut vous fourrer dedans.

Si quelqu'un m'avait montré un papier portant le nom de M. Déroulède en face d'une somme de plusieurs milliers de marks qu'il aurait reçue de l'Allemagne, ou je me fusse contenté de hausser les épaules, ou je l'aurais prévenu des inepties colportées sur son compte, afin qu'il avisât.

Le mutisme des conspirateurs indiquait donc indubitablement qu'il y avait en effet complot.

Ce qui, dans cette affaire, laquelle me fut avantageuse au point que j'y aurais encore gagné en en payant les organisateurs, me flatta le plus et frappa particulièrement le public, c'est qu'à la lecture de la liste, que les députés écoutaient en silence, lorsque mon nom fut prononcé par le justicier qui était à la tribune, toute la Chambre partit d'un grand éclat de rire.

Le nom de Constans circula immédiatement comme

celui de l'instigateur de ce scandale qui allait retomber sur lui de tout son poids.

Ernest Roche s'élança à la tribune et y prononça, sous des applaudissements à peu près unanimes, les paroles suivantes :

La probité de Rochefort est au-dessus de tout soupçon, et l'infamie qui s'est étalée tout à l'heure sous vos yeux, je la considère, moi, comme la dernière manœuvre d'un homme politique fini, qui s'agite dans la coulisse pour reprendre le pouvoir, après en être tombé flétri par l'opinion publique, les mains souillées du sang des travailleurs.

Constans avait en effet présidé à tous les détails de cette conjuration par l'entremise de son homme de confiance d'alors, l'agent de police Cesti, qui, à l'heure où je raconte cet épisode de mes aventures, purge une condamnation à treize mois de prison pour escroqueries et chantage.

Or, ce misérable, après avoir offert ses services au général Boulanger chez qui je l'avais aperçu deux ou trois fois, et dont la tête répulsive me faisait horreur, était devenu non seulement le confident, mais l'intime de Constans, dînant chez lui et l'accompagnant dans les parties de chasse auxquelles la plupart des complices du faussaire Norton étaient invités.

D'ailleurs la *Cocarde*, dont le rédacteur en chef était alors le journaliste Ducret, appartenait si bien à Constans que le député Castelin en avait quitté la direction politique au moment où le gendre du père Masbou l'avait prise.

En outre, comme dernière et irréfutable preuve de sa haute participation à cette parade, Constans avait été appelé au téléphone du restaurant Chevillard dans les salons duquel délibéraient ses complices, et Cesti lui avait téléphoné la phrase suivante :

— Tout va très bien !

Puis, à une question que lui avait sans doute posée Constans, l'escroc Cesti avait répondu :

— Soyez tranquille : il est convenu que votre nom ne sera pas prononcé.

Cet incident caractéristique m'avait été rapporté par un garçon qui avait entendu les paroles confiées au téléphone par Cesti, sans toutefois avoir pu recueillir ce que ripostait Constans. Mais, d'après la part que le premier prenait au dialogue, il était aisé de deviner ce que lui répondait le second.

Le coup était odieux. Le procès que le gouvernement se décida à intenter au nommé Ducret et au faussaire professionnel Norton fut plutôt amusant. Je demandai à user de mon droit, qui était de me porter partie civile dans l'affaire où je serais arrivé avec des documents d'un intérêt supérieur.

Mais on s'aperçut que trop de gens étaient compromis avec ou sans Constans, et le juge d'instruction Atthalin ne s'informa même pas de la provenance des dix mille francs versés à Norton et qui, le lendemain de l'avortement du scandale, lui avaient été repris par trahison.

De sorte qu'ils étaient là huit ou dix qui, tout en proclamant dans de multiples interviews et des adresses à leurs électeurs leur absolue bonne foi, gardaient sur le fournisseur de ces dix mille francs le plus obstiné silence.

Le président de la cour d'assises à laquelle furent déférés Ducret et le nègre son complice tint à laisser planer la même obscurité sur le nom du commanditaire, et lorsque je chargeai un avocat, Mᵉ Fontaine de Rambouillet, de me représenter au procès en qualité de plaignant, les magistrats rendirent précipitamment un arrêt me mettant hors de cause, sous prétexte que ma condamnation avait rétabli en mon honneur la mort civile et qu'un mort n'a pas le droit de plaider.

En vain M. Colmet de Santerre avait démontré, le Code à la main, que le refus de m'accepter au débat constituait un véritable déni de justice dont les magistrats qui l'avaient commis étaient passibles de la dégradation civique ainsi que de la déportation. En effet, quelque temps auparavant, l'oublié Quesnay était sorti de son repaire pour me poursuivre en diffamation et m'avait même fait condamner à un an de prison par la cour jugeant sans l'assistance du jury.

Du moment où j'étais assez vivant pour être cité devant les juges, je ne pouvais être mort quand je m'adressais à eux.

Cette nouvelle jurisprudence, imposée par le misérable ministre Dupuy au non moins misérable président Mersier, me mettait dans une situation judiciaire absolument unique, celle de pouvoir être accusé de tous les crimes connus et inconnus sans qu'il me fût permis de me défendre ou de me disculper.

La partialité de la cour vis-à-vis des témoins, dont les deux tiers auraient dû paraître sur le banc des accusés, témoigna suffisamment de la complicité de l'ancien ministre Constans dans la confection de la fausse liste. M. Déroulède, pendant tout le cours de l'instruction, n'avait cessé de faire retentir les journaux de son désir d'apporter dans ce procès une lumière qui devait établir sa parfaite loyauté, dont il parlait à tout bout de champ, son patriotisme et même sa perspicacité politique. Le jour de l'audience, il se déroba, prétendant n'avoir pas été touché par l'assignation, bien que la date des débats eût été pendant huit jours quotidiennement publiée partout.

Le président n'eut même pas une observation à l'adresse de ce témoin non comparant et s'empressa de passer outre.

Le public comprit que tout le monde s'entendait dans un but d'étouffement général, et la presse tant soit peu indépendante flétrit unanimement le président Mersier. La *France* appréciait ainsi le refus de la cour de m'admettre comme partie civile :

La Cour a rejeté cette demande contrairement à la plus simple logique, contrairement à l'avis motivé du doyen de la Faculté de droit, M. Colmet de Santerre, le premier jurisconsulte de notre époque.

Ainsi, en aucune façon, disait le *Voltaire*, M. Rochefort ne pourra faire entendre sa protestation dans le cours des débats. Cette décision de la Cour est sévèrement appréciée.

Le *Paris*, journal opportuniste et dont l'hostilité à mon égard ne s'était pas ralentie un instant, concluait lui-même :

Il semble inadmissible que la qualité de contumax enlève à un homme tous ses droits et rétablisse à son préjudice la mort civile, effacée depuis trente ans de nos Codes. Et ce qui rend cette interprétation de la loi plus inadmissible encore, c'est que si la justice interdit aujourd'hui à M. Rochefort d'intervenir pour réclamer réparation du dommage causé, il y a bien peu de temps encore, la même justice ne se laissait par arrêter par sa qualité de contumax pour le poursuivre.

Il résulta de cette décision judaïque qu'à l'audience les témoins, à peu près tous choisis parmi ceux qui avaient organisé ce mauvais coup des faux papiers, purent impunément en affirmer l'authenticité.

Je me vengeai de la mort anticipée que le président Mersier, ce vieux débris de la magistrature du coup d'État, réinstallé par la République opportuniste, décrétait contre moi, et, pour bien indiquer au public à quel point j'étais désormais sans défense contre les calomnies les plus invraisemblables, je publiai l'article suivant, qui fit rire tout Paris, sauf les juges de la cour et les clients du restaurant Chevillard.

Ce morceau était intitulé :

APRÈS DÉCÈS

Je demande pardon au public de dépouiller ce matin mon courrier devant lui. Un peu surmené depuis quelques jours, j'avais résolu de manquer aujourd'hui à mon article quotidien. Mais j'ai eu peur que, déjà mort civilement, mes adversaires ne me crussent mort matériellement. Je me décide donc à remplacer ma prose par une correspondance vive et animée. Malheureusement pour mon amour-propre, j'ai peur que nos lecteurs n'y perdent rien.

Voici la première lettre que je décachette :

« Monsieur,

« Vous êtes un misérable traître! Accusé formellement par MM. Millevoye, Déroulède, Morès, de Cesti, Norton, tous hommes de la plus incontestable honorabilité, d'avoir touché quatre-vingt-dix mille francs de l'Angleterre, vous vous êtes tenu coi. C'est un aveu complet.

« Or, non seulement ils ne se sont pas rétractés à l'audience, mais ils ont plus que jamais affirmé l'authenticité des « papiers anglais. »

« Si vous êtes innocent, faites-leur donc un procès. Mais vous vous en garderez bien.

« Je ne vous salue pas.

« FADINARD,
« 22, rue du Vertbois. »

Seconde missive :

« Monsieur,

« Vous êtes un voleur et un assassin. Le crime pour lequel Kirall a été injustement condamné, c'est vous qui l'avez commis. Et vous avez laissé ce malheureux pendant douze ans dans les tortures du bagne !...

« Ne niez pas ! J'ai des témoins et des preuves. Vous n'auriez qu'un moyen de vous justifier : ce serait de me poursuivre devant les tribunaux en imputation calomnieuse. Je vous en défie.

« Celui qui ne se dit pas votre serviteur,

« TORTOCHAUD,
« Plaine Saint-Denis, 274. »

Passons à la troisième :

« Monsieur,

« Vos accusateurs se sont trompés de grande puissance : ce n'est pas M. Lister qui vous a acheté, c'est M. Crispi. Je l'ai vu la semaine dernière ; il m'a dit textuellement : « Je suis malade, je vais peut-être mourir. Voici les reçus des sommes que j'ai versées à Rochefort pendant la durée de mon ministère. »

« Il y en a pour cent cinquante mille lire (vous voyez que je sais l'italien). Allons ! voyons ! essayez au moins de relever la tête ! Traînez-moi devant les juges ! Mais vous ne m'y traînerez pas, car vous savez trop ce qu'il en coûterait à ce qui vous reste d'honneur.

« A quand vous voudrez.

« MAILLOCHON,
« A Petit-Bry. »

Lisons la quatrième :

« Monsieur,

« Je n'accuse pas au hasard, moi, je précise : le 3 juillet dernier, sur les huit heures du soir, vous êtes entré dan l'église Notre-Dame, déguisé en prêtre. La cathédrale était à peu près vide, vous vous êtes approché du tronc des pauvres, vous en avez ouvert la porte à l'aide d'un ciseau à froid, vous avez pris le contenu du tronc : quarante-sept francs dix, et vous êtes sorti par la porte de gauche.

« Niez donc un peu ! Ce serait amusant. J'attends de pied ferme l'assignation que vous ne pouvez manquer de m'adresser. Si je ne l'ai pas reçue d'ici à huit jours, je saurai et tout le monde avec moi saura à quoi s'en tenir.

« Voilà, du reste, où mènent les doctrines anticléricales ! Vous insultez les fidèles, mais vous trouvez leur argent très bon à pincer.

« Nous nous reverrons au Palais de Justice.

« Moulard (de la bande de Neuilly),

« 68, rue de Venise, Paris. »

Allons-y de la cinquième et dernière lettre :

« Monsieur,

« Pourquoi continuez-vous à permettre que des éditeurs besogneux attribuent à Alfred de Musset, notre grand poète, le roman stupide et obscène intitulé : *Gamiani*, dont vous êtes l'auteur ? Désavouerez-vous votre manuscrit, écrit tout entier de votre main et que j'ai eu soin de faire photographier, car il est en ma possession ?

« J'en prépare une édition spéciale que je signerai de votre nom : j'ai l'habitude d'arracher les masques. Essayez donc un peu de me déférer au parquet ! Bien que vous ayez été déclaré mort, c'est encore moi qui vous ferai condamner pour outrage aux mœurs.

« J'ai bien l'honneur d'être,

« MARINGOT,
« *Marchand de cartes transparentes, ancien magistrat.* »

Toutes ces imputations doivent être tenues pour exactes. Je n'ai, en effet, aucun moyen d'établir qu'elles ne le sont pas.

HENRI ROCHEFORT.

Le président Mersier, sachant qu'il dépendait des deux accusés Norton et Ducret de modifier du tout au tout la physionomie de l'audience en nommant celui pour le compte duquel ils avaient travaillé, les avait interrogés avec une grande douceur. Aussi ces mercenaires croyaient-ils fermement à leur acquittement. Mais, après la réponse affirmative du jury, la Cour n'ayant plus à redouter leur indiscrétion, les condamna pour faux et usage de faux, Norton à trois ans et Ducret à un an de prison.

Norton mourut dans la maison centrale où on le claquemura, car, par une coïncidence tout à fait remarquable, chaque fois qu'un homme, qu'il s'appelle Puig y Puig, Richaud ou Norton, est en état de se livrer, à propos de Constans, à des révélations fâcheuses, le gêneur disparaît, soit dans un torrent, soit en pleine mer, soit dans les oubliettes du bagne.

Quant au second accusé, Ducret, le ministre de l'intérieur d'alors, qui était Dupuy, continua à acheter son silence au moyen d'une prime de deux mille francs par mois qui lui fut religieusement servie sur les fonds des contribuables jusqu'à sa libération, laquelle lui fut accordée au bout de six mois.

Les élections générales qui eurent lieu à ce moment confirmèrent d'ailleurs la défaite et l'écrasement de tous ceux qui avaient servi ou quelquefois même simplement approché Constans qui fut pour ses amis le plus sinistre des *jettatore*.

Les radicaux de haute marque qui avaient prêté leur appui au vieux comprachico pour nous déférer aux Quesnay et aux Merlin de la Haute-Cour avaient été les premières victimes de ses rancunes de ministre jeté au panier.

C'était lui en effet qui avait communiqué à la *Cocarde*, pour qu'elle fût répétée au public, l'histoire édifiante des trois cent mille francs exigés de M. de Lesseps par le président du conseil Floquet, lequel les avait distribués aux directeurs des journaux amis.

Le jour où Laguerre était, sur mon conseil et à mon instigation, monté à la tribune de la Chambre afin d'y divulguer l'affaire du pot-de-vin accepté par Constans des mains de l'escroc Baratte pour l'établissement d'une société véreuse à Lyon, je vois encore le radical Pichon se démenant contre l'interpellateur et couvrant d'applaudissements les explications piteuses de l'interpellé.

Or le même Pichon et le même Floquet payèrent de leur non-réélection leurs complaisances envers l'homme sur la probité matérielle de qui ils ne pouvaient pourtant se tromper.

M. Maujan, pour avoir rédigé l'ordre du jour qui, à la suite du massacre de Fourmies, avait remis en selle le massacreur, resta également sur le carreau électoral. Clémenceau lui-même, qui avait des relations suivies et amicales avec le prétendu vainqueur du boulangisme, succomba dans le Var sous une coalition opportuno-réactionnaire, après avoir été abandonné par les républicains socialistes du pays.

Enfin les deux députés sur qui le public fit retomber la responsabilité de la fameuse liste Norton-Ducret durent abandonner la politique et renoncer à siéger désormais dans le Parlement.

Ce Constans avait ainsi porté malheur à tous ceux qui l'avaient coudoyé autrement que comme l'avait fait la population de Marseille pour le couvrir d'immondices.

L'arrivée de la flotte russe à Toulon, consacrant une alliance que les juifs allemands de la Bourse et du Parlement s'étaient si longtemps efforcés d'empêcher, amena momentanément une sorte de fusion entre tous les partis. Je n'ai pas à parler de la réception faite à l'amiral Avellan et à ses marins, puisque je n'y assistais pas. Mais je ne pus m'empêcher de protester, de Londres, contre l'organisation de la soirée de gala qui eut lieu à l'Opéra et dont le comité de la presse française avait pris l'initiative. Toutes les places, bien qu'elles fussent gratuites, avaient été réservées aux sportsmen, clubmen, tireurs à cinq dans les cercles, ministres en déliquescence, conspirateurs royalistes en retraite, et à toute cette population riche, inutile et inoccupée qui compose ce qu'on pourrait appeler la bourse de la Fainéantise.

Quant aux ouvriers de la bourse du Travail, ils avaient été, dans cette cérémonie prétendument populaire, totalement oubliés.

Mais l'*Intransigeant* ayant reçu deux fauteuils d'orchestre pour cette représentation nationale, je les envoyai à cette même bourse du Travail. Je les aurais voulu plus nombreux, mais la plus belle fille du monde ne peut donner que ce qu'elle a, surtout quand cette belle fille est un proscrit à qui le fisc n'a pas seulement laissé une paire de bottines.

Il m'avait paru, en effet, scandaleux que là où le flétri Broglie et le non-lieu Rouvier allaient faire la roue dans leurs stalles, le peuple — le vrai — ne fût même pas représenté.

Je m'étais rappelé avoir, à la dernière manifestation du premier mai, à Londres, entendu l'ouvrier John Burnes, aujourd'hui membre de la Chambre des Communes, dire du haut de la tribune improvisée pour lui dans Hyde-Park :

Savez-vous pourquoi nous réclamons la journée de huit heures?

Parce que nous aussi nous aimerions aller comme les autres voir, le soir, jouer les pièces de Shakespeare et nous promener de temps en temps dans Rotten-Row pour y regarder passer à cheval les jolies misses qui vont y caracoler.

Il se publie à Londres et ailleurs des romans et des livres d'histoire extrêmement intéressants. Nous voulons pouvoir disposer de quelques heures pour les lire et même pour en écrire de pareils si la vocation s'en déclare chez nous.

Ces paroles m'avaient beaucoup frappé, et, puisque nos travailleurs n'avaient ni le loisir ni l'argent nécessaires pour se donner le luxe de places d'Opéra, cette représentation gratuite aurait dû être une occasion merveilleuse pour les faire jouir d'un spectacle à la fois brillant et patriotique.

Le comité de la presse n'avait donc, à mon avis, compris ni son devoir ni son rôle. Au cas où l'alliance franco-russe devrait se sceller ailleurs que dans des fêtes nationales, c'est-à-dire sur des champs de bataille, et qu'après avoir été compagnons d'enthousiasme et de plaisir, les deux peuples deviendraient compagnons d'armes, ce ne serait ni Broglie, ni Rouvier, ni Constans, ni l'odieux gorille nommé Reinach, gendre d'un escroc allemand, qui mêleraient leur sang si peu français à celui des marins de Cronstadt.

Comme toujours, ce seraient les déshérités, ceux qu'on affectait de laisser à la porte de l'Opéra, qui feraient de leurs cadavres des barricades contre l'envahisseur. C'est pourquoi j'avais voulu qu'avant d'aller se faire tuer au profit des beaux messieurs de Bois-Doré ou dédoré qui occupaient indûment les premières loges, il fût permis à deux prolétaires de coudoyer au moins une fois ces grands seigneurs, d'ailleurs beaucoup plus partisans de l'alliance allemande que de l'alliance russe.

Probablement en vue de la célébrer en ma personne, le conseil des ministres, m'apprit un ami, discuta un projet de grâce en ma faveur. Cette tuile m'eût causé une telle souffrance en s'abattant sur ma tête que je me hâtai de couper court à ces velléités gouvernementales en publiant une fois pour toutes, à ce sujet, l'article suivant que j'intitulai :

LA CLÉMENCE D'AUGUSTE

Je me vois obligé d'emprunter le langage de Racine pour exprimer mon étonnement. En effet :

> Un bruit assez étrange est venu jusqu'à moi.
> Seigneur, je l'ai jugé trop peu digne de foi.
> On dit, et sans terreur je ne puis le redire,

que le gouvernement, décidé à s'opposer à l'amnistie, se montrerait clément et paternel au point de m'octroyer ma grâce. Si telle est son intention, j'aime mieux lui déclarer tout de suite que je ne l'accepterai pas. Je crois ainsi lui épargner un affront, rien n'étant humiliant comme d'offrir la croix d'honneur à quelqu'un qui vous la renvoie sous enveloppe.

N'ayant jamais su pourquoi j'ai été condamné, je ne sais pas davantage pourquoi on me gracierait. Du procès sénatorial qu'on nous a intenté, à Boulanger et à moi, il n'est guère resté qu'un mot prononcé par un de nos accusateurs : « En politique, il n'y a pas de justice ! » Or, là où il n'y a pas de justice, comment y aurait-il grâce ?

J'accepterais l'amnistie parce que c'est une loi votée par la Chambre et que nul n'est censé ignorer la loi. Je consens à oublier les faux témoignages des Buret et des Alibert. Je veux bien traiter par le mépris les calomnies idiotes du pornographe imbécile nommé Quesnay. Mais me voir gracié par M. Carnot des mensonges débités sur mon compte par un Reinach, assisté d'anciens agents de la police de l'Empire, je n'ose pas croire que personne dans le cabinet ait songé à m'infliger cette honte.

Quesnay m'a déjà flétri publiquement pour avoir vendu cent mille francs ma plume au boulangisme ; Deloncle, pour l'avoir vendu deux cent mille. Norton, Ducret, Déroulède et consorts m'ont dénoncé comme ayant touché quatre-vingt-dix mille francs de la perfide Albion. Il me semble que c'était assez de déshonneur pour un seul condamné, sans qu'on y ajoutât celui de recevoir ma grâce, ce qui constituerait de ma part l'aveu formel de ma culpabilité.

A moins que le gouvernement n'ait l'idée de m'attirer dans un traquenard, je me demande et je lui demande pour qui il me prend. Me voyez-vous contraint de cesser toute polémique, sous peine de m'entendre reprocher, par toutes les feuilles de cuisine, d'insulter mes bienfaiteurs et de traîner aux gémonies les généreux ministres à qui je devais une faveur dont j'étais indigne et que j'ai été si heureux d'accepter ?

Peut-être même cette grâce serait-elle conditionnelle et, au premier article un peu indépendant, la large clémence se changerait-elle en un large Clément qui viendrait me signifier d'avoir à réintégrer la déportation pour y faire le reste de ma peine, qui d'ailleurs est perpétuelle.

Cette façon de me condamner à mort avec application de la loi Bérenger serait d'une fantaisie achevée, mais qui n'a rien d'invraisemblable.

Peut-être aussi, comme la plupart des libérés, resterais-je sous la surveillance de la haute police qui m'inviterait à me présenter tous les quinze jours au dispensaire, après m'avoir fait soigneusement mensurer par Bertillon.

On pourrait même m'indiquer Carpentras ou Landerneau pour résidence, avec la perspective d'une poursuite pour rupture de ban si je m'avisais d'en sortir.

Au reste, le gouvernement n'ignore pas qu'une grâce, sur laquelle je me suis déjà expliqué à plusieurs reprises, ne serait, à mon égard, qu'un vulgaire poisson d'avril dans lequel je n'aurais jamais le ridicule de donner. L'amnistie atteindrait tous les condamnés politiques. La mesure dont on parlait hier dans les couloirs de la Chambre me concernerait seul ; ce qui, même en dehors d'une foule d'autres considérations, me ferait un devoir de la refuser.

Je devine bien que la générosité centre-gauche se tirerait d'affaire avec ce raisonnement :

« Nous avons signé sa grâce. S'il ne veut pas en profiter, c'est son affaire et non la nôtre. »

Ce qui équivaudrait à dire :

« Nous lui avons fourni tous les moyens de se déshonorer. Il les repousse. Tant pis pour lui ! »

HENRI ROCHEFORT.

Ces déclarations, que je ne pouvais pourtant faire plus catégoriques, n'empêchaient pas les journaux opportuno-policiers d'insinuer que je me remuais beaucoup pour obtenir ma rentrée en France.

Je ne fus donc pas gracié, mais Carnot ne le fut

pas non plus et, à quelque temps de là, reçut un mortel coup de poignard d'un inconnu qu'on qualifia immédiatement d'anarchiste, qui l'était peut-être ou croyait l'être en effet, mais dont aucun des révolutionnaires qui, à Londres, se recommandaient de l'anarchie, n'avait entendu parler.

Car, la distance grossissant les objets, on s'imaginait et on s'imagine encore à Paris que l'Angleterre est le grand foyer choisi par les anarchistes pour s'y organiser et de là rayonner sur le monde. C'est une erreur absolue. Les anarchistes de Londres ne se sont jamais formés en sociétés plus ou moins secrètes. Ils gardaient tous leur indépendance, ne se fréquentaient que par très petits groupes et le pavillon qu'ils arboraient couvrait toutes sortes de marchandises.

Après le vote des lois tellement infâmes qu'elles en sont inapplicables, et auxquelles l'attentat de Vaillant a servi de prétexte, beaucoup de perquisitionnés s'embarquèrent pour Londres afin d'éviter d'être compris dans quelqu'une de ces rafles politiques où on empoignait jusqu'à des enfants de treize et quatorze ans.

Mais ces réfugiés persécutés au hasard par la police de Casimir-Perier et de l'odieux Dupuy, son acolyte, étaient presque tous simplement coupables de s'être autrefois lancés dans la propagande boulangiste ou d'avoir été bousculés par des sergents de ville à la sortie d'une réunion publique.

Ils venaient généralement me trouver à leur débarquement, à moins que Louise Michel ne me les amenât. Mais je n'ai jamais remarqué entre ces proscrits de la terreur policière aucune cohésion sérieuse.

Emile Henry, après le dépôt de la bombe ramassée dans l'escalier de la maison du baron Reille et qui éclata au poste de la rue des Bons-Enfants, éventrant quatre ou cinq policiers, était venu à Londres et se proclamait tout haut l'auteur de l'attentat. Eh bien, quoique fils d'un ancien membre de la Commune, il était si peu en rapport avec le parti anarchiste que personne ne prit au sérieux son récit et que tout le monde crut soit à une vantardise de jeune homme, soit à un roman imaginé pour soutirer de l'argent aux naïfs.

Malato, je me le rappelle, me dit un jour :

— Il y a un garçon qui va racontant partout dans Londres qu'il est l'auteur de l'explosion de la rue des Bons-Enfants, mais il se moque évidemment du public.

On voit qu'il avait agi on ne peut plus isolément, puisque, même parmi ses coreligionnaires en révolution, on prenait ses aveux pour des racontars de pure forfanterie.

En outre, et à côté des anarchistes réfugiés à la suite de condamnations pour faits de presse, un certain nombre d'évadés de droit commun trouvaient flatteur de donner aux jugements qui les avaient atteints une couleur politique et humanitaire. J'ai raconté ailleurs comment je fus accosté dans Oxford Street par un homme à longue barbe qui me fit part de sa détresse. Il venait d'arriver à Londres après s'être soustrait à un arrêt de la cour d'assises qui l'avait condamné pour faits d'anarchie.

— Ah ! fis-je naïvement, pour un article de journal, pour un discours de réunion publique ?

— Non, me dit-il d'un ton dégagé. Pour avoir opéré une revendication sociale sur un chronomètre en or.

Seulement, il avait gardé le chronomètre. De sorte que cette revendication sociale n'avait en rien profité à la société.

L'élection présidentielle de Casimir-Perier qui, comme la plupart des hommes sans énergie, tenait à faire montre de sa poigne, ouvrit l'ère des arrestations sans motif, des envahissements de domicile et des procès comparables à ceux qui émaillèrent l'année 1815 au retour des Bourbons.

Celui qu'on appela le « procès des Trente », et où des orateurs, des écrivains, des philosophes, qui, d'ailleurs, ne se connaissaient pas entre eux, furent envoyés en cour d'assises, côte à côte avec des voleurs et des voleuses qu'ils ne connaissaient pas davantage, révolta les plus modérés. On engloba tous ces accusés sous la dénomination d' « association de malfaiteurs », sans même indiquer les méfaits dont ils avaient pu se rendre coupables.

En réalité, les seuls malfaiteurs qui apparussent dans ce guet-apens étaient le président du conseil et le président de la République qui l'avaient organisé. Leur plan était celui-ci : en cas de réponse affirmative du jury, tous les journalistes indépendants étaient, toujours comme associés à des malfaiteurs, arrêtés le lendemain et déportés en vertu de la loi de relégation adoptée par le Parlement.

La liberté de penser, de parler et d'écrire était ainsi supprimée en même temps que l'eussent été les penseurs, les orateurs et les écrivains. C'était un 18 Fructidor dans lequel il eût été impossible de m'englober, puisque j'habitais l'Angleterre, mais qui eût débuté par la suppression de l'*Intransigeant*, de la *Petite République* et de tous les journaux socialistes.

Cependant, bien que le ministre de la justice, un certain Guérin qui est rentré depuis dans son méprisable incognito, eût choisi pour les exécutions qu'il méditait ce que la magistrature assise et debout renfermait de plus dégradé, l'échafaudage croulait de toutes parts. Un des accusés s'était écrié au début de la première audience :

— Que diable me veut-on ? Je ne connais pas un seul de ces messieurs !

Je répandis toute mon indignation dans un article inouï de violence dont la Cour d'appel, toutes chambres réunies, résolut de me demander compte sans désemparer, afin de frapper l'esprit des jurés qui se raidissaient de plus en plus contre l'ignoble partialité du président.

La dernière audience fut retardée de deux heures et on apprit, quand elle s'ouvrit, que j'étais moi-même déféré à la cour d'assises, non comme malfaiteur, mais pour outrage à la magistrature. Quelques mois auparavant le juge Mersier, qui présidait l'affaire Norton, avait déclaré qu'étant mort civilement je n'avais pas le droit d'intervenir en qualité de partie civile. Et juste la Cour d'appel me ressuscitait pour m'asseoir sur le banc des assises.

Quand la mauvaise foi et la prévarication sont portées à un tel degré, elle tombent dans le crétinisme et la cacochymie.

Voici cet article que les membres du jury lisaient pendant la séance et qui, je crois, influa beaucoup sur l'acquittement général qui termina cette tentative liberticide. J'avais intitulé ce cri du cœur :

VOMISSEMENT

C'est réellement trop de mal de cœur. La salle des assises s'est transformée en vomitorium. Il semble qu'on soit sur un navire et que chaque parole du président ou de l'avocat général soit un coup de roulis qui vous fasse remonter votre estomac dans la bouche.

Quel dégoût, quelles nausées ! Est-il possible que la France, si bas qu'elle soit tombée, serve de patrie à des hommes capables d'amalgamer autant de jésuitisme, d'impudence et de mauvaise foi ! Nous revoilà au temps où les prêtres, qui menaient les hérétiques au bûcher, leur appliquaient sur les lèvres un crucifix rougi au feu, et s'écriaient, quand le condamné se reculait instinctivement :

— Vous le voyez, il refuse d'embrasser l'image du Sauveur !

Comment Bulot, à qui ceux qui l'ont entendu prêtaient quelque talent, consent-il à se barbouiller ainsi d'escobarderie et de mensonge ? Et qu'on est heureux de se dire :

— Quand on pense que j'aurais pu exercer un pareil métier, c'est-à-dire non seulement soutenir des accusations inventées de toutes pièces, mais encore refuser aux innocents dont je réclamais la condamnation le droit de s'expliquer et de se faire entendre !

En réalité, la magistrature traite Jean Grave et Sébastien Faure comme Caserio a traité le président Carnot. C'est l'assassinat sommaire et la mort sans phrases. Le président qui dirige ce qu'on appelle ironiquement sans doute les « débats » ne prend même pas la peine de s'en cacher. Il préside la cour d'assises comme Coffinhal, en pleine Terreur, présidait le Tribunal révolutionnaire, quand il disait à un ancien maître d'armes, qu'il venait de condamner à avoir la tête coupée, ce mot qu'on rappelait dernièrement :

— Eh bien ! mon petit, pare-moi cette botte-là !

Il met à la charge des accusés tout ce qui lui passe par la tête. Il reprocherait à celui-là d'avoir tué son père et sa mère, même si tous deux étaient encore vivants. Il soutiendrait à cet autre qu'il est le véritable assassin de la veuve Ballerich, bien que Gamahut ait été exécuté comme l'auteur avéré de ce crime.

Les charges qu'il feint d'énumérer sérieusement à l'actif de cette « association de malfaiteurs » semblent avoir été puisées dans *Peau d'Ane* ou dans le *Petit Poucet*. Constant Martin tenait une crèmerie, rue Joquelet. Donc tous ceux qui venaient y prendre leurs repas étaient des associés. Vous allez déjeuner tous les jours chez Bignon, au milieu de personnes qui viennent y déjeuner également. L'accusation vous dira que vous faites partie de la même association et qu'il y a entente entre vous, attendu que c'est peut-être en vous voyant manger des pieds de mouton qu'il est venu à votre voisin de table l'idée d'en demander aussi.

Et encore, votre voisin de table, vous le connaissez au moins de vue ; vous lui avez peut-être parlé, ne fût-ce que pour lui dire : « Après vous le *Figaro* ». Mais la plupart des associés actuellement réunis sur le banc des assises se sont rencontrés là pour la première fois.

—J'ignore ce qu'on me veut, s'écrie l'accusé Tramecourt ; je ne connais pas ces messieurs.

Mais ce président de Paris, digne collègue de celui de Lyon, ne s'inquiète pas pour si peu. Il déclare à l'un qu'il est un « intellectuel », à l'autre qu'il est « impulsif », et il ne sort pas de là. Plaidez-vous « impulsif » ou plaidez-vous « intellectuel » ? Voilà toute la question.

Quand le ministre Guérin insistait auprès de la commission des lois scélérates pour qu'on y inscrivît le délit de réception d'une lettre même anonyme, l'infect drôle avait son plan. Il savait que plusieurs des accusés d'association n'avaient contre eux autre chose qu'un billet fabriqué dans les bureaux de la Préfecture et mis à la poste à leur adresse. C'est ainsi que, l'accusé Bastard se révoltant contre l'exhibition d'une lettre non signée et tombée au rebut faute d'indication suffisante, le président lui envoie cette riposte qui est une révélation :

— Oui, mais elle a été écrite !

C'est d'une telle énormité dans l'infamie que je ne comprends guère comment les accusés se donnent la peine de répondre à des brigands certainement très au-dessous de ceux qui ont récemment arrêté, en Sardaigne, deux de nos compatriotes, lesquels ont été relâchés contre une rançon fixée à l'avance.

Les prétendus malfaiteurs actuellement poursuivis sont hors d'état d'offrir contre leur liberté de l'argent à ceux qui les détiennent, et qui d'ailleurs en touchent du gouvernement pour les maintenir en prison ; mais les procédés sont les mêmes en France et en Sardaigne. Il n'y a de différence que dans la topographie du maquis où les bandits s'embusquent.

Les Cartouches sardes estiment à environ quinze mille francs par tête le rachat de leurs captifs. Les Cartouches français fixent les leurs à un certain nombre de croix d'honneur et à plusieurs promesses d'avancement. Seulement les crimes des premiers exigent quelque courage et ne se perpètrent pas sans danger. En revanche, les méfaits des seconds ne demandent que beaucoup d'abjection, de platitude et de lâcheté, puisque, en même temps que le profit, l'impunité est au bout.

Henri Rochefort.

L'*Intransigeant* fut acquitté, mais la Cour d'appel, toutes chambres, ou, comme je disais, toutes antichambres réunies, ne m'en condamna pas moins à trois mois de prison, en vertu de ma situation de contumax qui lui permettait de me juger sans l'assistance du jury. Ces horribles magistrats me plaçaient ainsi dans cette alternative :

Ou me rendre à Paris afin d'y répondre à la poursuite qu'ils m'intentaient pour outrage à la magistrature et, aussitôt acquitté, me faire empoigner, embarquer sur un navire et déporter en Nouvelle-Calédonie pour y purger la peine perpétuelle prononcée contre moi par la Haute-Cour ;

Ou refuser, en restant à Londres, de tomber entre les mains de mes égorgeurs, et ceux-ci s'amuseraient, au moyen de ce qu'ils appellent un « arrêt fortement motivé », à m'appliquer le maximum.

Mais, dans tout procès de presse, le gérant du journal incriminé est considéré par la loi comme l'auteur principal du délit dont le signataire de l'article n'est que le complice. Or, l'*Intransigeant* ayant été acquitté, la Cour se trouvait m'avoir condamné comme complice d'un délit que le jury venait de déclarer ne pas exister. C'était bouffon à force d'absurdité ; toutefois la soif de vengeance qui animait contre moi ces juges d'opérette les fit sauter par-dessus toutes les règles du plus vulgaire bon sens, et ils m'appliquèrent la peine d'ailleurs essentiellement platonique de trois mois de prison.

Ainsi mon article était proclamé innocent, mais j'étais tout de même déclaré coupable.

Vous entendez bien : vous êtes accusé d'avoir volé une pendule de complicité avec votre concierge, qui vous en aurait facilité les moyens. La pendule ayant été retrouvée chez l'horloger où elle avait été envoyée en réparation, votre concierge est acquitté avec tous les regrets du tribunal, mais vous n'en êtes pas moins condamné comme complice d'un vol qui n'a jamais eu lieu.

Voilà à quelles inepties exorbitantes conduisent chez nos jurisprudents le manque de probité et le tripotage des textes. Et, dans le cas qui me concernait, la Cour d'appel se ridiculisait bien inutilement, puisque son arrêt ne pouvait m'atteindre et que c'était elle qu'il atteignait.

Mais le procès des Trente, prélude évident d'arrestations en masse et d'une espèce de deux Décembre que la perspicacité du jury parvint seule à déjouer, eut sur les derniers mois de mon exil une influence assez regrettable.

Je craignis les chambardements, accompagnateurs ordinaires des coups d'Etat. Je pressentis l'*Intransigeant* supprimé, ses presses brisées par la police, et je me vis errant, sans le sou, dans Londres où, ne sachant pas un mot d'anglais, je fusse resté absolument hors d'état de gagner ma vie.

Je me décidai donc par précaution à me défaire des plus beaux tableaux que j'avais été si fier de dénicher pendant mes cinq ans de séjour en Angleterre. Cette liquidation douloureuse fut, je dois le déclarer, pécuniairement très profitable, les œuvres des peintres anglais ayant quintuplé et même décuplé de valeur depuis mon arrivée dans le pays. Mais, après ma rentrée en France, j'ai revu chez divers amateurs quelques-unes des belles toiles qui m'ont appartenu et mon cœur en a saigné.

D'autant que la chute de Casimir-Périer, qui faisait arrêter des enfants de quatorze ans pour anarchisme et fusiller des soldats convaincus d'avoir lancé un bouton « dans la direction » de leur colonel, rendit la sécurité à la population et m'eût permis de conserver une collection qu'il ne m'est plus guère possible de reconstituer.

CHAPITRE XXXVI

Les artistes a Londres. — Chez Johnson. — La Duse. — Mariage du duc d'York. — La représentation de gala. — Le tsarewitch. — Les débuts de Casimir-Perier. — Un paté suspect. — Rejet de l'amnistie. — L'agonie d'une présidence.

Je vis à Londres beaucoup plus de comédiens et de chanteurs français que je n'en fréquentais à Paris. Je me rencontrais avec eux et avec elles, — car j'y trouvais aussi beaucoup de chanteuses et de comédiennes, — chez Johnson, le correspondant du *Figaro* en Angleterre.

J'y renouvelai connaissance avec Adelina Patti, dont j'étais depuis longtemps l'ami, mais qui, comme moi, du reste, ne faisait plus en France que de rares apparitions. J'y revis Lassalle et m'y liai avec les frères Retzké, avec Alvarez, de l'Opéra, Maurel et beaucoup d'autres célébrités théâtrales.

On se réunissait, le dimanche, dans la petite maison qu'habitaient, dans Fulham-Road, M. et Mme Johnson, et, quand il faisait beau, nous jouions au tonneau dans le jardin. J'ai goûté, dans les théâtres de Londres, à des primeurs que les Parisiens, dans leur habitude d'être servis les premiers, auraient certainement payées très cher.

Ainsi j'ai entendu pour la première fois la superbe cantatrice Emma Calvé dans la *Navarraise*, jouée depuis à l'Opéra-Comique. Sarah Bernhardt y passait tous les ans la saison et j'étais un de ses applaudisseurs les plus assidus, car elle avait la gracieuseté de m'envoyer une loge presque pour toutes ses représentations.

Je m'y délectai à entendre, au Daily's Theater, la Duse, la Sarah Bernhardt italienne, qui lui a emprunté à peu près tous ses rôles, sans la copier dans aucun. On croirait même, de la part de l'artiste étrangère, à une sorte de parti pris de comprendre tout autrement que sa rivale les personnages qu'elles incarnent toutes les deux.

La Duse semble dédaigner les effets et ne s'impose qu'à force de simplicité et de profondeur dans le naturel. Elle n'affecte pas la moindre recherche de toilette. Lorsque, dans la *Dame aux Camélias*, je vis entrer en scène cette petite femme sans grâce, sans beauté et même sans jeunesse, vêtue d'un costume du matin, je ne pus me retenir de dire : « Comment! c'est ça? »

Puis, peu à peu et seulement à la cinquième ou sixième scène, je me laissai gagner, envelopper et comme emporter dans l'atmosphère où elle évoluait, sans paraître savoir qu'une salle tout entière tenait les yeux fixés sur elle.

Au dernier acte, quand elle commence à entrer dans la mort et que la vieille pique-assiette Prudence vient lui carotter ses derniers louis, elle a, pour lui désigner le tiroir où elle les trouvera, un geste d'impatience et de dégoût qui vous retourne. On se répète malgré soi :

— Celle-là ne peut donc pas la laisser mourir tranquille?

Puis, lorsque Prudence, satisfaite de sa rafle, s'approche d'elle par manière d'acquit pour lui souhaiter une santé meilleure, la Duse la repousse obstinément d'un bras fatigué et avec une telle répugnance qu'on se sent pris de l'envie de sauter sur la scène pour prendre la quémandeuse à bras-le-corps et la jeter dans l'escalier.

J'ai bien rarement vu une actrice se rendre à ce point maîtresse de son public. Je ne sais pas si, pour une débutante, l'audition de la Duse dans ses principaux rôles ne vaudrait pas deux ans d'étude de mimique et de prononciation au Conservatoire.

Je ne pouvais aller à Paris et j'étais on ne peut plus heureux quand Paris venait à moi. L'arrivée de la Comédie-Française à Londres me procura des soirées presque enchanteresses. Jules Claretie — et je lui en garde une très grande reconnaissance — me tendit les bras sans s'inquiéter si ma situation de proscrit n'était pas susceptible de compromettre la sienne et mit des places à ma disposition pendant toute la durée des représentations.

Nous dînâmes ensemble chez notre amie Emma Calvé, qui tenait table ouverte à Londres et me fit l'amitié de venir dîner chez moi, en même temps que Tosti, le compositeur italien si connu, chez qui j'avais rencontré Denza, l'auteur de *Funiculi funicula*, et aussi Boïto, l'ami en même temps que le librettiste de Verdi, et le parolier comme le compositeur de *Mefistofele*.

Mais où je vis dans toute leur splendeur les Anglais sous leurs uniformes et les Anglaises sous leurs diamants, c'est à la magnifique représentation de gala donnée dans l'énorme salle de Covent-Garden à l'occasion du futur mariage de la princesse May de Teck, petite-cousine de la reine, avec le duc d'York, fils du prince de Galles et, depuis la mort de son frère le duc de Clarence, héritier de la couronne d'Angleterre, dans un avenir plus ou moins lointain, Victoria étant en très bonne santé et le prince de Galles devant lui succéder.

Les six loges de face avaient été, par les soins du directeur Harris, réunies en une seule à l'usage de la famille royale. Huit jours auparavant, les plus hauts dignitaires de la couronne s'étaient fait inscrire pour cette cérémonie où ils tenaient à venir affirmer leur « loyalisme », mot qui n'a guère d'équivalent chez nous et qui signifie à la fois attachement à la Constitution et à la famille régnante.

En France, le désir de voir tomber les gouvernements n'empêche pas d'être loyal, au contraire.

Les têtes féminines ruisselaient de diadèmes et les cous de colliers dont les rangs de perles s'enroulaient comme des cordages. La salle semblait transformée en une immense vitrine. Les hommes n'étaient reçus que dans l'uniforme civil ou militaire de leurs fonctions, ou dans l'habit de cour, qui se compose d'un vêtement de velours noir, taillé à la Louis XVI et garni de grands boutons d'acier, culottes courtes également en velours et bas de soie noire, plus une épée à garde d'acier comme les boutons.

Harris, qui avait eu l'obligeance de me réserver ma place, m'avertit que j'eusse à me faire confectionner l'habit réglementaire; à quoi je lui répondis que je me présenterais en frac noir, pantalon noir et cravate blanche, mais que mon loyalisme ne pouvait aller plus loin, les culottes courtes de l'ancien régime jurant par trop avec mes sentiments bien connus.

Harris leva les yeux au ciel devant tant d'irrévérence, mais, désespérant de me faire endosser la livrée officielle, il n'insista pas. Le soir, j'arrivai donc au contrôle habillé à la parisienne, et j'ai encore devant les yeux la tête effarée de l'employé chargé d'indiquer les places, et qui s'écria, comme si je m'étais présenté tout nu :

— *No dress! no dress!*

C'est-à-dire : « Il n'a pas l'habit de cour! » J'aurais été impitoyablement refusé si Harris, qui se trouvait là, n'eût expliqué au contrôleur qu'en raison de mon ignorance des usages il y avait lieu de faire en ma faveur une exception — tout à fait exceptionnelle.

Quand j'entrai dans l'hémicycle, je fus tout de même impressionné par le luxe inouï qui y régnait et aussi quasi asphyxié par l'odeur des bouquets et des guirlandes de fleurs naturelles qui s'arrondissaient autour des loges. Chaque spectatrice avait à sa place sa gerbe de roses, d'œillets et d'iris. Les fiancés et leur famille s'installèrent comme au milieu d'un bosquet.

Le tsar actuel Nicolas II, alors tsarewitch, était assis à côté du duc d'York, son cousin germain, puisque la tsarine sa mère est la propre sœur de la princesse de Galles. Les deux princes se ressemblent d'ailleurs d'une manière si frappante que, sans les épaulettes russes du tsarewitch, je les eusse facilement pris l'un pour l'autre.

Le roi de Danemark, père de la princesse de Galles, assistait également à cette soirée solennelle, et j'entendis sa fille lui dire en français à la sortie :

— Regarde, voilà Rochefort!

Les uniformes rouges et chamarrés des invités

mâles tranchaient si nettement avec la simplicité de mon frac noir, qu'en dehors de ma notoriété personnelle j'étais désigné par ma mise antiloyale à l'attention du public.

Jules Claretie, qui était de la fête, y assistait en toilette d'académicien, et les palmes vertes brodées sur son collet intriguaient beaucoup de spectateurs et de spectatrices. La femme d'un lord, ma voisine de fauteuil d'orchestre qui, après les premières loges, sont les places les plus cotées, me demanda en me montrant Claretie :

— Ce monsieur fait sans doute partie du corps diplomatique ?

— Non, lui dis-je, c'est un de nos très distingués littérateurs, et il porte le costume de membre de l'Académie française.

Il fallut alors lui expliquer en quoi consistait l'organisation de ce corps célèbre dont le renom, qu'en France nous supposons européen, n'était pas venu jusqu'à elle.

Les Anglais des deux sexes sont, d'ailleurs, très friands d'informations et volontiers interrogateurs. Parfois, dans les soirées où je me rendais, j'étais, sur les dix heures, entrepris par quelque gentleman qui ne me lâchait guère avant minuit, et après m'avoir bourré de questions. Et, comme je m'étonnais un jour de cette persévérance à se renseigner sur nos habitudes, nos mœurs, nos célébrités et notre littérature, quelqu'un me répondit :

— Et puis, un certain nombre de nos compatriotes aiment à profiter de l'occasion pour prendre gracieusement ainsi une leçon de français.

Je recevais assez souvent de France des souvenirs,

soit en fleurs, soit en fruits, soit même en victuailles, que les donateurs accompagnaient de cartes de visite ou de lettres d'envoi. Un jour, aux environs de Noël, les messageries m'apportèrent une caisse venant de Strasbourg et contenant un majestueux pâté de foie gras avec cette mention énigmatique : *De la part d'une Alsacienne.*

Je me préparais à y plonger le couteau lorsque Coureau et plusieurs amis se récrièrent, me citant les gâteaux empoisonnés adressés par Mᵐᵉ Lafarge à son mari, qui en était mort, et me suppliant de faire au moins goûter d'abord à un étranger ce savoureux cadeau.

Je répliquai que je ne m'appelais pas Locuste et que je n'avais jamais songé à embaucher quelqu'un pour l'essayage des poisons. Alors on décida que le premier morceau du pâté serait offert à un caniche nommé Toto qui, tout en étant mon chien, était surtout celui de ma cuisinière.

Celle-ci se jeta résolument entre Toto et le pâté. Cependant, comme il devenait urgent de trancher la question et d'en trancher la croûte, ma bonne poussa ce cri du cœur :

— Je vais y goûter la première. Si quelqu'un doit mourir, j'aime mieux que ce soit moi.

Et elle ingurgita une forte bouchée, dont elle attendit héroïquement les effets. Ils furent satisfaisants au point que tout le monde se mit au dépeçage de ce pâté de foie gras, qui était exquis en même temps qu'absolument inoffensif. Nous nous en régalâmes pendant huit jours, la cuisinière et Toto compris, et j'en adresse ici tous mes remerciements à la donatrice patriote dont l'incognito obstiné a pendant un moment si fort inquiété toute ma maison.

L'élection présidentielle de Casimir-Périer coupa court pour moi à toute espérance de retour en France. Désormais, s'il ne pouvait être question de grâce, il ne pouvait non plus être question d'amnistie. Une proposition dans ce sens fut présentée et développée par Ernest Roche, dans un superbe discours qui fit un très gros effet sur la Chambre, mais ne l'empêcha pas, sur l'ordre du ministre Dupuy, de passer à l'ordre du jour.

Je pris heureusement l'aventure avec gaieté, d'autant qu'il y avait pour moi de nombreuses compensations à l'impossibilité de voir le nouveau président allant à pied du quai d'Orsay à la rue de Rivoli « tâter le pouls » à l'opinion publique, comme disaient les agences.

D'abord je n'y avais pas, comme dans ma patrie, constamment huit mouchards à ma porte, et il m'était permis de prendre une voiture sans qu'elle fût immédiatement suivie de trois autres remplies d'agents de la Sûreté.

En second lieu, on n'assiste pas en Angleterre à ces rafles de femmes où des malheureuses sont traquées et poursuivies comme des biches aux abois par des souteneurs attachés à la Préfecture. Beaucoup de mes amis me plaignaient sincèrement d'être privé des loges que les directeurs des théâtres parisiens avaient l'habitude de m'adresser pour leurs premières. Mais, je le raconte plus haut, tous les grands artistes venant à Londres pour y jouer nos pièces à succès, j'avais cet avantage sur mes confrères en journalisme de ne voir que les bonnes au lieu d'être obligé aussi d'avaler les mauvaises, auxquelles on s'abstient naturellement de faire passer le détroit.

Pour atténuer l'effet que le rejet brutal d'une amnistie en ma faveur pouvait produire, Casimir-

Périer eut soin de faire annoncer par les journaux élyséens qu'il avait gracié, à l'occasion de son « avènement », environ trois cent soixante grévistes, condamnés des dernières journées. Seulement, dans ces bénéficiaires de la clémence du chef de l'Etat, il ne s'en trouvait pas dix à qui il restât plus de huit jours de prison à faire.

Le truc des grâces est à peu près le même sous tous les gouvernements. On consulte le dossier des condamnés et on choisit pour les libérer complètement ceux dont la peine est sur le point d'expirer. Ceux-ci profitaient d'une semaine; ceux-là, de quarante-huit heures; d'autres, de vingt-quatre.

Cependant cette dureté maladroite de la part du nouveau pouvoir indisposa même les plus modérés.

La large clémence ne fut pas prise au sérieux. Le *XIX° Siècle*, la *Justice*, le *Petit Parisien* s'étonnaient des obstacles apportés par le ministère à la mesure d'oubli qu'on attendait. La *Patrie* disait justement :

« N'y a-t-il pas quelque chose de paradoxal dans la situation du célèbre pamphlétaire amnistié pour sa participation à la Commune d'une part, et exclu d'autre part de toute amnistie pour quelques articles ? »

On remarqua qu'en somme, depuis deux ans, il n'y avait eu d'amnistiés, par ordre du gouvernement, que les députés panamistes dont il refusait de livrer les noms au public.

Le nouveau président de la République avait ainsi fâcheusement débuté, et, en attendant qu'il se rendît odieux, fut tout de suite ridicule. Son faste de marchand de vulnéraire, le rétablissement des fonctions de piqueurs costumés comme dans les rendez-vous de chasse peints par Carle Vanloo, l'exhibition d'un landau d'une hauteur à faire concurrence aux voitures d'*Old England*, avec cette différence qu'elles sont rouges et qu'il était bleu, provoquèrent des manifestations où la sympathie était totalement absente.

Quand on est mal parti, il est rare qu'on arrive bien.

Était-ce un diable plus ou moins boiteux enfermé dans une bouteille? Était-ce un de ces lutins de féerie qui ne cessent de faire des farces au comique de la pièce? Il y avait, semblait-il, quelqu'un à l'Elysée qui passait sa vie à jouer à l'infortuné Casimir-Périer des tours du plus mauvais goût.

Ce personnage insaisissable avait commencé, au lendemain même de l'élection du nouveau président, par raconter que celui-ci était entré acheter un bébé-phonographe chez une marchande de jouets, laquelle s'était trouvée mal en apprenant la qualité de son client. S'était-elle trouvée mal où l'avait-elle trouvé mal? On n'avait jamais été complètement fixé là-dessus.

Le dimanche suivant, le mystificateur attaché à la personne de Casimir-Périer mettait en circulation une autre histoire de bébé, — non phonographe cette fois, et qui, âgé de trois mois à peine, avait déserté le sein de sa nourrice pour envoyer des baisers à l'homme « au petit landau bleu ».

Cette précocité chez un nourrisson avait paru surprenante. Mais il se dégageait, des yeux du propriétaire d'Anzin, un tel magnétisme et de tels feux — grisous — que le délire politique de ce nouveau-né s'expliquait dans une certaine mesure.

Voyant qu'il ne réussissait pas à ridiculiser suffisamment l'élu de nos plus honorables panamistes, le mauvais génie attaché à son auguste personne avait imaginé une aventure de belle-mère suivie de toute la noce, comme dans le *Chapeau de paille d'Italie* et descendant de son fiacre pour se jeter dans les bras du correct Casimir, qu'elle avait peut-être pris pour le garçon d'honneur.

Malgré ces réclames élyséennes qui prêtaient plutôt à la caricature et cette course à la popularité, celle-ci s'éloignait tous les jours. Le procès, suivi de la condamnation à mort, d'un soldat disciplinaire de Constantine impitoyablement fusillé pour avoir appliqué aux juges du conseil de guerre l'épithète de « vache », donna une idée sinistre des procédés gouvernementaux de Casimir-Périer, qui avait signé l'ordre d'exécution.

A partir de ce moment, la presse indépendante le signala comme le digne héritier, avec le talent en moins, de l'emprisonneur qui avait été ministre de Louis-Philippe. L'*Intransigeant* republia, sous le titre de l'*Aïeul*, les charges célèbres que les Daumier et les Traviès avaient consacrées à Casimir le Grand et qui faisaient la joie de nos pères.

Quant au petit-fils, il passait au milieu d'un silence morne dans la forteresse roulante qui lui servait de véhicule et qu'entouraient des escadrons de toutes armes. Le peuple eut vite le sentiment que ce ploutocrate était son ennemi et le prit si bien en grippe que le propriétaire de tant de deniers d'Anzin devint peu à peu intolérable.

J'eus l'intuition d'un énervement prochain qui le pousserait à quelque résolution suprême, soit le coup d'Etat, soit la démission. La première hypothèse était difficile à réaliser pour un homme en aussi mauvais ménage avec l'opinion publique. La seconde se présentait comme plus vraisemblable, et nous résolûmes, mes amis et moi, d'y pousser par une guerre incessante, sans repos et sans merci.

Il ne s'agissait plus que de saisir par les cheveux une occasion moins chauve que les autres. On parle volontiers, en effet, de la goutte d'eau qui fait déborder le vase ; mais cette goutte, il est important de la choisir et de la soupeser avant de la verser sur le vase qu'elle doit faire déborder.

La magistrature, toujours trop zélée pour ne pas être souvent gaffeuse, nous la fournit, et ce n'était pas une goutte, c'était une véritable perle : Gérault-Richard publiait, sous le titre du *Chambard*, un journal hebdomadaire, à images coloriées, où le malheureux Casimir était figuré sous les aspects les plus funambulesques et dans les poses les plus fâcheuses pour sa dignité. Un des articles qui accompagnaient ces dessins de lèse-majesté fut déféré au jury qui répondit affirmativement sur la question d'offense au président de la République.

L'offense n'était d'ailleurs pas niable, et un admirable plaidoyer de Jaurès l'avait encore aggravée par ses révélations sur les origines de la fortune présidentielle, édifiée sur l'achat, par la bande noire, des biens des émigrés. La cour fit payer à l'accusé les virulences du défenseur et Gérault-Richard fut condamné à un an de prison, ce qui fit dire à Jaurès :

— Je leur avais donné le **maximum** ; ils nous l'ont rendu.

Cette condamnation rigoureuse allait devenir le marteau qui nous servirait à taper sur l'enclume. Il fut décidé qu'à la prochaine vacance d'un siège législatif dans Paris, Gérault-Richard serait le candidat unique du parti socialiste. S'il était élu, c'était d'abord son acquittement prononcé par cet autre jury intitulé le suffrage universel, et en second lieu l'exécution définitive de Casimir-Périer, puisqu'il serait établi qu'il suffisait à un journaliste de le traîner dans la boue pour entrer à la Chambre.

La fortune de nos armes voulut que précisément Abel Hovelacque, fatigué et malade, donnât sa démission de député du treizième arrondissement. Le quartier, dont presque tous les électeurs sont des amis de l'*Intransigeant*, entrerait certainement dans nos vues. Il ne nous restait plus qu'à attendre le décret fixant la date du scrutin et à rallier nos forces.

Afin d'établir plus facilement mes communications avec Paris, je partis pour Bruxelles et Jaurès vint m'y trouver pour que nous puissions préparer ensemble le terrain électoral. Je ne connaissais l'orateur de la gauche que pour l'avoir aperçu en 1885 sur les bancs de la Chambre, quand il y siégeait pour la première fois et que j'y siégeais pour la dernière.

Il était alors très jeune, et comme je quittai le Palais-Bourbon au bout de six semaines, à la suite du rejet de l'amnistie, je n'avais pas eu le temps d'étudier assez le futur leader du parti socialiste pour deviner la situation prépondérante qu'il occuperait un jour dans le Parlement.

Nous ne renouâmes donc pas, nous nouâmes connaissance, et je fus tout de suite frappé de son extrême simplicité de manières, comme de l'absence totale, chez lui, de cette pose envahissante qui caractérise parfois, et même souvent, les hommes connus.

J'étais allé le chercher à la gare et je le menai dîner chez notre ami Houttekiet, l'avocat d'affaires le plus renommé de Bruxelles et dont, à chacun de mes voyages, la maison était ouverte à moi et à mes visiteurs.

C'est à la table d'Houttekiet que fut arrêté le plan de campagne qui devait aboutir pour Casimir-Périer à la mort civile, qu'il m'avait fait récemment appliquer par ses magistrats.

Comme il n'y avait pas un jour à perdre pour commencer l'attaque, Jaurès repartit dès le lendemain et je pris moi-même le train pour Ostende où, depuis mon exil, je passais généralement tous les ans la saison des bains de mer.

Je ne crois pas qu'il y ait en Europe ni ailleurs une plage plus finement sablée ni une ville plus richement bâtie. De l'estacade d'Ostende jusqu'à Mariakerke, c'est-à-dire sur un parcours de près de deux lieues, s'étend une chaussée en mosaïque formant ce qu'on appelle là-bas la « digue de mer », et où les baigneurs se rencontrent comme dans un salon.

Cette ville, dont presque chaque maison est une villa de prix, n'est guère fréquentée que par des Belges et des Allemands, des officiers surtout, dont les garnisons avoisinent la frontière. Je dois déclarer qu'ils se sont toujours montrés à mon égard d'une excessive urbanité, me faisant presque le salut militaire, m'offrant leurs fauteuils au Kursaal quand j'en manquais, et semblant protester, par leurs attentions envers un Français, contre la réputation d'hostilité haineuse qu'on leur prête à notre égard.

A Spa où je suis allé également assez souvent, j'ai pu faire la même expérience. Il y avait chez eux comme la recherche d'une politesse qui ne s'est pas démentie une seule fois.

C'est à Spa que je faillis acquérir la réputation du plus fort bicycliste de mon pays, bien que j'aie été obligé, faute d'aptitudes, de renoncer aux leçons que j'avais commencé à prendre. Le directeur du casino, M. Dhayneau, avait fait construire à l'entrée de la ville un vaste et confortable vélodrome et organisé une grande course de Paris à Spa. Le prince Malcolm-Khan, ancien ambassadeur de Perse en Angleterre, et moi, faisions partie du jury pour cette épreuve où le professionnel Stéphane arriva premier, semant ses concurrents sur cette longue route.

Nous le reçumes encore tout couvert de sa noble poussière et il apposa devant nous sa signature sur un registre dont nous avions la surveillance. Or, bien que je ne fusse pour rien dans sa victoire, le lendemain tous les magasins où se débitent toutes sortes d'objets en bois du pays exhibaient ma photographie ou plus exactement mes photographies prises instantanément au champ de courses et qui portaient cette mention :

Rochefort au Vélodrome. — Rochefort recevant Stéphane, le vainqueur de la course Paris-Spa.

Et on voyait Stéphane, que je n'avais jamais aperçu avant ce moment solennel, se jetant dans mes bras où je l'étreignais avec émotion.

Un journal cycliste, le *Vélo*, je crois, me fit même l'honneur de donner mon portrait en première page du numéro racontant cette belle journée. Depuis cette époque, je passe en Belgique et même un peu en France pour un de nos plus intrépides vélomanes, bien que ce genre de sport me soit aussi étranger que possible.

A mon retour à Londres, après un pèlerinage à la tombe de Boulanger, aussi verdoyante qu'au premier jour, je repartis pour Londres où j'appris, presque à mon arrivée, la mort de Ferdinand de Lesseps, que j'avais personnellement connu, lui et surtout son frère. Ferdinand, peu de temps avant le procès de la Haute-Cour, avait déjeuné chez moi et m'avait paru passablement soucieux. Je reconnus plus tard qu'il avait, à ce moment, de fortes raisons pour l'être.

S'il avait disparu quatre ou cinq ans plus tôt, il fut resté l'homme qui a percé l'isthme de Suez, au lieu d'être celui qui n'a pas percé l'isthme de Panama. En réalité lui aussi avait été la victime des maîtres-chanteurs dont quelques-uns étaient au Dépôt et qui, après son effondrement, s'étaient rabattus sur d'autres proies, comme ces nuées d'oiseaux pillards qui, ayant dévoré un champ jusqu'au dernier grain de blé, vont fondre sur le champ voisin.

Lorsque l'idée du canal de Suez commença à hanter Ferdinand de Lesseps, la piraterie politique, boursicotière et parlementaire était à peu près inconnue. Le journaliste venant vous mettre l'éreintement sur la gorge existait à peine, et seulement dans le monde des théâtres, où la peur d'une exécution amenait à composition les acteurs et les actrices, ce qui permettait au maître-chanteur Charles Maurice d'écrire dans sa feuille :

« Mlle X... promet beaucoup ; nous verrons si elle tient tout ce qu'elle promet. »

Et encore à propos d'une pièce donnée au Théâtre-Français, vers la fin de décembre :

« Nous avons vu se développer hier soir les deux aunes de boudin blanc de Mlle Levert. A la veille de Noël, cette exhibition nous a mis en appétit. »

Le lendemain la pauvre débutante venait verser humblement sa cotisation.

Depuis lors, cette industrie s'est étendue aux cercles, aux maisons de banque et surtout aux grandes opérations industrielles et même nationales comme l'affaire du Panama.

Certes, Lesseps, déjà septuagénaire et couvert de gloire, aurait dû éviter de s'embarquer dans une entreprise dont, selon toutes les prévisions humaines, il lui était difficile de voir l'achèvement. Toutefois, du moment qu'il s'y était lancé, que vouliez-vous qu'il fît contre les loups dévorants qui venaient par bandes réclamer leur part de la curée?

Devant cette mise au pillage de sa caisse, pouvait-il jeter le manche après la cognée et se déclarer hors d'état de suffire aux exigences des von Reinach, des Arton, des Hugo Oberndoerffer et de milliers d'autres coulissiers véreux? Sans compter les Baïhaut, les Rouvier, les Thévenet, les Jules Roche ou les Béral du Parlement qui s'étaient joints à la meute et se faisaient payer d'autant plus cher leur influence et leur vote qu'ils étaient pour la plupart ministres, chefs de groupes ou orateurs écoutés. Jamais il ne fut arrivé à terminer glorieusement la construction du canal de Suez, si la procession des quémandeurs armés fut venue assiéger les bureaux de la Compagnie, comme elle a envahi plus tard ceux du Panama.

C'était devenu, pour les corsaires marocains de la presse et de la Chambre, un simple but de promenade. On entrait là comme au café, et on y demandait un ou deux billets de mille, comme on se fut fait servir ailleurs un bitter ou un sherry-gobler.

Au milieu des difficultés sans nombre entre lesquelles il fallait naviguer, des caps à doubler constamment, des assemblées d'actionnaires à convaincre, la moindre menace d'une attaque précise avait fini par affoler la direction, et on versait toujours pour désarmer celui-ci ou arroser celui-là.

Si, devant une pareille catastrophe, les mesquines questions personnelles pouvaient encore occuper une place, les Lesseps eussent été bien vengés en voyant quelques-uns des tire-laine qui les ont si effrontément rançonnés terminer leur carrière de flibustiers de lettres soit à Mazas, soit dans l'ignominie et la réprobation.

Aussi l'opinion publique suivit-elle d'un œil de pitié le convoi de ce grand novateur, et n'a-t-elle retenu de sa vie si douloureusement accidentée qu'une seule chose : c'est qu'il a changé la forme du globe terrestre.

L'élection du treizième arrondissement ayant été fixée au 23 décembre 1894, je m'y consacrai sans répit, car il était évident pour moi, comme pour tout le monde, que si le journaliste, à ce moment en prison pour avoir, dans ses articles, dépiauté Casimir-Périer, était envoyé à la Chambre par le suffrage universel, c'est que décidément la France demandait un autre président. Je l'indiquais dans l'*Intransigeant* en ces termes, que les événements confirmèrent à la lettre :

Le succès de la candidature Gérault-Richard est d'autant plus nécessaire qu'il atteindrait en pleine poitrine non seulement la politique de Pont-sur-Seine, mais celui qui l'habite. C'est à la fois toute la haute banque et la basse finance qui recevraient la décharge. En outre, le négociant en charbon à qui le congrès a adjugé la présidence, comme au plus riche, m'inspire personnellement une sorte d'horreur que, d'ailleurs, je n'essaie même pas de surmonter. C'est plus fort que moi : l'homme qui envoie tranquillement au poteau d'exécution un soldat coupable d'en appeler d'autres par un nom d'animal, m'apparaît comme un shahabaham auquel on ne saurait témoigner trop catégoriquement l'antipathie qu'il vous inspire.

Il n'existe pas à cette heure une mère ayant un fils sous les drapeaux qui ne soit exposée à apprendre qu'il a été fusillé dans les quarante-huit heures, pour avoir comparé son sergent à un mulet ou à un âne ; injure bien autrement grave que de l'assimiler à une vache, cette bête utile servant à nourrir et à élever les enfants que Casimir-Périer se réserve de tuer plus tard.

Si, par une manifestation éclatante, le corps électoral ne condamne pas ce système d'égorgement, le fusilleur du disciplinaire de Constantine aura bientôt tout un cimetière à son actif. Ce n'est ni par des procédés émollients, ni par des délégations apportant des suppliques qu'on a raison de ces impitoyables : c'est par des bulletins nettement hostiles et protestataires. Quand il aura reçu quatre ou cinq bonnes leçons du genre de celle que nous conseillons aux électeurs du treizième, le Tamerlan de l'Elysée comprendra peut-être qu'en France on ne gouverne pas longtemps à coups de fusil.

En ce qui me concernait personnellement, la défaite, c'étaient sept nouvelles années d'exil sur le dos ; la victoire, ma rentrée probable dans mes frontières naturelles. Aussi attendais-je avec anxiété le résultat du premier tour de scrutin.

Il dépassa toutes nos espérances, Gérault-Richard ayant eu près de dix-neuf cents voix contre environ quatorze cents données au plus favorisé de ses concurrents, le docteur Navarre.

Celui-ci, avec une grande loyauté et un désintéressement qui toucha tout le parti républicain, se désista en faveur du détenu de Sainte-Pélagie qui, au ballotage, passa à une grosse majorité. Personne, dans cette bataille décisive, n'était donc vaincu, si ce n'est Casimir-Périer lui-même, car c'était bien réellement sa personne qui en était cause.

Si Gérault-Richard devait son succès aux idées qu'il représentait et notamment l'amnistie, la protestation contre la réaction élyséenne, contre l'assassinat du petit soldat de Constantine et le quasi-acquittement du traître Dreyfus, condamné simplement à la déportation, ce qui faisait de lui un personnage politique, l'élu du treizième devait également son triomphe, pour une bonne part, à l'imbécillité du ministre Dupuy qui s'était obstinément refusé à laisser le prisonnier sortir momentanément de Sainte-Pélagie pour aller défendre sa candidature dans les réunions.

Puisque le gouvernement feignait de récriminer contre l'Empire, il fallait être au-dessous de la maladresse permise pour se montrer encore moins libéral que lui. Il n'y a pas d'éloquence qui, pour impressionner les foules, vaille les murs d'une prison, à travers lesquels la voix de celui qui les habite retentit jusqu'au dehors.

Les ministres ayant donné tous les atouts à leur adversaire, il était difficile qu'il ne gagnât pas la partie.

Cette assimilation de l'abominable juif Dreyfus à un déporté de la Haute-Cour parut aux yeux de tous une nouvelle concession du gouvernement français à l'Allemagne. J'eus l'idée d'adresser au nouveau condamné qui devenait mon codéporté, une *Lettre ouverte*, que je demande à reproduire ici, comme symptôme de l'opinion publique du moment :

A Monsieur le capitaine Dreyfus, en sa villa du Cherche-Midi.

Monsieur et cher confrère,

Vous ne sauriez croire à quel point, en apprenant votre condamnation à la déportation perpétuelle dans une enceinte fortifiée, je me suis senti flatté d'être enfin l'égal d'un capitaine d'état-major breveté, — avec garantie du gouvernement, — attaché au ministère de la guerre et ancien élève de l'Ecole polytechnique.

En effet, la Haute-Cour, dans sa sagesse et sa haute probité, dont le sénateur Béral a donné tant d'exemples, a décidé qu'appeler Constans « filou » ou vendre à l'Allemagne la France avec les moyens d'écraser nos armées, de dévaster nos foyers et de nous pincer les quelques milliards qui nous restent, méritait exactement la même peine.

Il est vrai que si, au lieu d'être officier, vous aviez été simple soldat et que vous eussiez appelé « vache » le colonel qui présidait le conseil de guerre, Casimir-Périer vous eut fait fusiller comme un chien. Car le mot « vache », appliqué à un supérieur, constitue un crime de droit commun, tandis que fournir à l'ennemi les indications nécessaires pour nous tuer trois cent mille hommes est un acte éminemment politique.

Mais puisque, dans l'échelle des pénalités, nous voilà sur le même échelon, permettez à un vieux récidiviste comme moi de vous adresser quelques conseils, fruits d'une longue expérience. Je n'ai pas livré assez souvent ma patrie pour me permettre, au cas où une amnistie serait enfin votée, de vous demander de vouloir bien m'autoriser à rentrer à votre bras dans notre bonne ville de Paris. Je sais trop quelle distance me sépare, moi vulgaire pékin, sans protection aucune, — pas même celle de l'Allemagne, — d'un militaire qui a porté l'épaulette et à qui les plus hautes personnalités européennes comme Guillaume II, Rothschild et le grand-rabbin, votre parent et homonyme, s'intéressent si chaleureusement.

D'ailleurs, notre gouvernement, aussi paternel pour les traîtres que pour les maîtres-chanteurs, se dispose à accentuer nettement la différence qu'il fait entre nos deux condamnations. Vous aurez, pour vous transporter en Nouvelle-Calédonie, un magnifique navire de guerre où, étant seul, vous jouirez de toutes vos aises, confortablement nourri et logé comme un vice-amiral.

Mes compagnons de captivité — dont notre amie Louise Michel — et moi, nous avons été au nombre de cent trente, embarqués sur une vieille guimbarde de frégate, non à vapeur, mais à voiles, et tellement hors d'état de naviguer, que trois capitaines en avaient successivement refusé le commandement.

Ce voyage que vous effectuerez en cinquante jours au plus par Suez et la mer des Indes, nous avons mis jour pour jour quatre mois à l'accomplir, enfermés dans des cages construites dans l'entrepont et entre les barreaux desquelles nous nous promenions comme des bêtes du Jardin des Plantes.

A la vérité, Louise Michel et moi, avions, pendant la Commune, protesté contre la paix de Bordeaux qui cédait à Bismarck cinq de nos milliards et deux de nos provinces. Vous, au contraire, vous avez énergiquement travaillé à ce qu'on ajoutât à ce cadeau princier les Vosges et la Champagne. On voit que, si le châtiment est identique, notre passé n'est pas précisément le même : ce qui explique cette différence de traitement.

A la presqu'île Ducos, où vous allez être interné jusqu'à votre évasion prochaine, les distractions ne sont pas précisément variées. Cependant il y a la pêche, à laquelle rien ne vous empêchera de vous adonner.

Vous n'aurez pas, quant à vous, à craindre d'aller à la recherche de votre nourriture, le statthalter d'Alsace-Lorraine devant certainement vous fournir les ressources nécessaires pour faire venir vos aliments du dehors. Puis c'est pour si peu de temps !

Vous me pardonnerez, en faveur de l'intention, la liberté que j'ai prise de vous écrire de mon lieu d'exil, et la familiarité peut-être indiscrète dont j'ai usé à votre égard en me mettant, pour ainsi dire, sous votre protection. Les juifs sont aujourd'hui tout-puissants, et on n'a pas tous les jours l'honneur d'être placé sur le même pied qu'un officier français qui a d'aussi belles relations en Allemagne.

Henri Rochefort.

Cette affaire Dreyfus avait beaucoup « avancé » Casimir-Périer. Il comprit que pour lui l'entrée de

Gérault-Richard à la Chambre, c'était la fin, et n'eut-il pas le cynisme de faire voter par la Chambre le maintien du nouvel élu à Sainte-Pélagie pendant l'année de prison que la cour d'assise lui avait octroyée! Mais cette suprême illégalité, qui privait le treizième arrondissement de son député, ne rétablit en rien les affaires gouvernementales. Le ministère tomba le lendemain sur la question des poursuites intentées au Raynal des Conventions, et, comme nous l'avions espéré, après avoir tout fait pour provoquer l'événement, le président de la République déclara ne pas vouloir survivre à son ministère et donna aussi sa démission.

La lettre qu'il adressa au Parlement suait la rage du réactionnaire vaincu. Il prétendait que l'opinion avait été égarée à son sujet; que la presse socialiste avait poursuivi une campagne de « diffamation » contre l'armée. Or ceux qui avaient insulté et diffamé l'armée étaient précisément les Dupuy, les Perier, les Hanotaux et les Guérin qui avaient remué ciel et terre pour soustraire le capitaine Dreyfus à la fusillade.

Peut-être, comme le vieux Thiers en 1873, le président Casimir-Perier avait-il supposé que sa retraite subite affolerait les Chambres et qu'elles viendraient arrêter son déménagement de l'Elysée en le suppliant d'y achever son mandat. On chercha, dans des ennuis de famille et les désagréments de l'espionnage auquel le soumettait Dupuy, son premier ministre, les motifs de cette fuite précipitée. Je fus, moi, convaincu que nous avions trouvé dans l'élection Gérault-Richard la fameuse goutte d'eau, cause du débordement. D'ailleurs nous étions arrivés à nos fins, nos amis et moi, et nous n'avions aucune envie de perdre notre temps à faire de la psychologie politique.

Au moment de la réunion du Congrès chargé d'élire

un nouveau président, toutes les dépêches que je reçus à Londres concluaient à l'élection de Brisson. Je dois dire que je n'y crus pas un instant, Brisson ayant contre lui à peu près tout le Sénat. En effet, après le désistement de M. Waldeck-Rousseau, distancé au premier tour, M. Félix Faure fut élu sans difficulté.

Certainement M. Henri Brisson était notre candidat, mais je ne pus m'empêcher de faire observer qu'il avait tissé de ses propres mains la corde avec laquelle les opportunistes venaient de l'étrangler. Au moment de la révélation foudroyante des concussions panamistes, une commission d'enquête fut nommée et M. Brisson, comme le moins soupçonnable, en avait été proclamé président. Malgré la mauvaise volonté de plusieurs témoins, il lui eût été facile, avec un peu d'énergie, d'arracher ses secrets au cadavre du suicidé Reinach.

La lumière commençait même à se faire lorsque M. Brisson, la trouvant sans doute trop éclatante et n'osant porter une pareille torche dans les cavernes de la Chambre et du Sénat, donna, sous prétexte de santé, sa démission d'enquêteur.

Peut-être avait-il supposé que les plus compromis lui sauraient gré de sa réserve et de sa discrétion. Il les avait épargnés et il put constater au Congrès qu'ils ne l'épargnaient pas.

S'il fut allé droit son chemin, saisissant au collet tous les prévaricateurs, il ne les aurait pas eus contre lui au moment de l'élection présidentielle, attendu qu'ils eussent été depuis longtemps chassés du Parlement.

En outre, sa situation eût été alors tellement prépondérante et indiscutée que les réactionnaires les plus endurcis n'auraient probablement pas osé, en votant pour un autre que lui, aller aussi manifestement contre le vœu de la nation.

Cependant M. Félix Faure, bien qu'incontestablement élu par les droites et les centres, débuta comme s'il l'avait été par les gauches. Il conseilla immédiatement au nouveau ministère, qui pourtant ne différait que bien peu de l'ancien, de déposer à la Chambre un projet d'amnistie, même pour les Arabes en faveur desquels j'avais, pendant plus de vingt ans, réclamé la mise en liberté.

L'amnistie fut votée à la presque unanimité et je me félicitai d'avoir obstinément, pendant mes six ans d'exil, refusé toute grâce, sans quoi la mesure qui rouvrait à tous les proscrits les portes de la France n'eût peut-être pas été proposée, tant elle avait paru me viser presque exclusivement.

Le 2 février, par un froid de dix degrés et une mer très houleuse, ce qui compte toujours dans mes résolutions, je m'embarquais à bord du *Foam*, petit vapeur dont le tangage ne m'épargna pas. Nous prîmes terre à Calais après deux heures de mauvaise navigation, mes amis et moi, car plusieurs de mes collaborateurs de l'*Intransigeant* avaient traversé le détroit pour venir me chercher jusqu'à Londres.

Certes, je ne m'attendais pas à trouver, à mon débarquement, le quai entièrement vide; mais je fus ému jusqu'aux larmes, en voyant une foule immense serrée sur les avancées du port, sans y avoir laissé une place inoccupée. On peut dire que tous les ouvriers de la ville étaient venus là pour me serrer les mains. Je me jetai au milieu d'eux sous les acclamations et les embrassements, et j'entrai, à moitié étouffé, dans un salon de l'hôtel Terminus qui était situé au rez-de-chaussée et tout disposé à me recevoir.

Il fut bientôt envahi par toutes les délégations et les comités socialistes de la cité et des environs. Une jolie petite fille me souhaita la bienvenue au nom de la République sociale, et, jusqu'au soir, les vivats ne cessèrent de retentir sous les fenêtres de l'hôtel où je passai la nuit afin d'être un peu dispos pour ma rentrée à Paris.

La Compagnie du Nord avait mis gracieusement des wagons-lits à notre disposition à tous, de sorte que presque à chaque station nous récoltions de nouveaux amis qui, une fois installés sur nos banquettes, prenaient la résolution de nous accompagner jusqu'à Paris.

En passant à Amiens, la démonstration fut énorme, bien que, de peur d'accidents, on eût interdit l'accès du quai de la gare à la majeure partie du public.

L'arrivée à Paris eut un caractère inouï. Plus de deux heures avant que le train eût été signalé, une foule incalculable occupait la place de la gare du Nord, et la porte ayant été défoncée, un flot débordant inondait la voie. L'*Intransigeant* donna de ce spectacle, inoubliable — pour moi — le compte rendu suivant :

Un coup de sifflet strident retentit. Le train entre en gare à toute vitesse. Apercevant la foule massée sur les quais et sur les rails, le mécanicien serre rapidement les freins à vapeur, de crainte d'accidents.

Une immense clameur retentit: « C'est lui ! » crie-t-on de toute parts, et les chapeaux et les mouchoirs s'agitent en l'air.

Les dix mille personnes qui avaient réussi à pénétrer sur le quai d'arrivée se précipitent sur le coupé où a pris place le directeur de l'*Intransigeant*.

C'est en vain que nos amis Ayraud-Degeorges et Montégu

tentent de faire comprendre à la multitude qu'il est matériellement impossible aux voyageurs de descendre de wagon : tout est inutile.

En vain députés et conseillers municipaux essaient de faire un passage, la foule se resserre sans cesse, envahit les trains en formation et grimpe sur les toits du train de Calais.

A trois reprises, Rochefort veut descendre ; trois fois sa tentative échoue.

Le train est pris d'assaut. Les cris de « Vive Rochefort ! Vive la République ! » retentissent sans interruption ; on bat des mains, on acclame le proscrit.

Malheureusement cet enthousiasme se prolonge et nous nous demandons comment Rochefort et ses amis vont pouvoir sortir de wagon, le train étant littéralement bloqué par les milliers de personnes qui ont envahi les voies au risque de se faire écraser par les trains de banlieue qui circulent en tous sens.

Heureusement, un nouveau train étant venu se garer près du nôtre, je le traversai du côté opposé à celui où réglementairement j'aurais dû descendre et m'élançai avec Vaughan, mon fils, Ernest Roche et plusieurs de nos collaborateurs vers les landaus qui nous attendaient.

Cette fausse manœuvre ayant dépisté un instant les sympathies du public, je pus monter rapidement en voiture et déboucher sur la place où je fus ébloui par l'incroyable aspect qu'offraient deux cent mille bouches répétant mon nom et autant de chapeaux s'agitant dans la direction de mon landau.

J'aurai voulu répondre à cette merveilleuse réception par quelques mots, mais comme ils eussent été submergés par le brouhaha, je ne pouvais que saluer silencieusement.

Le soir, jusqu'à une heure très avancée, le peuple stationna sous les fenêtres de l'*Intransigeant* où j'avais eu la plus grande peine à pénétrer. J'y rédigeai à la hâte pour la population de Paris un remerciement qui débutait ainsi :

Ce qui m'a exceptionnellement frappé, je dois le dire, dans la manifestation dont je suis encore tout frémissant, c'est ce cri qui, de Calais à la gare du Nord, n'a cessé, à toutes les stations, de retentir à mes oreilles :

— Vivent les honnêtes gens !

Je ne saurais trop remercier mes compatriotes de m'avoir acclamé ainsi, fût-ce pendant une heure, comme le porte-drapeau de la probité publique. C'est là le titre dont je ferai l'honneur de ma vie et qui donne la véritable note du sentiment populaire et la signification réelle de cette manifestation.

Dans les yeux qui me regardaient, dans les poignées de mains si émouvantes et si chaleureuses que j'échangeais à travers la foule, je lisais cet hommage, le seul réellement flatteur pour un homme politique :

—Celui-là du moins n'a jamais fait chanter les directeurs de cercles et les Compagnies financières, et c'est pour avoir dénoncé les flibustiers des chemins de fer du Sud et de quantité d'autres chemins de fer qu'il a été condamné à la déportation perpétuelle dans une enceinte fortifiée.

Je plaindrais ce qu'on est convenu d'appeler les « pouvoirs publics », s'ils ne comprenaient pas le sens exact des ovations dont l'intégrité nationale a été l'objet en ma personne.

Ce n'est pas à mes trente ans d'articles, bons ou mauvais, que s'adressaient les applaudissements des Parisiens, massés par centaines de mille sur tout le parcours que mes collaborateurs et moi avons suivi jusqu'aux bureaux de l'*Intransigeant :* c'est au désintéressement qu'on me suppose et à la certitude que je suis incapable de vendre jamais ma conscience ou mon vote en échange de quelque chèque signé von Reinach.

Je crois devoir terminer le récit de ma vie sur cette dernière aventure qui m'a consolé de tant d'autres. Mon avenir est à cette heure si restreint que j'ai tenu à me nourrir pendant quelques temps de mon passé. Je souhaite que le lecteur qui a partagé avec moi ce repas de vieux et récents souvenirs ne l'ait pas trouvé trop indigeste.

TABLE DES MATIÈRES

CHAPITRE XXX

Le général Boulanger au ministère. — Mesures républicaines. — Genèse d'une popularité. — Les lettres au duc d'Aumale. — La revue du 14 juillet. — Luttes pour la République.. 3

CHAPITRE XXXI

L'affaire Pranzini. — L'autographe du condamné. — L'affaire Schnœbelé. — Attitude de Boulanger. — La reconnaissance opportuniste. — Commandant du 13ᵉ corps. — La manifestation de la gare de Lyon........... 37

CHAPITRE XXXII

Jules Ferry et Boulanger. — Le Saint-Arnaud de café-concert. — Duel manqué. — Le commerce des croix d'honneur. — Le procès Wilson. — Grévy compromis. — La nuit historique. — Scandale et démission..... 79

CHAPITRE XXXIII

Candidature Ferry. — L'élection Carnot. — Boulanger en disponibilité. — Boulanger élu en province. — Son duel avec Floquet. — Triple élection du Nord, de la Somme et de la Charente-Inférieure. — Le « Péril boulangiste ». — L'affaire Numa Gilly. — L'élection du 27 janvier, à Paris. — Chute de Floquet — Ministère Tirard-Constans. — La Haute-Cour. — Départ pour l'exil.. 107

CHAPITRE XXXIV

Les arguments de la Haute-Cour. — Les témoins de Constans. — Condamnation. — La vie anglaise. — Londres et Paris. — Les élections de 1889. — L'exil. — Boulanger à Jersey.......................... 183

CHAPITRE XXXV

La vie à Londres. — L'art. — Le théâtre. — Anglais et Français. — L'exposition de peinture. — L'Histoire d'Angleterre et l'Histoire de France. — Sympathies et rivalités......................... 241

CHAPITRE XXXVI

Les artistes à Londres. — Chez Johnson. — La Duse. — Mariage du duc d'York. — La représentation de gala. — Le Tsarewitch. — Les débuts de Casimir-Perier. — Un pâté suspect. — Rejet de l'amnistie. — L'agonie d'une présidence................... 299

www.ingramcontent.com/pod-product-compliance
Lightning Source LLC
Chambersburg PA
CBHW062007180426
43199CB00033B/1500